論壇 12

東亞區域經濟整合與ECFA效應

台韓商大陸市場競合與挑戰

East Asian Regional Economic Integration and the Effects of ECFA

徐斯勤、陳德昇 主編

本書出版感謝

 國立臺灣大學中國大陸研究中心
Center for China Studies, National Taiwan University

籌畫與贊助

編者序

　　本書文章與訪談，主要是舉辦東亞區域經濟整合與ECFA議題學術研討會之論文匯編。透過兩岸與日、韓學者的研討，雖然觀點不盡相同，但是共謀區域合作之努力則是一致。期盼這個學術社群，能持續研討，以強化觀念的交流，並積極克服發展挑戰。

　　隨著東亞經濟整合的開展，以及兩岸簽署ECFA，將使得東亞諸國經濟環境、競爭力與產業競合出現結構性變遷。台韓商在大陸市場的競爭與挑戰，亦將更為多元與複雜。可以預期的是，東亞區域經濟整合與開拓市場的需求，區域間經濟合作、對話與互動將日益重要，涉及大陸市場開拓之品牌、通路與行銷策略，亦須深入研究與實踐，才能掌握優勢和商機。

　　韓國經濟崛起與全球化競合優勢表現搶眼，但國內有關韓商研究的文獻與專家均十分有限。因此，本書嘗試匯集相關產官學界意見，作為韓商研究的初步探索。事實上，1997年東南亞金融危機後，韓國政府推動全球化的努力，以及近期分別與美國、歐盟簽署FTA，展現因應全球變局強烈的企圖心，均值得吾人關注與學習。雖然現階段台韓商運作與互動仍不乏矛盾與挑戰，吾人仍宜順勢因應潮流與結盟夥伴，並強化憂患意識與前瞻思考，才可能應對新一波的全球化風險。

徐斯勤、陳德昇

2011／12／15

目　錄

(二) 台韓商競合與大陸內需市場開拓

作者簡介（按姓氏筆畫排序）

成教尚

台灣師範大學公民訓育（現公民教育與活動領導學系）研究所碩士，現任奧齒泰有限公司台灣分公司總經理。主要專長領域為：企業經營與管理、韓商大陸投資分析及策略。

池晚洙

韓國首爾大學經濟學博士，現任韓國東亞大學國際學部教授。主要研究專長為：中國經濟、韓中經濟關係。

吳玲君

美國南卡羅萊納大學國際關係學博士，現任政治大學國際關係研究中心第二所副研究員，政治大學亞太研究英語博士學程兼任副教授。主要研究專長為：政治經濟學、亞太政經合作研究。

吳家興

韓國高麗大學經濟研究所碩士，現任行政院經濟建設委員會經濟研究處專門委員兼國際經濟組組長。主要專長領域為：國際經濟、韓國經濟、國家競爭力、區域經濟整合。

宋昌儀

韓國西江大學公共政策大學院中國學碩士，現任韓國貿易協會國際貿易研究院地域研究室室長。主要研究專長為：韓中日FTA經濟效果、韓中日商研究、中國產業政策研究。

李承信

　　政治大學中山人文社會科學研究所（現國家發展研究所）博士，現任韓國對外經濟政策研究院（KIEP）中國事務部主任。主要研究專長為：中韓經濟關係、中國經濟。

李焱求

　　北京大學經濟學博士，現任韓國培材大學助理教授。主要研究專長為：區域經濟、產權、公司治理。

杜巧霞

　　美國西伊利諾大學經濟所碩士，維吉尼亞大學博士班研究，現任中華經濟研究院台灣WTO中心研究員兼任組長。主要研究專長為：WTO、區域經濟整合、國際經濟、國際貿易、自由貿易區。

林完洙

　　韓國鬱山大學校電子工學碩士，現任大宇溢樂（電子）台北分公司總經理。主要專長領域為：海外營業與行銷、國際產品外購、生產管理、生產技術研究。

林祖嘉

　　美國洛杉磯加州大學經濟學博士，現任政治大學經濟系特聘教授。主要研究專長為：應用個體經濟學、中國大陸經濟、兩岸經貿。

金堅敏

　　日本橫濱國立大學國際經濟法博士，現任日本富士通總研經濟研究所主席研究員。主要研究專長為：中國經濟、產業政策和市場的發展、跨國公司戰略和中國企業發展。

張少文

韓國高麗大學政治學博士，現任高麗萬事通顧問有限公司董事長，世新大學通識中心兼任副教授。主要研究專長為：朝鮮半島政治、外交、經濟。

張育林

中國社會科學院世界歷史研究所博士，現任中國商務部國際貿易經濟合作研究院流通戰略研究部（國內貿易研究中心）主任。主要研究專長為：商品流通、服務經濟、區域經濟一體化。

莊芮

中國人民大學經濟學博士，現任對外經濟貿易大學國際經濟研究院副院長。主要研究專長為：國際經濟關係、中國對外經貿、台港澳經濟。

陳景松

中山大學資管系電子商務研究所碩士，現任資策會產業情報研究所產業分析師。主要研究專長為：全球主機板產業分析、韓國重要政策與產經動向分析。

黃俊國

中國文化大學中國大陸研究所碩士，現任台北市進出口商業同業公會秘書長。主要專長領域為：國際貿易法規與實務、中國大陸經貿研究、社團法人／財團法人會務運作。

黃鋈鋇

台灣科技大學工業管理研究所碩士，現任台北市電腦商業同業公會副總幹事。主要專長領域為：展覽行銷規劃、產業服務。

路紅豔

　　中國社會科學院財貿研究所博士，現任中國商務部國際貿易經濟合作研究院服務業研究部副研究員。主要研究專長為：商貿流通、服務經濟。

趙炳世

　　韓國漢陽大學經濟學博士，現任韓國漢陽大學教授。主要研究專長為：國際經濟關係、亞細亞經濟、韓國及北韓的政治經濟。

盧信昌

　　美國芝加哥大學經濟學博士，現任台灣大學國際企業系副教授。主要研究專長為：人力資源、產業經濟、國際經濟。

謝目堂

　　韓國成均館大學經濟學博士，現任景文科技大學國貿系副教授。主要研究專長為：產業分析、經貿實務。

韓洪錫

　　日本慶應義塾大學大學院經濟學研究科經濟學博士，現任韓國LG經濟研究所（中國）所長。主要研究專長為：中國宏觀經濟和產業研究、東北亞經濟合作。

羅澤生

　　美國俄亥俄州立大學資訊管理所碩士，拓樸產業研究所前總監。主要專長領域為：中國大陸新興市場、行銷策略、電子資訊產業。

相關論文／

全球經濟變遷與東亞區域經濟整合：
影響與挑戰

吳玲君

（政治大學國關中心第二所副研究員）

摘要

　　東亞經濟整合的過程中，經歷多次區域性及全球性的金融危機。1997年亞洲金融危機不但增強東亞各國的危機意識，也促成東亞國家推動區域內的貿易自由化、加強區域內的投資與金融等經濟整合的決心。2007年夏天，美國次級房貸風暴演變成波及全球的金融海嘯，也使東亞國家的經濟受波及，但東亞國家之經濟卻多能迅速復甦，並加速推動雙邊與多邊的整合，以避風險。雖然歷次的全球風暴與危機的性質不一，但是每每都對東亞經貿之整合有重大的啟示與影響。

　　一般而言，國際重大的經濟事件往往造成國際與區域經濟板塊及國家優勢之變化，東亞之整合即在歷年的金融風暴及各國優勢不斷變化中逐漸發展成形。在2011年美歐債信與金融風暴影響下，東亞各個國家包括台灣在內，面對美中經濟優勢明顯變化之情勢，區域整合之策略勢必面臨更新的挑戰與影響。

關鍵詞：東亞區域經濟整合、中國加東協自由貿易區、日本與東協經濟
　　　　　戰略夥伴協定、韓國與東協自由貿易區、東協自由貿易區

壹、前言

　　全球在歐洲債務問題、美國經濟衰退衝擊下都陷入經濟危機，東亞當然也沒有例外。但是相較其它區域，東亞受到的衝擊較不明顯；特別是東南亞國家挾著地理、人口、資源的優勢，各國國內消費依然旺盛，金融機構資產健全，外資與各種經濟指標皆仍正常。一般認為，亞洲正走在全球經濟復甦道路的前列，而東協各國經濟復甦迅速主要得益於全球和地區範圍內需求的恢復，特別是受中國經濟刺激的影響。2002年「中國與東協自由貿易協議」（CAFTA）正式簽訂後，已於2010年元月完成第一階段的自由化進度，讓雙方在經貿方面互動關係較先前更為頻繁；來自中國的需求大幅提升東南亞地區之出口，而出口的提升也促使工業品產量增加，進一步讓勞動力市場得到鞏固。[1] 同時，中國在東南亞各國之投資也出現大幅度的上漲，而隨著全球和地區範圍內需求的大幅度增長，中國之商業積極性也持續激增。

　　東亞經濟整合的過程中經歷多次金融危機。1997年亞洲金融危機不但提升東亞各國金融體系的抗風險能力、增強東亞各國面對危機之處理能力，也促成東亞國家推動區域內的貿易自由化、加強區域內的投資與金融等經濟整合的決心。近幾年國際經濟遭遇重大危機，2007年夏天有美國次級房貸風暴演變成波及全球的金融海嘯，2011年則又有美歐債危機；雖然每次金融危機本質不盡相同，但是由於東亞區域整合的進展，使得東亞各國的金融市場較十四年前對於應對危機的經驗較為豐富，因此其經濟方可較快復甦。目前亞洲正走在全球經濟復甦道路的前列，而東亞各國經濟復甦迅速則主要得益於全球和地區範圍內需求恢復，特別是受中國經濟刺激

---

[1] "Free-Trade Agreement between China, ASEAN Grouping Comes into Force," *The China Post*, January 1, 2010, http://www.chinapost.com.tw/business/asia/asian-market/2010/01/01/238917/Free-trade-agreement.htm.

的影響及東亞區域整合發展的結果。

　　一般而言，國際重大的經濟事件，往往造成國際與區域經濟板塊及國家優勢之變化，東亞的整合即在歷年的金融風暴中逐漸發展成形。近年來，在美國經濟衰退及美歐債信的風暴影響下，美中經濟優勢明顯變化，東亞國家所推動的區域經濟合作與整合，勢必要面臨調整與挑戰。

貳、東亞區域經濟整合的形式與進度

一、東亞區域整合的形成

　　九〇年代以來，美國一直努力在APEC（Asia-Pacific Economic Cooperation）架構下推動亞太地區貿易自由化，已經歷二十年的摸索與成長。雖然APEC在組織上越來越具規模，領袖會議也已成為亞太地區的年度盛事，具有高度的政治象徵意義。但是APEC在建制的發展上，迄今仍然保持「論壇」的組織特性，尚未臻於成熟；任何宣言與協議僅限於政治上的承諾，並未形成具拘束性的國際協定。目前，雖然APEC架構下的工作小組進行務實的低階基礎性合作具有一定的成效，但是APEC會議尚缺少正式的協商及調解糾紛的機制。因此，APEC在區域經濟治理方面之效果並不理想，特別是APEC於1994年訂下的茂物目標／茂物宣言（Bogor Goal/Bogor Declaration）期待落空之後，東亞國家紛紛另尋合作管道。[2]

　　然而，直接弱化APEC地位、功能與價值，並導致東亞區域經貿合作集團興起的導火線，卻是1997年的亞洲金融危機。馬來西亞與印尼等東亞

---

[2] 1994年在印尼茂物舉行領袖會議後所發表之領袖宣言。其中規劃出亞太地區未來的經濟遠景，宣示在考量APEC會員的差異性及經濟發展程度不同之下，已開發會員將於2010年達成貿易與投資自由開放的目標，開發中會員體將於2020年完成該目標，APEC並責成各會員體擬訂具體推動計畫。

國家認為,美國在危機之際不但沒有適時施予援手,又堅持以國際貨幣基金(International Monetary Fund, IMF)作為處理危機之機制,使金融危機的災情惡化,因此深感不滿。同時,更進一步促使東亞國家認為應團結起來,共同應對危機帶來的挑戰,以擺脫對美國和國際金融機構的過度依賴。[3] 故東協十國與中日韓三國,亦即所謂的東協加三∕十加三(ASEAN Plus Three, APT)相關的峰會機制才得以建立, 此象徵著東亞經濟合作和區域治理的重要里程碑。

　　相較美國在1997年金融危機期間對待東亞國家的冷漠態度,中國以維持人民幣匯率穩定之政策,對APEC成員國化解金融危機做出重要貢獻,因而奠定中國在區域發展的基礎。之後,中國更是積極推動東亞區域經濟整合,企圖在區域經濟合作中扮演更重要的角色。中國經濟崛起後在區域合作機制中的份量已今非昔比,東亞區域整合之成效,也與中國經濟崛起有密不可分的關係。

二、東協加三架構的合作

　　1997年亞洲金融危機之際,東協十國與中日韓三國在吉隆坡舉行首次非正式會晤,由此形成的十(東協)加三(中日韓)機制,則成為目前東亞經濟合作之主導框架。1999年東協與中日韓發表《東亞合作聯合宣言》正式啟動十加三的機制,使其成為東亞經濟合作的主渠道,是東亞經濟合作的主戰場。此後,「十加一」與「中日韓」會議和「東亞高峰會」陸續召開,讓東亞之經濟合作呈現多層次、多管道的結構;其中,東協國家十個成員國強調東協是整合東亞的平台,採取十國為一體的概念,集體表態

---

[3] Mark Beeson, "U.S. Hegemony and Southeast Asia: The Impact of, and Limits to, U.S. Power and Influence," *Critical Asia Studies,* Vol. 36, No. 3 (2004), pp. 448~449; Zahari Haiji Ahmad and Baladas Ghoshal, "The Political Future of ASEAN after the Asian Crisis," *International Affairs,* Vol. 75, No. 4 (1999), pp. 759~778.

之策略十分明確。對東亞國家而言，參與活動在本質上即有東亞國家對區域認同的重要意義，特別是以東協與中、日、韓的三個「十加一」，及中、日、韓的非正式高峰會議，更是促進東亞領袖互動以培養共識之重要機制，是帶動區域整合的重要基礎。

　　自從1997年首屆「東協加三」非正式高峰會議發展至今，東亞國家已藉此建立起一個基本的互動模式，其中包括領袖會議、部長會議、高級官員會議等各項論壇。合作最初倡議以金融層面為主，其下主要有三個範疇：第一，推動東協加三非正式政策對話；第二，加速技術及實質上的行動，如清邁倡議下的儲備金互相支援；第三，加強資本市場的發展，如亞洲債券市場倡議。[4] 其中，最受到重視的是設立亞洲貨幣基金；2000年5月及10月在泰國清邁首次的「十加三」經濟部長與貿易部長會議中，探討建立東亞地區的補充性融資安排（Supplementary Regional Financial Arrangement），意圖對區域內可能的金融危機有所防備。此一金融安排為貨幣互換協議（Currency Swap Arrangement）之擴大，又稱「清邁協議」（Chiang Mai Initiative, CMI）。2009年2月，該協議提高金額規模為1,200億美元的東亞外匯儲備庫，並於2010年3月正式生效。[5] 該協議之主要目標，是要在全球經濟危機之際支撐亞洲貨幣，其結果不但使13國的貿易及投資合作更為緊密，更進一步促進金融及貨幣流通的穩定。對於亞洲貨幣基金之機制，東協其實早已由其秘書處建立並執行監控機制，以因應有關國家國際收支問題之需要，而其中亞洲開發銀行（Asia Development Bank, ADB）給予大力支持。

　　同年，各國也決定成立三個「十加一」的雙邊領袖會議機制，並探討

---

[4] 吳玲君，「東協國家與東亞經濟合作：從『東協加三』到『東亞高峰會』」，問題與研究季刊，第46卷第2期（2007年4~6月），頁121。

[5] Chaklader Mahboob-ul Alam, "The Chiang Mai Currency Initiative," *The Sun Daily*, Thursday, November 12, 2009, http://www.thedailystar.net/newDesign/print_news.php?nid=113654.

由「十加三」國家共同成立東亞政治組織與自由貿易區（EAFTA）的可行性。在願景的設定方面，2001年於汶萊召開的「十加三」高峰會議上，東亞展望小組（EAVG）正式提出有關「東亞共同體」的報告──《走向東亞共同體：一個和平、繁榮和進步的地區》。該報告選擇東亞中可以取得實際進步的合作領域為基礎，提出二十六個可實施的具體優先措施，包括政治、安全、環境、能源、文化、教育、社會和制度性措施的短期目標和中長期目標。[6] 此外，報告更建議成立東亞自由貿易區，認為此一自由化應先實現APEC於1994年所訂的印尼茂物協定，也就是已開發國家於2010年、開發中國家於2020年實現貿易和投資自由化，同時推動「十加三」的峰會機制逐步向東亞共同體之峰會發展。此為東亞各國有關地區合作及追求「共同體」的官方立場基礎，也是最詳細的戰略計畫。而在此之後的倡議，也皆以此一藍圖為主。[7] 該報告主要也是希望「東協加三」不僅是一個區域經濟論壇，而是更有機制的合作組織。在此一背景下，2004年11月東協加三高峰會與會各國同意，將「東協加三」高峰會改為「東亞高峰會」，並建立一個專家小組對東亞自由貿易區（EAFTA）進行可行性的研究。但是最後因各國對會員國條件不一而轉型未成，EAFTA的理想也變得遙不可及，更讓「東協加三」合作之重要性被削弱。[8]

---

[6] Termsak Chalermpalanupap, "Towards an East Asian Community: The Journey Has Begun," The author is Assistant to the Secretar-General of ASEAN and this paper was presented at the Fifth China-ASEAN Research Institutes Roundtable on Regionalism and Community Building in East Asia (The University of Hong Kong's Center of Asian Studies, October 17~19, 2002), http://www.aseansec.org/10202.htm; John Ravenhill, "A Three Bloc World? The New East Asian Regionalism," *International Relations of the Asia-Pacific*, Vol. 2, No. 2 (2002), pp. 167~195

[7] "Final Report of the East Asia Study Group," *ASEAN+3 Summit*, November 4, 2002, Phnom Penh, Cambodia；江啟臣、洪財隆，「總論：東亞區域整合的特色及對台灣的意義」，東亞經濟整合趨勢論叢（台北：太平洋經濟合作理事會，2009），頁11。

[8] 吳玲君，「東協國家與東亞經濟合作：從『東協加三』到『東亞高峰會』」，頁117~139。

三、三個「十加一」

　　基本上，東亞國家認為東亞區域的貿易合作以快速成長的雙邊優惠貿易協定為主體；其合作之形式是以東協為中心，合作對象則是與中國為最先，日、韓隨之推進。不少觀察家以為，如果以三個「東協加一」為基礎，東協加三及東亞自由貿易區的談判時間表完成後，將有望建成東亞自由貿易區。[9]

　　以東協為主體的區域間貿易自由化合作與經濟夥伴關係等，主要因中國經濟的崛起而發展順利，「東協加中國」的合作計畫提供東協國家各項優厚的條件。在三個「東協加一」的合作協議中，以中國與東協的「十加一」（China-ASEAN FTA）最早，也是「十加三」合作中最有成效的一組；雙方自2005年開始已針對部分貨品開始協商免稅，到了2010年中國與東協中六個經濟較發達的國家（新加坡、馬來西亞、泰國、印尼、越南、菲律賓）更達到全面免稅的目標，預計2015年整個東協都將納入自由貿易區內。[10] 正因如此，雙方在經貿方面互動關係更頻繁；目前東協是中國的第四大貿易夥伴、第四大出口市場和第三大進口來源地，而中國已經成為東協第一大貿易夥伴、第二大出口市場。在投資上，雙邊雙向投資亦不斷擴大；東協是中國外資重要來源地之一，而中國在東協國家之投資則已經超過130億美元。在2010年底的東協加一和東協加三的高峰會裡，雙方也就財政、貨幣、投資、旅遊、交通和基礎建設等領域，表達高度的合作意願。[11]

　　隨著東協加中國FTA的簽訂及中國與東協主要市場關係更加緊密，

---

[9] 張蘊嶺，「中國同東亞的經濟一體化與合作」，當代亞太，第1期（2006年），頁12。

[10] 吳玲君，「中國與東亞區域合作：區域主義與霸權之間的關係」，問題與研究雙月刊，第44卷第5期（2005年10月），頁1~27。

[11] "China-ASEAN Trade and Economic Cooperation Strengthened," August 12, 2011, http://www.chinatrade.com/blog/china-asean-trade-and-economic-cooperation-strengthened.

日本與韓國政府明顯感受到中國積極爭取東協合作的壓力，意識到加強與東亞主要新興市場之經貿關係，與克服長期阻撓簽訂FTA的國內因素之必要性。[12] 日本在2008年與東協簽署《東協與日本全面經濟夥伴關係協定》（ASEAN-Japan Comprehensive Economic Partnership Agreement, AJCEPA），協定內容除了十年內將達成調降關稅目標之外，並在2011年進一步將服務貿易與投資自由化納入其中。而韓國則與東協在2005年簽署架構性協議，提出2010年部分貨品關稅降至5%以下之構想。之後，韓國更在2007年與東協簽署貨品貿易協定，2009年則簽署服務貿易協定，同年亦與東協各國完成FTA之談判，並於2010年1月生效。[13] 此外，由於東協新憲章已於2008年12月生效，東亞地區之整合又邁向新的境界，因此專家預計至2015年前，此一區域將成為擁有5億人口的統一市場。

四、「中日韓」的自由貿易合作

東亞的經濟整合中，目前以東北亞之間的雙邊與三邊自由貿易談判進度較為緩慢，2011年5月22日，中國國務院總理溫家寶、日本前首相菅直人與韓國總統李明博在東京三國領導人會議中，就有關中日韓自由貿易區（China-Japan-Korea Free Trade Agreement, CJK FTA）構想（又稱「東北亞經濟合作體」）之產官學聯合研究工作達成協議，三方一致同意從原計劃的2012年提前至今年年底前完成，並預計三國於2012年啟動FTA談判。然而，由於中日韓三國推動東北亞FTA時，必須同時對全球與區域FTA及

---

[12] Takashi Terada, "Forming an East Asian Community: A Site for Japan-China Power Struggles," *Japanese Studies*, Vol. 26, No. 1 (May 2006), pp. 5~6；新加坡前總理李光耀曾表示，目前與東南亞合作的現況是中國是領頭，日本是追隨在後。詳見：朝日新聞（Asahi Shimbun），2003年10月23日，http://www.asahi.com/english/Herald-asahi/worldlist.html; *International Herald Tribune*, November 24, 2003.

[13] "Asean-Korea FTA Completes," *The Nation*, June 2, 2009, http://www.nationmultimedia.com/2009/06/02/business/business_30104205.php.

彼此的策略加以評估，因此隨著環境條件發生變化，各國亦隨之對其策略進行調整。基本上，三國的原則一致，都希望透過FTA獲得實際經濟利益。但是基於不同因素的考量，逐漸形成各自不同的FTA策略；韓國採以全球及提升產業競爭力為主的戰略，日本採取以經濟夥伴關係為核心戰略，而中國則是以經濟利益與政治利益結合的戰略。目前而言，三國在開放國內市場之顧慮、貿易逆差與貿易壁壘、特定產業實施保護主義與商業環境的障礙等問題仍無法突破，也造成合作上之困境。

多年來，中國一直在國際上數個不同場合中，多次呼籲韓日考慮中、日、韓之間的自由貿易區談判，但是中日韓三國經過多次談判協商後卻仍然沒有具體成果，期間甚至還面臨談判破裂。終於，2010年三國再次確定大架構，今年又將原計劃的2012年提前，並於首爾設立合作秘書處。雖然就合作架構實質內容而言，東北亞的合作仍是一個基礎性的起步，但是在中國努力推動及美韓自由貿易協定已簽署的壓力下，其對東北亞的貿易合作必有一定的影響。[14]

參、國際經濟變化與東亞區域整合的發展

如前所言，1997年的金融危機造成東亞國家的危機感，促使東亞國家之間的合作。而2007年夏天美國次級房貸風暴演變成波及全球的金融海嘯，也讓東亞國家更深刻認識到合作之重要性，因而加速雙邊與多邊的區域整合。雖然近來的金融風暴與1997年之金融危機的成因不同，主要係因金融管制面不當，造成經濟與貿易失衡所致，但是經濟層面的衝擊卻是相似的。在美國次貸風暴波及下，世界各國都緊急啟動貨幣與財政雙管齊下

---

[14] 「中韓擬啟動自由貿易協定談判東北亞經濟體崛起」，中國網，2011年9月19日，http://big5.china.com.cn/international/txt/2011-09/19/content_23445566.htm。

的應變政策，以避免總體經濟陷入更衰退的情況。在此次金融海嘯中，美國與東亞國家都深受其苦，就連近年成長快速的中國也一度面臨內外需急遽下滑、通膨壓力激增的窘境。但是，東亞國家在有預期準備的心理下，早已採取不少調整的策略，在危機中積極尋求加強區域內外的自由貿易合作，以分散自身風險。

一、2007年美國次級房貸風暴之影響

　　在次級房貸引發的世界經濟危機壓力下，東亞各國更加快區域經濟整合步伐，促進區域合作和發展。東亞國家特別是東協國家，都是「出口型經濟體」，短期內尚無法調整自身過於依賴出口的經濟格局，但是隨著歐美國家消費驟減，目前東協各國經濟增長速度明顯趨緩、出口量急遽下降，進而導致各國GDP數額萎縮與失業率上升。東協國家自知欲單純藉由內部協商與合作走出目前困境之難度頗高，因此除採取擴大投資、促進消費及刺激內需等相關干預措施以緩解就業壓力外，也積極尋求加強區域內外的自由貿易合作，以分散風險。

　　此次風暴在一定程度上更加強東亞各國再度合作的意願。東協加三（APT）與東協會議（ASEAN）等區域合作都在其年度的領袖高峰會議中，呼籲儘速採取經濟以及金融措施，例如監督管理機構、或對企業治理等制度進行改革，並且加強金融市場運作。為防制保護主義再次抬頭，各次區域會議的領袖宣言中，各經濟體也一再申明反對設立新的壁壘，及實施新的出口限制，強調貨物、服務貿易，以及資本自由開放的重要性。其中，為了表明此嚴正立場，東協成員國中的新加坡、馬來西亞、印尼、寮國、柬埔寨和汶萊之經濟部長，於2008年12月16日在新加坡召開會議，簽署三項自由貿易區關鍵協定，即《東協貨物貿易協定》、《東協綜合投資協定》及《關於實施東協服務業框架協議第七次一攬子計畫的草案》。而未與會的泰國、緬甸、越南、菲律賓等國，不久也同意簽署上述協定。這

三份協定是對原有相關協議之改進和升級，涉及範圍更廣，開放的自由貿易領域更多，有利於東協各國進一步開放區域內市場，以及促進國際貿易的發展。[15]

　　與此同時，為分散風險，東亞各國也積極開展區域外合作，如東協各國於2009年簽署《東協－澳大利亞－紐西蘭自由貿易協定》、《東協－印度自由貿易協議》等一系列新的自由貿易協定。這一系列的舉措將擴大東協各國與其他國家和經濟體的貿易往來，有利於經濟復甦。

　　在次級房貸金融風暴下，中國也一度面臨內外需衰退的困境。但是身為美國政府公債的最大債權國，2兆美金的外匯存底讓中國在此次風暴中受損相對輕微。一些中國的報導指出，此一波的金融危機在產業層面對中國產生有利的因素，可以促進中國製造業參與全球化的進程，促進國內產業的升級，並推動中國的工業化。目前亞太各國對中國仍有不少期許，希望它從出口導向國家轉型為內需導向國家，並進一步帶動亞太貿易的活動。如此，也促使東亞國家更加依賴中國市場。

　　根據東亞地區從2000年至2010年之間簽署FTA的變化，我們可以很清楚地發現十年來東亞各國之間積極簽署FTA的事實。根據世界貿易組織（WTO）之統計，2000年之前東亞地區只有5個已生效的區域貿易協定（RTAs），包括東協自由貿易區（ASEAN Free Trade Area, AFTA）、開發中國家全球貿易優惠系統協定（Global System of Trade Preferences among Developing Countries, GSTP）、亞太貿易協定（Asia Pacific Trade Agreement, APTA）等。隨著時間推移，東亞地區之FTA或是RTA數目之增加就越發迅速；[16] 截至2011年10月，東亞地區已有約68個生效的RTAs。

---

[15] "Press Release - ASEAN Economic Ministers Signed Key Agreements on Trade in Goods," *Trade in Services and Investment*, Singapore, December 16, 2008, http://archive.asean.org/22116.htm.

[16] 林祖嘉、譚瑾瑜，「兩岸經濟合作與東亞區域經濟整合新契機」，國家政策研究基金會，2011年7月11日，http://www.npf.org.tw/post/2/9416。

同時，東亞各國不但與東亞區域內的國家積極簽署RTAs，亦與區域外的貿易夥伴積極洽簽RTAs（請參見東亞區域經濟整合現況───國家一覽表）。

表一：全球區域經濟整合現況───國家一覽表

（更新日期：2011年10月18日）

亞　　洲	
國　　家	洽簽情形
日　　本	已簽署：新加坡、馬來西亞、菲律賓、泰國、墨西哥、智利、印尼、汶萊、東南亞國協[17]（ASEAN）、瑞士、越南、印度、秘魯。 談判中：韓國、澳洲、海灣合作理事會[18]（GCC）。 研議中：ASEAN+3（+6）、日韓中FTA、歐盟、蒙古、加拿大。
韓　　國	已簽署：智利、新加坡、歐洲自由貿易協會[19]（EFTA）、亞太貿易協定[20]（APTA）、ASEAN、印度、秘魯、美國、歐盟。 談判中：加拿大、墨西哥、海灣合作理事會（GCC）、紐西蘭、澳洲、哥倫比亞、土耳其、日本。 研議中：ASEAN+3、南方共同市場[21]（MERCOSUR）、中國大陸、俄羅斯、南部非洲關稅同盟[22]（SACU）、日韓中FTA、以色列、越南、中美洲、蒙古、馬來西亞、印尼、泰國。

---

[17] 東南亞國協（Association of Southeast Asian Nations, ASEAN），成員包括汶萊、柬埔寨、印尼、寮國、馬來西亞、緬甸、菲律賓、新加坡、泰國及越南。

[18] 海灣合作理事會（Gulf Cooperation Council, GCC），成員包括沙烏地阿拉伯、阿聯、安曼、巴林、卡達及科威特。

[19] 歐洲自由貿易協會（European Free Trade Association, EFTA），成員包括冰島、列支敦士登、挪威及瑞士。

[20] 亞太貿易協定（The Asia-Pacific Trade Agreement, APTA），原曼谷協定（Bangkok Agreement），成員包括中國大陸、孟加拉、印度、寮國、韓國及斯里蘭卡。

[21] 南方共同市場（Mercado Común del Sur, MERCOSUR），成員包括阿根廷、巴西、巴拉圭及烏拉圭，委內瑞拉已簽署加入，惟尚未成為正式成員。

[22] 南部非洲關稅同盟（Southern African Customs Union, SACU），成員包括南非、納米比亞、波札那、賴索托及史瓦濟蘭。

中國大陸	已簽署：香港、澳門、亞太貿易協定（APTA）、ASEAN、巴基斯坦、智利、紐西蘭、新加坡、秘魯、哥斯大黎加、海峽兩岸經濟合作架構協議（ECFA）。 談判中：澳洲、冰島、海灣合作理事會（GCC）、挪威、瑞士、南部非洲關稅同盟（SACU）。 研議中：印度、日韓中FTA、韓國。
新加坡	已簽署：東協自由貿易區[23]（AFTA）、紐西蘭、日本、歐洲自由貿易協會（EFTA）、澳洲、美國、印度、約旦、韓國、巴拿馬、跨太平洋策略經濟夥伴協定[24]（TPP）、秘魯、中國大陸、海灣合作理事會（GCC）、哥斯大黎加。 談判中：加拿大、巴基斯坦、烏克蘭、歐盟、擴大TPP、中華民國。
泰國	已簽署：東協自由貿易區（AFTA）、巴林、秘魯（早期收穫協定）、印度[25]、澳洲、紐西蘭、日本、孟印緬斯泰經濟合作組織（BIMESTEC）[26]。 談判中：歐洲自由貿易協會（EFTA）、美國、印度、南方共同市場（MERCOSUR）（優惠貿易協定）、智利。 研議中：巴基斯坦、韓國。
菲律賓	已簽署：東協自由貿易區（AFTA）、日本。 談判中：歐盟。 研議中：美國。
印尼	已簽署：東協自由貿易區（AFTA）、日本、D8[27]、巴基斯坦。 談判中：澳洲、歐盟、智利。 研議中：歐洲自由貿易協會（EFTA）、土耳其、美國、韓國、印度。

---

[23] 東協自由貿易區（ASEAN Free Trade Area, AFTA），成員即為東南亞國協之會員國。

[24] 跨太平洋策略經濟夥伴協定（Trans-Pacific Strategic Economic Partnership Agreement），成員包括汶萊、紐西蘭、智利及新加坡，簡稱P4，亦可稱為TPP。

[25] 此指架構協定（framework agreement），並含早期收穫計畫（Early Harvest Program）。

[26] 孟印緬斯泰經濟合作組織（Bay of Bengal Initiative for Multi Sectoral Technical And Economic Cooperation, BIMESTEC），又稱環孟加拉灣多領域技術暨經濟合作倡議，包括孟加拉、印度、緬甸、斯里蘭卡、泰國、不丹、尼泊爾等七國。

[27] D8：開發中8國集團，包括埃及、伊朗、尼日利亞、印尼、馬來西亞、孟加拉、土耳其、巴基斯坦。

馬來西亞	已簽署：東協自由貿易區（AFTA）、巴基斯坦、日本、D8、紐西蘭、回教組織會議（OIC）成員國之貿易優惠系統、智利、印度。 談判中：澳洲、美國、土耳其、擴大TPP、歐盟。 研議中：海灣合作理事會（GCC）、韓國。
越　　南	已簽署：東協自由貿易區（AFTA）、日本、智利。 談判中：擴大TPP。 研議中：歐盟、韓國、俄羅斯、EFTA。
汶　　萊	已簽署：東協自由貿易區（AFTA）、日本、跨太平洋戰略經濟夥伴協定（TPP）。 談判中：擴大TPP
緬　　甸	已簽署：東協自由貿易區（AFTA）。 談判中：孟印緬斯泰經濟合作組織（BIMESTEC）。
柬　埔　寨	已簽署：東協自由貿易區（AFTA）、孟加拉。
寮　　國	已簽署：東協自由貿易區（AFTA）。
東南亞國協（ASEAN）	已簽署：東協自由貿易區（AFTA）、中國大陸、韓國、日本、澳洲+紐西蘭+ASEAN（FTA）、印度（FTA in goods）[28]。 談判中：歐盟、印度[29]。 研議中：美國、加拿大、巴基斯坦、ASEAN+3（EAFTA）、ASEAN+6（CEPEA）、亞太自由貿易協定（FTAAP）、南方共同市場（MERCOSUR）。
中華民國	已簽署：巴拿馬、瓜地馬拉、尼加拉瓜、宏都拉斯、薩爾瓦多、海峽兩岸經濟合作架構協議（ECFA）。 談判中：多明尼加、新加坡。 研議中：美國、歐盟、日本、澳洲、加拿大、紐西蘭等國。

參考資料：經濟部國貿局，更新日期：2011年10月18日，http://cweb.trade.gov.tw/kmi.
　　　　　asp?xdurl=kmif.asp&cat=CAT4122。

---

[28] 此指貨品貿易協定。

[29] 此指服務業與投資協定。

二、美歐債信問題之契機

　　全球在歐洲債務問題、美國經濟衰退衝擊下都陷入危機，東亞當然也沒有例外。但是相較其它區域，東亞受到的衝擊較不明顯，特別是對於東南亞國家而言，美歐債信問題對東南亞國家的經濟影響不明顯。一般認為亞洲正走在全球經濟復甦道路的前列，而其中又以東南亞最為活躍。東南亞經濟展望報告指出，去年底東協主要六國（印尼、馬來西亞、菲律賓、新加坡、泰國和越南）已擺脫危機，經濟出現反彈，而未來五年平均經濟成長率則將維持在6%的高標準，高於預期值。東協各國經濟復甦迅速，主要得益於全球和地區範圍內需求的恢復，特別是受中國經濟刺激的影響。來自中國的需求大幅提升東南亞地區之出口，而出口的提升促使工業品產量增加，進一步讓勞動力市場得到鞏固；同時，農產品價格的上漲增加城鄉居民的收入，進而促進個人消費的反彈。

　　此外，在東南亞各國之投資也出現大幅度的成長，隨著全球和地區範圍內需求的大幅度增長，中國之商業積極性也在持續激增。換言之，近年來東南亞經濟快速復甦在很大程度上受益於中國經濟的高速增長，「東協加中國」自由貿易區啟動後，帶動東南亞各國對中國貿易的快速增長。然而，中國經濟高成長目前也正面臨一些瓶頸，如資源、環境、社會矛盾等。如果未來中國經濟減速，東南亞之經濟是否仍可持續成長，是各國政府必須尋思解決之課題。目前東亞經濟合作持續進行中，金融風暴將促使東亞各國重視區域內金融機制的調整。因此，長期來看，此一危機可能是另一個合作的契機。

肆、台灣與東亞區域整合的挑戰

　　東亞經濟整合始於1997年的金融危機，之後又受2007年夏天美國次級房貸與2011年的美歐債信風暴波及。一般而言，國際重大的經濟事件，往

往造成國際與區域經濟板塊及國家優勢之變化,東亞的整合即在歷年的金融危機與風暴中逐漸發展成形。面對近年東亞成員在全球經濟的危機中,為尋求自保而加速簽訂雙邊與多邊區域自由貿易合作之情勢,台灣則保持積極的態度,在邊緣化的危機中和大陸簽署「兩岸經濟合作架構協議」(Economic Cooperation Framework Agreement, ECFA)作為兩岸合作之基礎,並作為推動加入東協組織與東亞經濟合作對話的起步。通過ECFA,兩岸可能啟動新一輪的產業合作,甚至可以建立緊密的生產和供應鏈,讓台灣可扮演所謂「區域經濟橋」的角色,得到參與更多區域經濟組織的優勢,並可望爭取更多簽訂FTA的機會。目前已與台灣政府簽署協議的國家有巴拿馬、瓜地馬拉、尼加拉瓜、宏都拉斯、薩爾瓦多,加上海峽兩岸經濟合作架構協議(ECFA);談判中的則包括多明尼加與新加坡,同時也正研議與美國、歐盟、日本、澳洲、加拿大與紐西蘭等國簽署FTA的可能性。

為進一步解決台灣在東亞區域整合中邊緣化的問題,目前政府也正考量是否加入美國極力推動的「跨太平洋策略性經濟夥伴協定」(Trans-Pacific Strategic Economic Partnership Agreement, TPP)。由於美國主導TPP的發展,具有全球戰略的考量,目的顯在制衡中國大陸與日俱增的影響力,及其在東亞經濟整合扮演的關鍵角色。目前美國已成功地遊說日本加入,一旦日本宣布加入,TPP之成員國將擴大為十國,其GDP規模將超越原來APEC會員國的二分之一,未來將具有舉足輕重的地位。再者,由於APEC屬於論壇性質的國際組織,但TPP是透過協定簽署而具法律效力的國際組織,故TPP之簽署與成員的擴大,將對APEC之功能與地位有所影響。

目前馬英九總統已將加入TPP列為黃金十年的政策目標,但台灣是否能如願加入TPP談判,除了政治障礙外,經濟層面之挑戰更大。在政治上,面對美中兩強針對TPP議題的攻防交手,台灣要如何自處是必須解決

的一大難題。同時，台灣對外洽簽FTA也明顯受制於北京設定的政治框架，故如何持續和中國加強溝通，排除台灣參與區域經濟整合的障礙，是未來必須努力的方向。經濟上，由於TPP是要求高度自由化的FTA，成員國95%的農工產品進口關稅須降至零，服務業也須做最大程度的開放。因此未來台灣想要爭取加入TPP，也將面臨農產品關稅及服務業等領域的高難度挑戰。這些目標還有賴國內各部門的配合，做好開放市場的準備，方有可能達成。在全球經濟板塊變化之際，台灣所面臨的挑戰也更多元化。

參考書目

一、中文部分

江啟臣、洪財隆，「總論：東亞區域整合的特色及對台灣的意義」，**東亞經濟整合趨勢論叢**（台北：太平洋經濟合作理事會，2009），頁3~22。

吳玲君，「中國與東亞區域合作：區域主義與霸權之間的關係」，**問題與研究雙月刊**，第44卷第5期（2005年10月），頁1~27。

──，「從東亞金融危機看亞太經合會建制」，**問題與研究月刊**，第37卷第6期（1998年6月），頁1~15。

──，「東協國家與東亞經濟合作：從『東協加三』到『東亞高峰會』」，**問題與研究季刊**，第46卷第2期（2007年4~6月），頁117~139。

林祖嘉、譚瑾瑜，「兩岸經濟合作與東亞區域經濟整合新契機」，**國家政策研究基金會**，2011年7月11日，http://www.npf.org.tw/post/2/9416。

二、英文部分

Ahmad, Zahari Haiji and Baladas Ghoshal, "The Political Future of ASEAN After the Asian Crisis," *International Affairs*, Vol. 75, No. 4 (1999), pp. 759~778.

Beeson, Mark, "U.S. Hegemony and Southeast Asia: The Impact of, and Limits to, U.S. Power and Influence," *Critical Asia Studies*, Vol. 36, No. 3 (2004), pp. 448~449.

Soesastro, Hadi, "APEC: An ASEAN Perspective," in Donald C. Hellmann & Kenneth B. Pyle, eds., *From APEC to Xanadu: Creating a Viable Community in the Post-Cold War Pacific* (Seattle: The National Bureau of Asian Research, 1997), pp. 174~194.

Terada, Takashi, "Forming an East Asian Community: A Site for Japan-China Power Struggles," *Japanese Studies*, Vol. 26, No. 1 (May 2006), pp. 5~17.

Yeo, Lay Hwee, "Japan, ASEAN, and the Construction of an East Asian Community," *Contemporary Southeast Asia*, Vol. 28, No. 2 (August 2006), pp. 265~267.

亞太區域經濟合作新格局下
中國FTA戰略論析

莊芮
（對外經濟貿易大學國際經濟研究院副院長）

摘要

　　本文首先總結有關中國自由貿易區戰略的研究文獻，然後結合亞太區域經濟合作的新格局及其特點，探討中國自由貿易區戰略提出的國際、地區和國內背景，以及該戰略的實施情況，進而分析亞太區域經濟合作新格局下，中國進一步推進自由貿易區戰略面臨的挑戰和對策。文章認為：亞太區域經濟合作目前呈現一種「多框架並存、競爭性合作」的特點，其多樣性、複雜性和不確定性都很突出。在此背景下，中國推進自由貿易區戰略主要面臨兩個挑戰，一是美國力推TPP以介入東亞區域經濟合作；二是港澳台進一步參與國際區域經濟合作問題。對此，中國需靈活應對TPP，同時積極促成東亞「10+X」框架下的貿易自由化，並積極聯合港澳台，共同謀求建立「大中華自由貿易區」。

關鍵詞：亞太區域經濟合作、中國自由貿易區戰略、大中華自由貿易區、東亞區域經濟整合

　　近年來，國際經濟形勢發生重大變化，亞太區域經濟合作也面臨格局調整。在此背景下，中國於2007年首次明確提出要「實施自由貿易區戰略，加強雙邊多邊經貿合作」；2011年3月，「十二五」規劃綱要再次指出，今後五年要「加快實施自由貿易區戰略」。面對新的國際經濟形勢和亞太區域經濟合作格局變化，中國如何加快實施自由貿易區戰略，是當前備受關注的一個重要問題。

壹、文獻回顧

　　中國與外國學者自21世紀初開始注意到中國自由貿易區戰略。迄今為止，相關研究大致分為三類：

一、從宏觀戰略角度論述中國FTA的推進

　　此類成果頗豐，如美國紐約大學政治學系的James C. Hsiung（2009）從地緣經濟角度分析認為，21世紀的權力平衡將在三大貿易集團（即歐盟、北美自由貿易區、10+3或10+6基礎上發展的亞洲自由貿易區）的力量博奕中產生；在這種全球博奕當中，中國起著特殊作用。Stephen Hoadley和Jian Yang（2007）分析中國實施FTA戰略的動機、對象選擇和進展，認為FTA戰略是對中國外交的一種補充，是中國長期國際戰略中的一個新要素。Robert Z. Lawrence（2006）也指出，中國通過WTO和FTA兩個途徑推動貿易自由化，其謀求FTA的作法總體是務實的。Shujiro Urata和Kozo Kiyota（2003）認為，中國對FTA的積極態度令人關注，中國加入WTO是建立一個通向世界市場的平台，同時中國開始用FTA謀求實現地區戰略。

　　中國學者胡鞍鋼、門洪華（2005）指出，地區一體化戰略是協調中國國內戰略和國際戰略的著眼點。趙晉平（2007）認為，今後如何加強

與發達國家之間的制度性合作，應成為中國FTA戰略重點關注的問題之一；趙晉平（2011）進一步結合「泛太平洋夥伴關係協定」（TPP）的發展，分析中國自貿區戰略問題，並且提出未來中國面對亞太區域經濟合作格局變動的四種對策選擇。宮占奎、陳建國和佟家棟（2000）、陸建人（2005）、宋玉華（2008）、張振江（2009）、盛斌（2010）、余振和沈銘輝（2010）、張彬和袁立波（2010）等多位學者，分別從APEC發展、亞太區域內FTA的軸心－輻條格局、亞太區域合作競爭性構想等不同側面，提出中國參與亞太區域合作的對策。江瑞平（2004）、劉昌黎（2007）、董志勇（2008）、劉晨陽（2010）、趙放（2010）等也結合各種區域平台，探討中國建設自由貿易區的政策設想。

二、從效應評價角度分析中國簽署FTA的影響

　　中國與外國學者採用多種方法評估中國的FTA效應，如南洋理工大學的Yunhua Liu和Beoy Kui Ng（2010）分析中國—東盟自由貿易區建立，對中國和東盟國家貿易投資關係的影響；Chirathivat（2002）、薛敬孝和張伯偉（2004）、楊軍（2005）、周曙東（2006）、曹亮（2010）等，重點採用CGE-GTAP模型估算中國各種FTA的經濟影響；谷克鑒（2001）、李猛（2006）、陳雯（2009）、蔡宏波（2010）等，運用引力模型分析中國的FTA效益；李榮林和魯曉東（2006）在局部均衡基礎上建立校準模型，評估中日韓FTA的福利效應；張蘊嶺（2010）、王玉主和沈銘輝（2010）等學者結合企業調查結果，分析FTA對商業活動的影響及中國—東盟FTA的效果，展示可貴的一手資料和實際依據。此外，賴明勇（2009）分析中國—新加坡FTA的影響，蔡宏波、黃建忠（2010）在分析商品競爭性與互補性的基礎上，評價中國FTA戰略的有效性。

三、從談判策略角度探討中國未來建立FTA的對象選擇及談判方案

柴非（2009）運用「談判標的聯合指數」方法，對中國與韓國建立FTA進行貨物貿易方面的實證分析，得到12個不同產業在中國貿易中的相對地位，從而提出中國在中韓FTA當中的重點談判方向和可能的貿易策略。黃鵬、汪建新（2010）在GTAP模型基礎上模擬中國與韓國建立自貿區的幾種情景，並綜合比較模擬結果，進而提出中國在中韓FTA談判中可選的幾種談判方案及排序。談茜（2010）同樣實證研究中韓FTA可能涉及的12個行業之貨物貿易產品，並據此探討中韓FTA談判的策略選擇問題，不過其分析方法除GTAP模型之外，還綜合運用雙層博奕模型和逆向選擇模型。

綜上，中國與外國學者已從多個角度、運用多種方法研究中國FTA戰略問題。然而，隨著亞太區域經濟合作格局的調整，未來中國如何加快實施自由貿易區戰略，還有許多理論和實踐問題需要解決。

貳、亞太區域經濟合作新格局及其特點

亞太區域經濟合作加速於二十世紀九〇年代末。1998年之前，亞太地區僅有亞太經合組織（APEC）、北美自由貿易區（NAFTA）、東盟自由貿易區（AFTA）、澳大利亞—新西蘭緊密經濟關係協定（CER）等少數幾個區域貿易安排。但亞洲金融危機之後，隨著國際形勢的變化，亞太各國參與區域經濟合作的積極性日益高漲。據APEC統計，截至2007年6月，APEC成員之間已達成的自由貿易協定（FTA）有27項，成員與非成員之間達成的FTA有33項，正在談判的有42項，正在構想中的有6項。[1] 近年來，這些數字還在攀升，以致亞太地區的各種FTA交叉重疊，已然出

---

[1]　數據參見APEC網站，http://www.apec.org。

現一種複雜的「義大利麵碗」格局。

目前，除各國分別對外簽署的諸多雙邊FTA之外，亞太區域經濟合作的主要機制和平台包括：

一、東盟自由貿易區（AFTA）

東盟自由貿易區（AFTA）初步建成於2002年1月，現有6個老成員國（新加坡、馬來西亞、泰國、汶萊、菲律賓、印度尼西亞）和4個新成員國（越南、老撾、緬甸、柬埔寨）。2007年11月，東盟領導人在東盟成立40周年之際，簽署具有里程碑意義的《東盟憲章》和《東盟經濟共同體藍圖》等文件，明確規定東盟共同體將由三大支柱——東盟經濟共同體、東盟安全共同體和東盟社會文化共同體組成，而東盟經濟共同體擬於2015年建成，屆時東盟將「創造一個單一市場與生產基地」、「形成一個競爭力強的經濟區域」、「確保本區域經濟平衡發展」、「推動本地區與國際經濟體系的融合」。東盟共同體是一個宏偉目標，未來數年東盟自身的建設將重點圍繞這一核心展開。

二、五個「10+1」結構

以東盟十國為中心的「10+1」結構從「中國—東盟自由貿易區」（CAFTA）開始。2002年11月的《中國—東盟全面經濟合作框架協議》規定中國與東盟將在2010年建成自由貿易區（與東盟4個新成員可延至2015年）；2004年1月1日，CAFTA《早期收穫計劃》實施；隨後，CAFTA《貨物貿易協議》和《服務貿易協議》分別於2005年和2007年實施；2009年8月，CAFTA《投資協議》簽署；2009年12月29日，商務部召開新聞發布會，正式宣布CAFTA建成。

繼中國之後，東盟又陸續同日本、韓國、印度、澳大利亞—新西蘭建立「10+1」模式的自由貿易安排。迄今，所有這5個「10+1」的生效情況如下表：

表一：東盟五個「10+1」生效情況（截至2011年1月）

「10+1」具體名稱	生效時間	備　　註
東盟（東協）─中國FTA	2005年1月1日《貨物貿易協議》生效 2007年7月1日《服務貿易協議》生效	2009年底已基本建成
東盟（東協）─日本FTA	2008年12月1日生效	僅涵蓋貨物貿易
東盟（東協）─韓國FTA	2010年1月1日《貨物貿易協議》生效 2009年5月1日《服務貿易協議》生效	涵蓋貨物貿易和服務貿易
東盟（東協）─印度FTA	2010年1月1日生效	僅涵蓋貨物貿易
東盟（東協）─澳大利亞─新西蘭（紐西蘭）FTA	2010年1月1日生效	涵蓋貨物貿易和服務貿易

資料來源：筆者根據WTO網站最新資料整理。

三、「10+3」框架

　　包括東盟十國和中日韓三國在內的「10+3」框架，源於1996年各國為準備第一次亞歐會議（Asia-Europe Meeting, ASEM）而舉行的首次會談。1997年，為應對亞洲金融危機，「10+3」首腦會議機制正式制度化。其後，在「10+3」經濟部長會議的指示下，東亞自由貿易區（EAFTA）可行性研究專家組於2004年成立。2004~2009年，中國和韓國分別牽頭組織第一期和第二期的研究，這兩期研究提交給「10+3」經濟部長會議和領導人會議的專家報告都認為，未來東亞應以「10+3」為基礎，通過整合東盟─中國、東盟─日本、東盟─韓國3個「10+1」建立東亞自由貿易區。在第二期研究報告中，專家還建議先成立兩個專家組，以整合有關的「原產地規定」和「便利通關」規則，為東亞自由貿易區做好前期準備。然而，在「10+3」基礎上建立自貿區的建議遭到日本的反

對，故東亞自由貿易區迄今未能取得實質性進展。

　　儘管東亞自由貿易區建設暫時受阻，但從2008年開始，原來在「10+3」框架內的中日韓三國領導人會晤，卻發展成單列的峰會，並且已先後在日本、中國、韓國召開會議。中日韓三國脫開「10+3」而單獨召開年度峰會的情況，使長期空白的東北亞區域經濟合作有了一抹亮色，也為「10+3」未來的走向增加變數。

四、「10+6」（東亞峰會）

　　1998年，由東亞13個國家著名專家組成的「東亞展望小組」（East Asian Vision Group）成立，該小組的任務是「研究將東亞培育成一個單一合作共同體的具體路徑」。[2] 2001年，東亞展望小組向「10+3」首腦會議提交報告建議，今後應將該首腦會議逐漸演變為「東亞峰會」。[3] 2002年的「10+3」首腦會議同意「在長期內」探索這一路徑，並最終建立東亞自由貿易區。而事實上，第一次東亞峰會很快就於2005年12月14日召開，並且參加東亞峰會的國家也從「10+3」變成「10+6」，即除東盟10國和中日韓3國以外，還有印度、澳大利亞、新西蘭。

　　東盟首腦會議的官方文件顯示，「10+6」的東亞峰會與「10+3」首腦會議是兩個平行機制，正如2005年東盟首腦會議的主席聲明所言，「東亞峰會和『東盟加三』進程應當平行前進，沒有交叉重疊，應當與其他的地區進程相互補充」[4]。可是，究竟如何具體協調「10+6」和「10+3」，東盟迄今沒有任何明確指向。反而是日本主張以「10+6」（東亞峰會）為基礎，簽署東亞緊密經濟夥伴協定（EPA），進而建立東亞自由貿易

---

[2] Rodolfo C. Severino, *Southeast Asian In Search of an ASEAN Community* (Singapore: Institute of Southeast Asian Studies, 2006), p. 267.

[3] Rodolfo C. Severino, *Southeast Asian In Search of an ASEAN Community*, p. 268.

[4] 參見東盟秘書處網站，http://www.aseansec.org。

區，並且也推動成立這一方案的可行性研究專家組，進行兩期研究，還提出兩份研究報告。未來東亞自由貿易區建設最終會選擇「10+6」還是「10+3」路徑，目前還尚未可知。不過，從東盟制定的東亞峰會參加國標準來看，東亞峰會很可能還會在現有的「10+6」基礎上進一步擴大。

五、APEC

1989年成立的亞太經濟合作組織（APEC）是亞太地區較早的一個區域經濟合作平台。APEC歷經二十多年發展，在「貿易投資自由化便利化」和「經濟技術合作」兩個領域取得不少成果。如今，隨著單邊行動計劃的履行，APEC大部分成員已基本取消非關稅措施，一些尚未完全取消非關稅措施的成員，也相應提高透明度。投資自由化方面，大部分成員在資本轉移、業績要求等方面已取消限制，投資政策的透明度普遍得到提高，多數成員之間相互簽署雙邊投資促進和保護協議。截至2010年，21個APEC成員中，已有18個完全加入APEC商務旅行卡計劃（ABTC），意味著今後持卡商務人員能在18個參與經濟體範圍內享受免簽證入境優惠，同時使用各機場的「APEC專用通道」（APEC Lane）。

然而，APEC今後的發展面臨嚴峻考驗：一方面原定2010年實現「茂物目標」第一階段任務（即發達成員實現貿易投資自由化）的計劃落空，APEC能否繼續堅持「靈活、開放、漸進」特點，而又保證區域經濟一體化措施的有效推進，能否促成「茂物目標」最低限度的實現（即2020年所有成員實現貿易投資自由化），都還是問題。另一方面，近年來APEC成員在整體推動區域經濟一體化的同時，還通過在APEC內外簽署雙邊和區域的自由貿易協定，加快貿易投資自由化速度。據統計，截至2010年5月，APEC成員總計已簽署175個區域貿易協定，這些區域貿易協定難免與APEC的總體目標產生競爭，特別是近期「跨太平洋戰略經濟夥伴協定」（TPP）的加速發展，更對APEC提出挑戰。

六、「跨太平洋戰略經濟夥伴協定」（TPP）

「跨太平洋戰略經濟夥伴協定」（TPP）是一個多邊FTA，由汶萊、智利、新西蘭、新加坡4國於2005年6月3日簽署，並於2006年5月28日生效，也稱「P4」。TPP要求各成員在十年內（即到2015年）削減全部產品的關稅，不允許有例外，內容涵蓋貿易、投資、金融、科技等多個領域的合作，以及知識產權、貿易爭端解決等，而且只要成員同意，還可進一步拓寬領域。

2008年9月22日，美國宣布將展開加入TPP的談判，並且迄今已進行四輪正式談判——第一輪是2010年3月15~19日在澳大利亞墨爾本；第二輪是2010年6月14~18日在美國舊金山；第三輪是2010年10月5~8日在汶萊；第四輪是2010年12月6~10日在新西蘭奧克蘭。美國現在力推TPP，主要目的顯然是想藉此實現其對亞洲區域經濟合作的主導權，奧巴馬總統已表示希望在2011年11月APEC夏威夷峰會上簽署TPP。繼美國之後，澳大利亞、越南、秘魯於2008年11月加入TPP談判，馬來西亞於2010年10月加入談判。至此，TPP已從原來的「P4」向「P4+5」發展。

更值得關注的是，目前日本、加拿大、菲律賓、韓國等都表示對加入TPP談判感興趣。這些經濟體當中，日本已於2010年11月APEC橫濱峰會期間成為TPP的觀察員，並且於2011年11月明確表態將加入TPP談判；加拿大目前也是TPP的觀察員，但並未正式加入談判，原因主要在於美國和新西蘭對加拿大的農業政策有所擔憂，故對其加入略有阻礙；韓國是在美韓FTA之後，就接到美國對其發出加入TPP談判的正式邀請。對此，韓國表示願意考慮，並責成由政府出資的韓國國際經濟政策研究所進行初步研究，以分析加入TPP可能對韓國經濟帶來的影響。

亞洲開發銀行（ADB）的專家認為，未來TPP將與「10+3」或「10+6」形成競爭。從全球經濟重心東移角度看，「10+3」或「10+6」更具吸引力；但從地緣安全角度看，東亞各國似乎又會傾向於TPP，因為

通過TPP可以加強同美國的聯繫。[5]

　　綜合上述，亞太區域經濟合作目前呈現一種「多框架並存、競爭性合作」的特點，其多樣性、複雜性和不確定性都很突出。

參、亞太區域經濟合作與中國FTA戰略

　　與多數亞太經濟體相似，中國日益重視區域經濟一體化。2007年至今，中國之所以將自由貿易區戰略上升為國家戰略，有其深刻的國際、地區和國內背景：

　　首先，從全球角度來看，這是中國對國際區域經濟一體化發展趨勢的順應之舉。WTO資料顯示，二十世紀九〇年代特別是進入二十一世紀以來，由於全球多邊貿易談判進展日趨艱困，世界各國商簽自由貿易協定（FTA）的熱情不斷高漲，區域經濟一體化趨勢日益顯著（見圖一）。根據最新統計，截至2011年5月，全球向WTO通報的區域貿易協定（RTA）達到489個，其中符合GATT1947或GATT1994第24條規定的RTA有358個，迄今生效的RTA有297個。在這些區域貿易協定當中，FTA占比達到90%左右。[6]

---

[5]　Masahiro Kawai and Ganeshan Wignaraja, "A Closer Look at East Asia's Free Trade Agreements," Feb 1, 2011, http://www.eastasiaforum.org.

[6]　數據來自WTO網站，http://www.wto.org/english/tratop_e/region_e/region_e.htm。

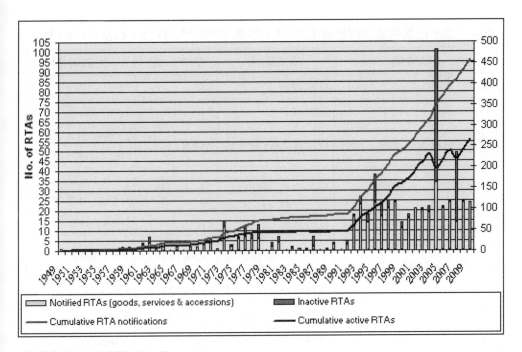

資料來源：WTO網站，http://www.wto.org。

圖一：全球RTA發展趨勢（1949~2009年）

　　其次，從地區角度來講，中國積極參與亞洲的區域經濟一體化進程。與歐美相比，亞洲區域經濟合作在二十世紀九○年代之前並無太大作為。但1997年亞洲金融危機之後，隨著國際和地區局勢的變化，亞洲各國逐漸重視地區合作，並開始積極推進區域經濟一體化。由表二可見，截至2011年8月，亞洲各主要經濟體，如東南亞的東盟、新加坡，東北亞的日本、韓國，南亞的印度、巴基斯坦等，都先後簽署並實施不少區域貿易協定。其中日本、新加坡及印度所簽署並已生效的區域貿易協定均達到10個。

表二：亞洲已生效區域貿易協定（RTA）列表（中國部分除外，截至2011年8月）

RTA名稱	涵蓋範圍	類　型	生效時間
東盟（東協）	貨物貿易	FTA	28-Jan-1992
東盟（東協）─日本	貨物貿易	FTA	1-Dec-2008
東盟（東協）─中國	貨物貿易/服務貿易	PSA&EIA	21-Sep-2005 (G) 26-Jun-2008 (S)
東盟（東協）─韓國	貨物貿易/服務貿易	FTA&EIA	1-Jan-2010 (G) 1-May-2009 (S)
東盟（東協）─印度	貨物貿易	FTA	1-Jan-2010
東盟（東協）─澳大利亞─新西蘭（紐西蘭）	貨物貿易/服務貿易	FTA&EIA	1-Jan-2010
日本─智利	貨物貿易/服務貿易	FTA&EIA	3-Sep-2007
日本─汶萊	貨物貿易/服務貿易	FTA&EIA	31-Jul-2008
日本─印度尼西亞	貨物貿易/服務貿易	FTA&EIA	1-Jul-2008
日本─馬來西亞	貨物貿易/服務貿易	FTA&EIA	13-Jul-2006
日本─墨西哥	貨物貿易/服務貿易	FTA&EIA	1-Apr-2005
日本─菲律賓	貨物貿易/服務貿易	FTA&EIA	11-Dec-2008
日本─新加坡	貨物貿易/服務貿易	FTA&EIA	30-Nov-2002
日本─瑞典	貨物貿易/服務貿易	FTA&EIA	1-Sep-2009
日本─泰國	貨物貿易/服務貿易	FTA&EIA	1-Nov-2007
日本─越南	貨物貿易/服務貿易	FTA&EIA	1-Oct-2009
韓國─智利	貨物貿易/服務貿易	FTA&EIA	1-Apr-2004
韓國─新加坡	貨物貿易/服務貿易	FTA&EIA	2-Mar-2006
韓國─印度	貨物貿易/服務貿易	FTA&EIA	1-Jan-2010
韓國─歐洲自由貿易聯盟	貨物貿易/服務貿易	FTA&EIA	1-Sep-2006
韓國─歐盟	貨物貿易/服務貿易	FTA&EIA	1-Jul-2011
新加坡─歐洲自由貿易聯盟	貨物貿易/服務貿易	FTA&EIA	1-Jan-2003
新加坡─美國	貨物貿易/服務貿易	FTA&EIA	1-Jan-2004

新加坡—約旦	貨物貿易/服務貿易	FTA&EIA	22-Aug-2005
新加坡—新西蘭（紐西蘭）	貨物貿易/服務貿易	FTA&EIA	1-Jan-2001
新加坡—秘魯	貨物貿易/服務貿易	FTA&EIA	1-Aug-2009
新加坡—澳大利亞	貨物貿易/服務貿易	FTA&EIA	28-Jul-2003
新加坡—巴拿馬	貨物貿易/服務貿易	FTA&EIA	24-Jul-2006
新加坡—中國	貨物貿易/服務貿易	FTA&EIA	1-Jan-2009
新加坡—日本	貨物貿易/服務貿易	FTA&EIA	30-Nov-2002
新加坡—韓國	貨物貿易/服務貿易	FTA&EIA	2-Mar-2006
泰國—澳大利亞	貨物貿易/服務貿易	FTA&EIA	1-Jan-2005
泰國—新西蘭（紐西蘭）	貨物貿易/服務貿易	FTA&EIA	1-Jul-2005
泰國—老撾（寮國）	貨物貿易	PSA	20-Jun-1991
泰國—日本	貨物貿易/服務貿易	FTA&EIA	1-Nov-2007
印度—智利	貨物貿易	PTA	17-Aug-2007
印度—阿富汗	貨物貿易	PTA	13-May-2003
印度—不丹	貨物貿易	PTA	29-Jul-2006
印度—新加坡	貨物貿易/服務貿易	FTA&EIA	1-Aug-2005
印度—斯里蘭卡	貨物貿易	FTA	15-Dec-2001
印度—日本	貨物貿易/服務貿易	FTA&EIA	1-Aug-2011
印度—韓國	貨物貿易/服務貿易	FTA&EIA	1-Jan-2010
印度—馬來西亞	貨物貿易	PSA	1-Jul-2011
印度—尼泊爾	貨物貿易	PSA	27-Oct-2009
印度—東盟（東協）	貨物貿易	FTA	1-Jan-2010
巴基斯坦—馬來西亞	貨物貿易/服務貿易	FTA&EIA	1-Jan-2008
巴基斯坦—斯里蘭卡	貨物貿易	FTA	12-Jun-2005
巴基斯坦—中國	貨物貿易/服務貿易	FTA&EIA	01-Jul-2007 (G) 10-Oct-2009 (S)

資料來源：筆者根據WTO網站（http://www.wto.org）資料整理。

　　再次，從國內角度來說，開展區域經濟合作與貿易夥伴建立自由貿易區，是入世後的中國多渠道減少貿易摩擦，深化並擴大對外開放的一個重要舉措。加入WTO之後，中國遭遇的貿易摩擦有增無減，傳統的外貿發展方式日益受阻。以歐盟為例，2001年，歐盟對華反傾銷案件僅占其反傾銷案件總數的3%，2002年就遞增到17.3%，2003~2006年持續保持30%以上，2007年高達66.6%。[7] 據商務部統計，「十一五」期間，截至2010年9月底，中國遭遇來自美國、土耳其、哥倫比亞等國家發起的33起特保調查，涉案金額超過28億美元。[8] 這種情況下，中國實施FTA戰略，將通過地區範圍內的貿易自由化，有效解決貿易爭端問題，並以新的方式和途徑在區域內實現市場的相互開放。

　　截至目前為止，中國正與五大洲的28個國家和地區建設15個自由貿易區，其中已經簽署並實施的9個自由貿易協定具體如表三。

表三：中國自由貿易區戰略實施情況（2001~2011年9月）

地　　區	名　　　　稱	狀　　　況
亞　　太	亞太貿易協定	2001年5月加入
東　　亞	內地與港、澳CEPA	2003年簽署； 2004年1月1日實施
	中國─東盟自由貿易區（CAFTA）	2002年簽署協議；2004年實施早期收穫計劃，並於同年簽署《貨物貿易協議》；2005年實施《貨物貿易協議》；2007年1月簽署，並於7月實施《服務貿易協議》；2009年簽署《投資協議》；2010年基本建成
	《中國─新加坡自由貿易協定》	2008年10月23日簽署

---

[7]　數據來源：歐盟委員會向歐洲議會提交的反傾銷和反補貼活動年度報告。

[8]　資料來源：商務部公平貿易網站，http://gpj.mofcom.gov.cn。

南　亞	《中國—巴基斯坦自由貿易協定》	2005年12月簽署《早期收穫協議》，2006年1月1日實施該協議；2006年11月簽署《自由貿易協定》；2009年2月21日簽署《服務貿易協定》
拉　美	《中國—智利自由貿易協定》	2005年11月簽署，2006年10月實施；2008年4月簽署《服務貿易協定》
	《中國—秘魯自由貿易協定》	2009年4月28日簽署
	《中國—哥斯達黎加自由貿易協定》	2010年4月8日簽署
大洋洲	《中國—新西蘭自由貿易協定》	2008年4月7日簽署

資料來源：筆者根據商務部資料整理。

從表三可知，中國自由貿易區戰略表現出三個特點：

第一，加速於「入世」之後。2001年之前，中國的注意力主要集中於多邊貿易體制，所參與的區域經濟合作組織僅僅是APEC，其他區域經濟合作，如內地與港澳CEPA、中國—東盟自由貿易區（CAFTA）、中國—巴基斯坦FTA、中國—智利FTA等，都是「入世」以來才迅速發展。

第二，體現「港澳優先」原則。眾所周知，內地與港澳CEPA的談判和簽署效率都非常高，而且更為重要的是，與中國所有其他FTA協定不同，CEPA是一個動態跟進、不斷發展的協議。截至目前為止，內地與港澳根據國內外形勢變化，已經簽署並實施7個CEPA補充協議，由此實現的遞進開放，早已延伸到內地的一些地方省分。可見，CEPA是「港澳優先」理念的體現。

第三，立足周邊，放眼全球。從現狀看，中國FTA戰略的選擇對象重點有兩類。一類是周邊地區，如東盟、新加坡、巴基斯坦等，都是中國的近鄰；另一類是能源資源地區，如智利、新西蘭等。根據商務部最新發布的信息，目前中國正在談判的自由貿易區有6個，對象分別是海灣合作委

員會（海合會）、澳大利亞、冰島、挪威、南部非洲關稅同盟和瑞士；而處於研究階段的自由貿易區有3個，對象分別是印度、韓國和日韓。由此可見，中國FTA戰略的實施準則在於「立足周邊，放眼全球」。

肆、亞太區域經濟合作新格局下中國FTA戰略面臨的挑戰與對策

近年來，隨著全球金融危機和歐洲主權債務危機的相繼爆發，發達經濟體普遍遭遇發展困境，國際經濟形勢發生重大變化，以WTO為代表的多邊貿易體制很難在短期內取得突破。在此背景下，未來中國對外開放必將「雙管齊下」，即一方面積極參與多邊貿易體系，促成WTO多哈回合談判取得成果；另一方面，將努力加強雙邊和區域的經濟合作，積極推進自由貿易區戰略。可以說，未來數年，作為中國對外開放的一個新渠道和新平台，中國自由貿易區戰略將在更大範圍、更廣領域展開。

國內外形勢顯示，在亞太區域經濟合作的新格局下，未來中國推進自由貿易區戰略主要面臨兩大挑戰：

一、美國借助「跨太平洋戰略經濟夥伴協定」（TPP）介入東亞區域經濟合作

二十世紀九〇年代以來，東亞地區一體化進程的發展對美國在該地區的政治和軍事存在構成挑戰。東盟、「10+1」、「10+3」等東亞主要區域經濟合作機制，幾乎都沒有美國的參與空間。為維持自己在東亞的長期存在，並從亞太這一利益攸關且具有繁榮前景的地區獲益，奧巴馬政府上台後，明顯加大對亞洲戰略的關注和投入。2009年2月和11月，希拉里、奧巴馬相繼發表演說闡述美國的亞洲戰略。2010年10月28日，希拉里在夏威夷再次發表題為《美國的亞太接觸政策》演說，提出「前沿部署外交」

（Forward-deployed diplomacy）概念，確立競爭主導型的亞太新戰略，內容主要涉及三個方面：一是在亞太採取「進取型」的戰略姿態，基本立足點在於「美國的未來與亞太地區的未來連在一起，而該地區的未來取決於美國」，目標定位是重塑美國在亞太地區的領導權；二是全方位的外交資源投入。如希拉里所言，美國已經把包括高級官員、發展專家和各類專門性外交團隊的全方位外交資源，派遣到亞太地區的每個角落和每個首都；三是多層次的接觸路徑與全方位的接觸框架，希拉里稱，美國將通過「同盟國家、新興夥伴國家和地區合作機制」三個途徑加強與亞洲的合作，從而構建美國在亞洲的「前沿」接觸框架。

在區域經濟合作領域，美國實踐其亞太新戰略的一個重要手段，就是建立針對亞洲區域經濟一體化進程的競爭機制。為此，奧巴馬政府極力推動TPP的擴大，試圖干擾亞洲國家自主的一體化進程，並與之形成競爭格局。對於TPP，美國的打算主要有兩個方面：一方面，如果亞洲自主的一體化進程能夠順利實現，那麼TPP可以與之形成競爭，從而減少美國被排斥在外所造成的利益損失；另一方面，如果亞洲自主的一體化進程難以順利推進，那麼TPP可以吸引亞洲國家加入，這樣的話，美國就能夠掌控亞洲一體化進程的主導權。

因此，TPP對東亞現存的幾個區域經濟合作機制——「10+3」、「10+6」、APEC等形成挑戰，已是可以預見的趨勢。

二、港澳台進一步參與國際區域經濟合作問題

2010年6月29日，《海峽兩岸經濟合作框架協議》（ECFA）在重慶簽署。ECFA貨物貿易和服務貿易的早期收穫計劃已於2011年1月1日全面實施。自此，台灣不少學者如戴肇洋（2010）[9]、劉碧珍（2010）[10]等，已

---

[9] 戴肇洋，「建立海峽兩岸經濟合作之研究——兼論簽署ECFA後續待解決之問題」，綜合競爭力，2010年第4期，頁27。

透過各種途徑主張ECFA之後，台灣要考慮擴大參與區域整合的範圍與對象。儘管大陸官方以及李義虎、王立（2010）[11]等學者強調，ECFA之後台灣如何融入亞太區域經濟合作需要兩岸共同尋找，但港澳台在中國FTA戰略中究竟如何定位，仍然是個重大的理論和現實難題。國際社會特別是美國、歐盟、日本、韓國等也在密切關注此一動向。在WTO當中，中國大陸和香港、澳門、台灣擁有「一國四席」地位，這樣的成員如何進一步參與國際區域經濟合作，並在中國自由貿易區戰略中進行有效整合，確實是一個利益攸關、牽涉面廣的複雜問題。

　　面對上述挑戰，中國要加快實施自由貿易區戰略，應考慮如下對策：

(一)靈活應對TPP

　　TPP雖然對東亞區域經濟合作形成挑戰，但該機制要在短時間內完成網絡構建，也並非一帆風順。首先，美國國內需要說服公眾和國會通過一些更加開放美國市場的條款，這在一定程度上可能會觸及到部分集團的利益。其次，其它成員國需要在更為嚴格的勞工和環境保護條例等條款上達成一致。目前，在TPP成員之間已經存在多項雙邊或區域自貿協定，不同的協定又有著各自不同的條款，一般而言，這些條款已經盡可能對雙方利益得失進行權衡，任何新的自貿協定，特別是涵蓋多個成員的區域自貿協定將很難再有更大突破。一旦談判進行到具體法律條文階段，各個國家不同產業受影響的程度也會逐漸明朗，到時候想要在談判中達成一致將變得更為艱難。最後，如果TPP最終只包括9個成員國的話，它的影響力勢必將大打折扣。彼得森國際經濟研究院（Peterson Institute for International Economics）在向美國貿易代表（USTR）提交的一份研究報告中也指出：

---

[10] 劉碧珍、史惠慈、杜巧霞，「推動ECFA的經濟思維」，海峽科技與產業，2010年第7期，頁29。

[11] 李義虎、王立，「ECFA開啟兩岸經貿關係的新時代」，亞非縱橫，2010年第4期，頁23。

美國從TPP中獲益多少，還取決於亞太地區其它主要經濟體的參與。[12]

因此，包括中國在內的東亞經濟體應坦然接受，並靈活應對TPP，特別應加快東亞自身的合作，以紓解TPP對東亞區域經濟合作帶來的分化作用。

(二)積極促成東亞「10+X」框架下的貿易自由化

從根本上講，東亞區域經濟整合必須依靠東亞自身的團結合作。因此，中國應努力推動東亞現有「10+X」合作框架的發展，積極推進中日韓、「10+3」，以及「10+6」這些合作機制，確保東亞自己掌握本地區經濟合作的主動權，提高東亞國家在亞太區域經濟合作中的影響力。儘管目前中日韓三國之間還有許多問題需要解決，但畢竟三個「10+1」平台業已形成，並且只要各方求同存異，「10+3」合作機制仍有實現可能。

(三)兩岸四地共同構建「大中華自由貿易區」

有關「大中華經濟圈」的設想其實很早就有學者提出，只是二十世紀八〇~九〇年代，這一提議還缺乏實現條件。進入二十一世紀，兩岸四地經濟日益融合，面對亞太區域經濟合作的格局變化，兩岸四地建立某種區域經濟一體化制度更趨必要。如今，在CEPA不斷深入、同時ECFA又開始起步的情況下，內地、香港、澳門、台灣這四個經濟體，應該首先謀求建立「大中華自由貿易區」；而中國自由貿易區戰略的開展，也應在放眼全球的同時，進一步整合港澳台。

---

[12] C. Fred Bergsten and Jeffrey J. Schott, "Submission to the USTR in Support of a Trans-Pacific Partnership Agreement," *Peterson Institute for International Economics*, January 25, 2010.

參考書目

一、中文部分

李向陽主編，亞太地區發展報告（2011）（北京：社會科學文獻出版社，2011）。

孟夏，中國參與APEC合作問題研究（天津：南開大學出版社，2010）。

宮占奎、文洋，「APEC貿易投資自由化領域的茂物目標評估分析」，亞太經濟，2011年第3期。

海豔，「ECFA與CEPA的影響及其前景分析」，對外經貿實務，2011年第9期。

張蘊嶺、沈銘輝主編，東亞、亞太區域合作模式與利益博奕（北京，經濟管理出版社，2010）。

劉昌黎，「亞太自由貿易區的提出、新動向與前景」，國際貿易，2010年第9期。

劉晨陽、于曉燕，亞太區域經濟一體化問題研究（天津：南開大學出版社，2009）。

二、英文部分

Bergsten, C. Fred and Jeffrey J. Schott, "Submission to the USTR in Support of a Trans-Pacific Partnership Agreement," *Peterson Institute for International Economics*, January 25, 2010.

Gilbert, John, Robert Scollay and Bijit Bora, *Assessing Regional Trading Arrangements in the Asia-Pacific*, UNCTAD/ITCD/TAB/16, 2001.

Masahiro Kawai and Ganeshan Wignaraja, "A Closer Look at East Asia's Free Trade Agreements," Feb 1, 2011, http://www.eastasiaforum.org.

Scollay, Robert, "Preliminary Assessment of the Proposal for a Free Trade Area of The Asia-Pacific (FTAAP)," an issues paper for the APEC Business Advisory Council (ABAC), 2004.

Severino, Rodolfo C., *Southeast Asian In Search of an ASEAN Community* (Singapore: Institute of Southeast Asian Studies, 2006).

後ECFA時期台韓商品在大陸市場之競合

杜巧霞

（中華經濟研究院台灣WTO中心研究員）

摘要

隨著資訊科技的進步，全球化風潮在二十世紀八〇年代開始蔓延，基於國際經貿競爭日益激烈，跨國企業為降低生產成本，積極尋找更便宜的海外代工，部分國家為確保市場進入的暢通，更與少數國家展開簽署自由貿易協定，形成自由貿易區之結盟。

大陸於此時展開市場化之經濟改革，成為已開發國家包括美、日、歐等廠商投資合作的對象，港商、台商由於與大陸沒有語言障礙，也順勢進入大陸。另外為分散風險與降低成本，也有部分進入東亞其他國家，因而形成東亞地區不同加工層次的合作與產業供應鏈體系。台灣本身的產業結構與出口結構，轉變為以中間財出口為主。出口競爭力逐年往產業上游發展，出口市場也向大陸快速移轉。但隨著大陸快速發展與技術成長，因為投資所帶動的貿易逐漸有在地化趨勢，因此兩岸貿易過去雖快速成長，但在大陸積極追趕之下，已面臨被追趕、超越之壓力。

韓國一向為我國主要競爭對手，在面對全球化與大陸崛起之潮流趨勢中，在大陸亦有亮麗表現。本文主要分析台灣與韓國商品在大陸呈現的競爭優劣態勢與競合關係，以了解未來雙方在大陸市場可能具有的合作空間與相互競爭情勢。

關鍵詞：後ECFA時期、全球化、貿易結構、市場競合

壹、台、韓與大陸貿易概況

　　過去十年大陸進出口成長快速，總進口平均年成長率達20%，總出口平均成長率達21.3%。日、韓、台為其主要進口來源，2010年分別占其進口市場前三名，出口則以美國市場最大，2010年日、韓、台分居其出口市場第3、4及11位。

　　在雙邊貿易方面，台、日、韓與大陸貿易均有順差，以貿易餘額來看，台灣對大陸貿易順差金額最多，2010年達860億美元，其次是韓國有貿易順差696億美元（詳見表一、表二），日本則有556億美元的順差。

表一：兩岸貿易總體發展趨勢

年	大陸對台灣出口		大陸自台灣進口		貿易餘額（百萬美元）
	出口值（百萬美元）	成長率（%）	進口值（百萬美元）	成長率（%）	
2001	5,001	-	27,339	-	-22,338
2002	6,586	31.70	38,061	39.22	-31,475
2003	9,004	36.72	49,361	29.69	-40,356
2004	13,545	50.42	64,759	31.20	-51,214
2005	16,550	22.18	74,680	15.32	-58,131
2006	20,733	25.28	87,099	16.63	-66,365
2007	23,462	13.16	101,028	15.99	-77,565
2008	25,877	10.29	103,338	2.29	-77,461
2009	20,505	-20.76	85,723	-17.05	-65,218
2010	29,684	44.76	115,697	34.97	-86,013
平均成長率	-	23.75	-	18.69	-

資料來源：本研究整理。

表二：中韓貿易總體發展趨勢

年	大陸對韓國出口		大陸自韓國進口		貿易餘額（百萬美元）
	出口值（百萬美元）	成長率（%）	進口值（百萬美元）	成長率（%）	
2001	12,519	-	23,377	-	-10,858
2002	15,535	24.09	28,568	22.21	-13,033
2003	20,095	29.36	43,128	50.97	-23,033
2004	27,812	38.40	62,234	44.30	-34,423
2005	35,108	26.23	76,820	23.44	-41,713
2006	44,522	26.82	89,724	16.80	-45,202
2007	56,432	26.75	103,752	15.63	-47,320
2008	73,932	31.01	112,138	8.08	-38,206
2009	53,680	-27.39	102,552	-8.55	-48,872
2010	68,782	28.13	138,417	34.97	-69,635
平均成長率	-	22.60	-	23.09	-

資料來源：本研究整理。

　　就時間序列趨勢值來看，台灣對大陸出口[1]（即大陸自台灣進口）過去十年平均成長率為18.69%，但2005年以前成長率較高，出口值亦較韓國高，惟自2005年起出口值被韓國超過，此後即一直次於韓國（詳見圖一）。日本對大陸出口值則始終居於第1。2009年韓、台均受金融海嘯影響而出口大幅衰退，但其中又以台灣出口大陸衰退幅度最大達17%。

---

[1]　因為分析對象為日、韓、台與大陸的進出口貿易，為統一進出口資料的來源，本研究主要用大陸報給國際機構的統計資料，以避免統計資料來源不同時，可能出現統計資料誤差過大之問題。

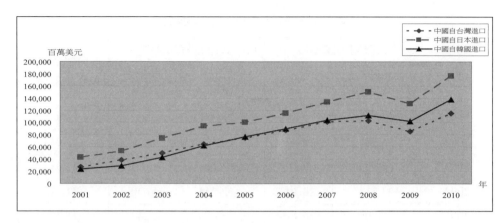

資料來源：本研究整理繪製。

圖一：大陸自台日韓進口趨勢圖

　　大陸對台灣出口趨勢，過去十年平均成長率為23.75%，對韓國出、進口成長率平均22.6%、23.09%，但其中對韓國出口成長率在2007、2008年成長較高，2009年受金融風暴影響，跌幅也最大（詳見圖二）。

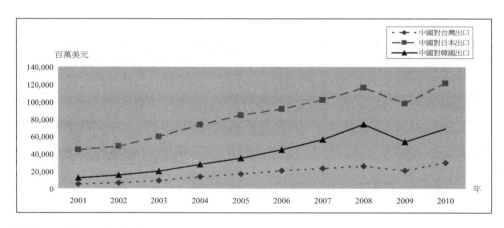

資料來源：本研究整理繪製。

圖二：大陸對台日韓出口趨勢圖

　　就貿易餘額的發展趨勢來看，韓、台貿易順差皆持續成長，其中台灣享有的貿易順差最大。但從時間趨勢值來看，自2008年起台灣貿易順差金額，相對日、韓而言，已相對縮小（詳見圖三）。

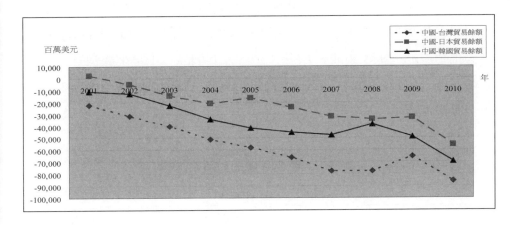

資料來源：本研究整理。

圖三：大陸與台日韓貿易餘額趨勢圖

　　整體而言，日、中雙邊貿易值最大，2010年達到2,978.69億美元，但在過去十年間成長率低於兩岸及中、韓雙邊貿易。2010年中、韓雙邊貿易值達2,071.99億美元，十年間平均每年成長22.85%，兩岸間雙邊貿易於2011年達1,453.8億美元，十年間平均每年成長21.2%。因此，中、韓雙邊貿易值成長最快，貿易餘額則以台灣對大陸順差最多。

貳、台、韓對大陸進出口結構

一、HS 2位碼進出口結構

　　大陸自台灣的進口以電機設備零組件及光學儀器為主，2010年兩類

產品，以HS 2位碼產品類別（HS 85、90）來看，已占自台灣進口總值之61.5%（參見表三）。其中光學儀器進口值在過去十年大幅成長22倍，占台灣對大陸出口比重亦大幅提高，由3.22%提高到17.53%。就進口金額來看，則以電機設備及其零件（HS 85）金額最大，達到508億美元，占台灣出口額之43.96%，十年來出口金額成長5.98倍。其次成長較快的項目有：有機化學產品，十年來成長7.5倍；塑膠及其製品，十年來成長31.86倍。整體而言，HS 2位碼商品前十大類出口值即占台灣對大陸出口之92.2%，集中度相當高。

表三：大陸自台灣進口貿易結構

單位：百萬美元；%

	HS 2位碼	中文名稱	2001年			2010年		
			進口值	結構比	台灣市占率	進口值	結構比	台灣市占率
1	85	電機與設備及其零件；錄音機及聲音重放機；電視影像、聲音記錄機及重放機；以及上述各物之零件及附件	7,277	26.62	13.02	50,863	43.96	16.18
2	90	光學、照相、電影、計量、檢查、精密、內科或外科儀器及器具，上述物品之零件及附件	881	3.22	9.00	20,281	17.53	22.55
3	39	塑膠及其製品	3,628	13.27	23.78	10,362	8.96	16.26
4	84	核子反應器；鍋爐；機器及機械用具；及其零件	4,500	16.46	11.10	8,868	7.66	5.15
5	29	有機化學產品	902	3.30	10.05	7,733	6.68	16.03
6	72	鋼鐵	2,132	7.80	19.46	2,536	2.19	10.02
7	74	銅及其製品	717	2.62	14.68	2,521	2.18	5.48

	HS 2 位碼	中文名稱	2001年			2010年		
			進口值	結構比	台灣市占率	進口值	結構比	台灣市占率
8	38	雜項化學產品	375	1.37	14.48	1,272	1.10	10.39
9	54	人造纖維絲	1,182	4.32	35.50	1,159	1.00	30.62
10	70	玻璃及玻璃器	234	0.86	15.90	1,127	0.97	23.04
11	27	礦物燃料、礦油及其蒸餾產品；含瀝青物質；礦蠟	186	0.68	1.06	814	0.70	0.43
12	32	鞣革或染色用萃取物；鞣酸及其衍生物；染料、顏料及其他著色料；漆類及凡立水；油灰及其他灰泥；墨類	366	1.34	20.49	563	0.49	12.72
13	73	鋼鐵製品	317	1.16	15.20	554	0.48	6.05
14	60	針織品或鉤針織品	350	1.28	25.79	544	0.47	22.22
15	40	橡膠及其製品	285	1.04	12.45	455	0.39	2.41
16	41	生皮（毛皮除外）及皮革	490	1.79	15.44	433	0.37	7.27
17	76	鋁及其製品	343	1.25	15.35	410	0.35	4.66
18	94	家具；寢具、褥、褥支持物、軟墊及類似充填家具；未列名之燈具及照明裝置；照明標誌、照明名牌及類似品；組合式建築物	36	0.13	11.03	409	0.35	13.11
19	48	紙及紙板；紙漿、紙或紙板之製品	438	1.60	12.01	405	0.35	8.78
20	59	浸漬、塗佈、被覆或黏合之紡織物；工業用紡織物	453	1.66	39.37	398	0.34	21.55
		小計	25,092	91.78	10.30	111,706	96.55	8.01

資料來源：本研究整理。

　　大陸自韓進口結構，韓國亦以電機及光學儀器為主，2010年兩類產品以HS 2位碼（HS 85、90）產品來看，出口占總出口比達51.86%（參見表四），約比台灣結構比低10個百分點。過去十年此兩項出口金額分別成長24.6倍及114.9倍，成長幅度比台灣要高。其餘快速成長的項目還有：機器及機械用具，成長9.7倍；塑膠及其製品成長4.6倍；有機化學產品成長4.1倍。前十大類出口金額占其總出口之91.26%，集中度情形略低於台灣。

表四：大陸自韓國進口貿易結構

單位：百萬美元；%

	HS 2 位碼	中文名稱	2001年			2010年		
			進口值	結構比	韓國市占率	進口值	結構比	韓國市占率
1	85	電機與設備及其零件；錄音機及聲音重放機；電視影像、聲音記錄機及重放機；以及上述各物之零件及附件	5,398	23.09	9.66	48,704	35.19	15.49
2	90	光學、照相、電影、計量、檢查、精密、內科或外科儀器及器具，上述物品之零件及附件	420	1.80	4.29	23,069	16.67	25.65
3	84	核子反應器；鍋爐；機器及機械用具；及其零件	2,143	9.17	5.29	15,132	10.93	8.78
4	39	塑膠及其製品	2,684	11.48	17.59	10,688	7.72	16.78
5	29	有機化學產品	2,079	8.89	23.16	9,190	6.64	19.05
6	27	礦物燃料、礦油及其蒸餾產品；含瀝青物質；礦蠟	1,929	8.25	11.01	7,836	5.66	4.15
7	72	鋼鐵	1,803	7.71	16.46	4,199	3.03	16.59
8	87	鐵道及電車道車輛以外之車輛及其零件與附件	170	0.73	3.75	3,885	2.81	7.85

	HS 2 位碼	中文名稱	2001年			2010年		
			進口值	結構比	韓國市占率	進口值	結構比	韓國市占率
9	74	銅及其製品	388	1.66	7.94	2,395	1.73	5.20
10	40	橡膠及其製品	182	0.78	7.97	1,215	0.88	6.43
11	73	鋼鐵製品	177	0.76	8.48	1,174	0.85	12.82
12	28	無機化學品；貴金屬、稀土金屬、放射性元素及其同位素之有機及無機化合物	93	0.40	5.63	956	0.69	9.61
13	76	鋁及其製品	241	1.03	10.82	932	0.67	10.60
14	38	雜項化學產品	158	0.67	6.09	883	0.64	7.21
15	94	家具；寢具、褥、褥支持物、軟墊及類似充填家具；未列名之燈具及照明裝置；照明標誌、照明名牌及類似品；組合式建築物	10	0.04	2.97	702	0.51	22.49
16	54	人造纖維絲	821	3.51	24.65	686	0.50	18.14
17	60	針織品或鉤針織品	411	1.76	30.26	492	0.36	20.08
18	32	鞣革或染色用萃取物；鞣酸及其衍生物；染料、顏料及其他著色料；漆類及凡立水；油灰及其他灰泥；墨類	196	0.84	10.99	489	0.35	11.06
19	48	紙及紙板；紙漿、紙或紙板之製品	670	2.87	18.35	454	0.33	9.85
20	55	人造纖維棉	589	2.52	20.09	403	0.29	13.33
		小計	20,561	87.96	8.44	133,484	96.44	9.5

資料來源：同表三。

　　如果以同樣的資料來源觀察日本與大陸的貿易關係，則發現大陸自日本的進口，亦以電機設備及其零件最為重要，但僅占其對大陸總出口比重25.47%，明顯低於韓、台；其次名列第二、三、四的項目，分別為機器及機械用具、車輛零件、精密儀器。與台灣明顯不同的是，汽車及車輛零件為日本出口大陸第三大商品，在台灣，此項產品之出口排名不在前二十大名單內，在韓國則排名第八大。總計前十大產品占日本對大陸出口之84.8%，集中度明顯低於台、韓。

　　就大陸對台、日、韓出口結構分析，台、日、韓自大陸進口皆以電機及其零件、機器及機械用具為最重要的兩項，其次光學儀器類也均列於前五名。至於其他項目，台灣自大陸進口，以雜項、化學、有機化學、鋼、鐵、塑膠製品、礦油、車輛零件、無機化學品為主；韓國以鋼鐵、鋼鐵製品、礦油、有機化學、船舶、非針織成衣、無機化學品為主；日本則以針織與非針織成衣、傢俱寢具、塑膠製品、汽車零件、魚肉製品、無機化學品為主，顯示台灣自大陸進口多以工業原料及半成品為主，日本則以勞力密集型之製造業產品，如成衣、寢具、農產品為主，韓國則兼具工業原料與半成品、成衣及鋼鐵製品等為主，三者自大陸的進口呈現些微差異。為進一步了解台、日、韓出口至大陸商品結構是否具有差異，以下對三者之出口商品結構進行類似度分析。

二、出口結構類似度

　　所謂出口結構類似度，其定義如下：

$$\omega = 1 - \frac{1}{3}\sum_{k=1}^{n}\left|ES_{ik} - ES_{jk}\right|$$

ES_{jk} 與 ES_{jk} 分別代表 i 國 k 產品之出口與j國（如東協）k產品出口之比重，ω值介於0與1之間。當 i 國之出口結構與j國出口結構完全一致時，ω＝1；而當 i 國之出口結構與 j 國結構完全不一樣時，ω＝0。大致上，

i、j 兩國之出口結構類似度愈高時，ω值愈趨近於1，雙方產品的競爭性也愈高，反之則愈低。

三、對大陸出口結構類似度實證分析

　　表五是以HS 6位碼商品為基礎計算之台日、台韓與日韓商品出口至大陸呈現的類似度。根據該表可發現，就21大類商品類別來觀察，台、日、韓出口大陸的商品的確呈現相當高的類似度，其中彼此較有差異的是第6、15、16、18類，由於這些也是台、日、韓與大陸雙邊貿易最重要的項目，因此值得我國進一步深入至HS 2位碼商品來分析。圖四是以我國對大陸出口前十大HS 2位碼商品與日、韓商品比較的類似度趨勢圖，並依貿易值大小順序排列。由圖中各章別商品來看，台、韓商品通常均有較高的類似度，日、韓商品居次，日、台商品類似度最低，故證實台、韓商品在大陸的競爭性最高，日、韓居次，日、台商品之競爭性最低。

表五：台日韓對大陸出口結構類似度

21 大類	商品名稱	台日			台韓			日韓		
		2004	2007	2010	2004	2007	2010	2004	2007	2010
1	活動物；動物產品	0.999	0.999	0.999	0.999	0.999	0.999	0.999	0.999	0.999
2	植物產品	1.000	1.000	1.000	1.000	1.000	1.000	1.000	1.000	1.000
3	動植物油脂及其分解物；調製食用油脂；動植物蠟	1.000	1.000	1.000	1.000	1.000	1.000	1.000	1.000	1.000
4	調製食品；飲料；酒類及醋；菸類及已製菸類代用品	1.000	1.000	0.999	0.999	0.999	0.999	0.999	0.999	0.999
5	礦產品	0.997	0.995	0.995	0.978	0.973	0.974	0.977	0.975	0.977
6	化學或有關工業產品	0.956	0.951	0.953	0.962	0.959	0.970	0.959	0.956	0.957

21大類	商品名稱	台日			台韓			日韓		
		2004	2007	2010	2004	2007	2010	2004	2007	2010
7	塑膠及其製品；橡膠及其製品	0.967	0.967	0.963	0.970	0.973	0.969	0.969	0.970	0.966
8	生皮，皮革，毛皮及其製品；鞍具及輓具；旅行用物品，手袋及其類似容器；動物腸線製品（蠶腸線除外）	0.995	0.998	0.998	0.995	0.998	0.999	0.995	0.998	0.999
9	木及木製品；木炭；軟木及軟木製品；草及其他編結材料之編結品；編籃及柳條編結品	1.000	1.000	1.000	1.000	1.000	1.000	1.000	1.000	1.000
10	木漿或其他纖維素材料之紙漿；回收（廢料及碎屑）紙或紙板；紙及紙板及其製品	0.994	0.995	0.995	0.997	0.998	0.998	0.994	0.995	0.994
11	紡織品及紡織製品	0.973	0.985	0.988	0.981	0.989	0.991	0.979	0.989	0.992
12	鞋，帽，雨傘，遮陽傘，手杖，座凳式手杖，鞭，馬鞭及其零件；已整理之羽毛及其製品；人造花；人髮製品	0.999	1.000	1.000	0.999	1.000	1.000	0.999	1.000	1.000
13	石料，膠泥，水泥，石棉，雲母或類似材料之製品；陶瓷產品；玻璃及玻璃器	0.995	0.997	0.994	0.996	0.997	0.995	0.996	0.997	0.996

21大類	商品名稱	台日			台韓			日韓		
		2004	2007	2010	2004	2007	2010	2004	2007	2010
14	天然珍珠或養珠，寶石或次寶石，貴金屬，被覆貴金屬之金屬及其製品；依首飾；鑄幣	1.000	0.998	0.997	1.000	0.999	0.999	0.999	0.997	0.996
15	卑金屬及卑金屬製品	0.952	0.944	0.949	0.955	0.962	0.968	0.949	0.956	0.960
16	機器及機械用具；電機設備；及其零件；錄音機及聲音重放機；電視影像，聲音記錄機及重放機，上述各物之零件及附件	0.794	0.763	0.713	0.844	0.854	0.822	0.827	0.791	0.772
17	車輛，航空器，船舶及有關運輸設備	0.975	0.970	0.953	0.990	0.990	0.985	0.982	0.978	0.967
18	光學，照相，電影，計量，檢查，精密，內科或外科儀器及器具；鐘錶；樂器；上述物品之零件及附件	0.926	0.917	0.920	0.989	0.973	0.989	0.926	0.932	0.926
20	雜項製品	0.998	0.997	0.996	0.999	0.999	0.998	0.998	0.998	0.996
21	藝術品，珍藏品及古董	1.000	1.000	1.000	1.000	1.000	1.000	1.000	1.000	1.000

資料來源：本研究整理。

85章 電機與設備及零件

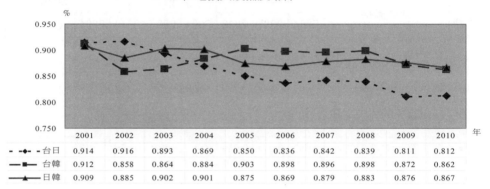

	2001	2002	2003	2004	2005	2006	2007	2008	2009	2010
台日	0.914	0.916	0.893	0.869	0.850	0.836	0.842	0.839	0.811	0.812
台韓	0.912	0.858	0.864	0.884	0.903	0.898	0.896	0.898	0.872	0.862
日韓	0.909	0.885	0.902	0.901	0.875	0.869	0.879	0.883	0.876	0.867

90章 光學儀器

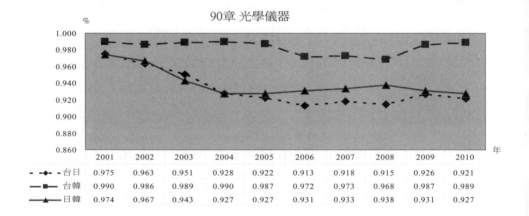

	2001	2002	2003	2004	2005	2006	2007	2008	2009	2010
台日	0.975	0.963	0.951	0.928	0.922	0.913	0.918	0.915	0.926	0.921
台韓	0.990	0.986	0.989	0.990	0.987	0.972	0.973	0.968	0.987	0.989
日韓	0.974	0.967	0.943	0.927	0.927	0.931	0.933	0.938	0.931	0.927

39章 塑膠及其製品

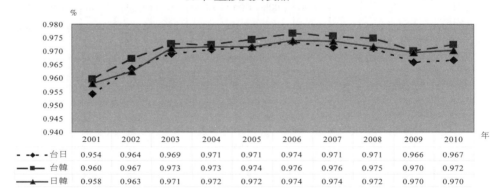

	2001	2002	2003	2004	2005	2006	2007	2008	2009	2010
台日	0.954	0.964	0.969	0.971	0.971	0.974	0.971	0.971	0.966	0.967
台韓	0.960	0.967	0.973	0.973	0.974	0.976	0.976	0.975	0.970	0.972
日韓	0.958	0.963	0.971	0.972	0.972	0.974	0.974	0.972	0.970	0.970

84章 機械設備及零件

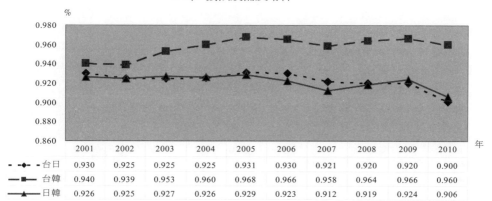

	2001	2002	2003	2004	2005	2006	2007	2008	2009	2010
台日	0.930	0.925	0.925	0.925	0.931	0.930	0.921	0.920	0.920	0.900
台韓	0.940	0.939	0.953	0.960	0.968	0.966	0.958	0.964	0.966	0.960
日韓	0.926	0.925	0.927	0.926	0.929	0.923	0.912	0.919	0.924	0.906

29章 有機化學產品

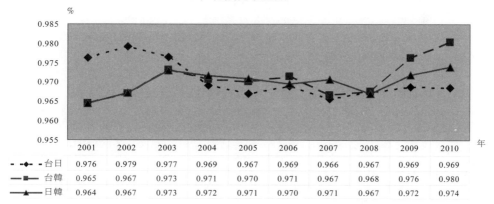

	2001	2002	2003	2004	2005	2006	2007	2008	2009	2010
台日	0.976	0.979	0.977	0.969	0.967	0.969	0.966	0.967	0.969	0.969
台韓	0.965	0.967	0.973	0.971	0.970	0.971	0.967	0.968	0.976	0.980
日韓	0.964	0.967	0.973	0.972	0.971	0.970	0.971	0.967	0.972	0.974

72章 鋼鐵

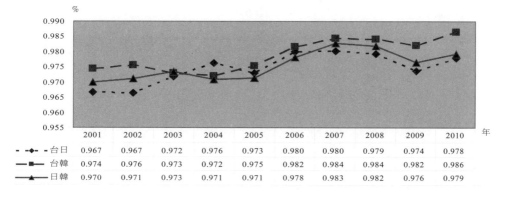

	2001	2002	2003	2004	2005	2006	2007	2008	2009	2010
台日	0.967	0.967	0.972	0.976	0.973	0.980	0.980	0.979	0.974	0.978
台韓	0.974	0.976	0.973	0.972	0.975	0.982	0.984	0.984	0.982	0.986
日韓	0.970	0.971	0.973	0.971	0.971	0.978	0.983	0.982	0.976	0.979

74章 銅及其製品

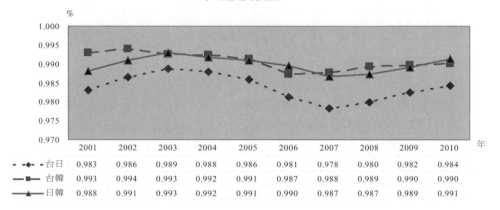

	2001	2002	2003	2004	2005	2006	2007	2008	2009	2010
台日	0.983	0.986	0.989	0.988	0.986	0.981	0.978	0.980	0.982	0.984
台韓	0.993	0.994	0.993	0.992	0.991	0.987	0.988	0.989	0.990	0.990
日韓	0.988	0.991	0.993	0.992	0.991	0.990	0.987	0.987	0.989	0.991

38章 化學產品

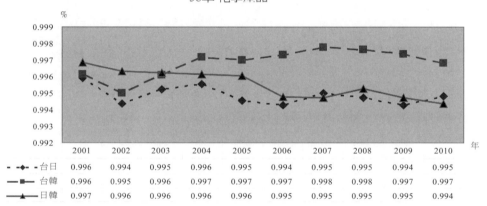

	2001	2002	2003	2004	2005	2006	2007	2008	2009	2010
台日	0.996	0.994	0.995	0.996	0.995	0.994	0.995	0.995	0.994	0.995
台韓	0.996	0.995	0.996	0.997	0.997	0.997	0.998	0.998	0.997	0.997
日韓	0.997	0.996	0.996	0.996	0.996	0.995	0.995	0.995	0.995	0.994

54章 人造纖維絲

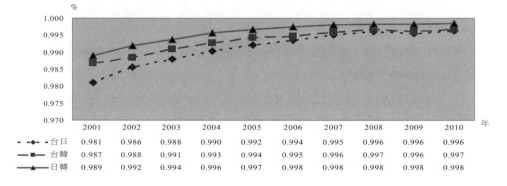

	2001	2002	2003	2004	2005	2006	2007	2008	2009	2010
台日	0.981	0.986	0.988	0.990	0.992	0.994	0.995	0.996	0.996	0.996
台韓	0.987	0.988	0.991	0.993	0.994	0.995	0.996	0.997	0.996	0.997
日韓	0.989	0.992	0.994	0.996	0.997	0.998	0.998	0.998	0.998	0.998

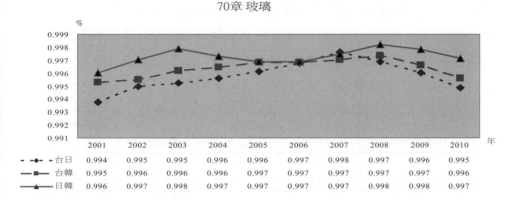

圖四：台灣出口至大陸主要商品與日韓結構類似度

參、台、韓產品在大陸市場競合分析工具

　　以產業結構而言，台灣對大陸出口的產品，主要以提供資訊電子業成品部門在大陸生產所需之零組件為主，而其他產業也多集中於提供消費財生產品之中間產品，台灣對大陸之出口模式明顯呈現產業上下游分工的特色。如按生產特性將產業區分為勞力、資本、技術人力，及科技產業類型產品，2008年台灣出口大陸之產品比重高者為中度勞力密集、高度資本密集、高度技術人力、高科技之產品。如按世界銀行十大商品特性區分產業，台灣出口大陸主要集中於中間產品。

　　觀察整體製造業，台灣對大陸出口金額在過去幾年持續增加，但在大陸進口市場比重卻無明顯增加，顯示大陸進口市場成長的較快，台灣未能擴張在大陸市場之占有率；從另一角度來看，台灣對大陸仍維持高出口依賴度，顯示台灣受大陸市場影響之風險持續不變。

　　從文獻來看，龔明鑫等（2010）利用出口擴張能力指標（TRE指標），觀察台、韓在大陸市場的表現，發現就短期趨勢來看，台灣整體出口表現落後於韓國，但仍有部分產業表現優於韓國，如飲料製造業、菸草

製造業、非金屬礦物製造業、紙、紙漿及紙製品、電腦、電子產品及光學製品製造業、汽車及其零組件製造業、家具製造業等。就長期趨勢而言，台灣自2001年起出口擴張能力一直不如韓國，雖然近幾年台灣在電子零組件的出口表現不遜於韓國，但產業成長之全面性不足，落後較多之部門包括電腦、電子產品及光學製品製造業、電力設備與機械設備、金屬製品製造業與其他運輸工具製造業等，因此出口表現落後韓國。

本文進一步利用顯示性比較利益、貿易專業化指數了解台、韓產品在大陸市場的競爭態勢，利用產業內貿易分析了解中韓與兩岸貿易間的產業分工狀態。

一、顯示性比較優勢

顯示性比較優勢（Revealed Comparative Advantage, RCA）指標是衡量一國在國際貿易中比較優勢的一種分析法。巴拉薩（Balassa，1966）最先運用該分析法，隨後小島清（Kojima，1968）和巴拉薩（1988）等人運用此指標進一步分析，使顯示性比較優勢分析法得到較廣泛之應用，其數學表達公式：

$$RCA_{ij} = \frac{X_{ij} / X_i}{X_{wj} / X_w}$$

其中，X_{ij} 代表 i 國 j 產品向世界市場出口的價值；

　　　X_i 代表 i 國向世界市場出口所有產品的價值；

　　　X_{wj} 代表世界市場 j 產品出口的價值；

　　　X_w 代表世界所有產品出口的價值。

該指標表示一國某產品的出口占該國總出口的份額，與世界該產品出口占世界總出口的份額的比值。一國的RCA反映的是該國不同產業在國

際的競爭力和比較優勢，以及由此推導出來該國在國際產業分工中的地位。RCA愈高，表明該國在該產業的全球比較優勢愈顯著，國際競爭力愈高。

當RCA大於1時，j產品在i國的出口份額超過該產品在世界的出口份額，說明i國j產品具有較強的比較優勢；當RCA小於1時，j產品在i國的出口份額低於該產品在世界的出口份額，說明i國j產品屬於比較劣勢的產品。從 RCA_{ij} 的經驗數來看：

$2.5 \leq RCA_{ij}$，i 國 j 產業在世界市場具有很強的比較優勢；

$1.5 \leq RCA_{ij} < 2.5$，i 國 j 產業在世界市場具有較強的比較優勢；

$0.8 \leq RCA_{ij} < 1.5$，i 國 j 產業在世界市場具有中間的比較優勢；

$RCA_{ij} < 0.8$，i 國 j 產業在世界市場具有比較劣勢。

當研究對象非全球市場，而係界定於某特定市場時，則上式中世界市場部分可以該特定市場替代。亦即本研究主要係研究台、日、韓商品在大陸市場的競合關係，因此上述公式中，世界市場的部分，可以大陸市場代替。

二、相對貿易優勢

然而兩國貿易，就多數項目均有進出口而言，RCA計算式中只考慮出口，未考慮進口，難以顯示真正的進出口貿易狀況，因此可以將RCA算式再加以修正而成為相對貿易優勢指標（Relative Trade Advantage, RTA），其計算公式如下：

$$RTA = \left(X_{ai}/X_{bi}\right)/\left(X_{a(n-i)}/X_{b(n-i)}\right) - \left(M_{ai}/M_{bi}\right)/\left(M_{a(n-i)}/M_{b(n-i)}\right)$$

其中，X_{ai} 代表 a 國 i 產業（品）的出口值；

X_{bi} 代表 b 國 i 產業（品）的出口值；

$X_{a(n-i)}$ 代表 a 國除 i 產業（品）以外的所有其他產業（品）的出口值；

$X_{b(n-i)}$ 代表 b 國除 i 產業（品）以外的所有其他產業（品）的出口值；

M表示進口，下標註腳的含義同出口。

RTA指標為正值，表示 a 國 i 產業（品）出口具有比較優勢，值愈大表明比較優勢愈明顯；RTA指標為負值，表示具有比較劣勢，值愈小表明比較劣勢愈顯著。從RTA的經驗數據來看，RTA≧1，表示具有非常強的比較優勢；0≦RTA＜1，表示具有一般比較優勢；-1＜RTA≦0，表示處於一般比較劣勢；RTA≦-1，表示處於非常大的比較劣勢。

三、同質與異質性的產業內貿易

為了分析兩國產業內貿易狀況，文獻上大都利用Gurbel & Loyd（1975）的GL指數來說明，其定義為：

$$IIT_{ij} = \left[1 - \frac{\sum \left| X_{ij} - M_{ij} \right|}{\sum \left(X_{ij} + M_{ij} \right)} \right] \times 100$$

但是產業內貿易有同質的與異質的產業內貿易，Greenaway（1994）進一步利用進出口貿易平均單價的差異，來驗證一國與不同國家進行產業內貿易時，有水平的產業內貿易與垂直的產業內貿易，其中水平的產業內貿易係指出口品與平均單價和進口品的平均單價，其差距在15%以內，垂直的產業內貿易則指差距在15%以上。

　　本研究將此一定義引申至不同國家與大陸進行貿易時，是否屬於相互競爭的對象，如果其平均價格差距在15%以內者，即視彼此為直接的相互競爭對象；如果差距大於15%以上者，則視彼此產品並非直接相互競爭，而係屬於差異化的產品。

肆、台、韓商品在大陸市場實證分析

　　根據上述的相對貿易優勢公式，進一步針對台灣與韓國商品在大陸的表現進行實際的計算，並利用過去自2002年以來直到2010年的出口值變化趨勢，來瞭解台、韓商品在大陸所呈現的貿易相對優劣勢。為簡化觀察期間貿易波動的現象，茲以每三年為一期之平均貿易值為觀察對象，分三期計算台、韓產品在大陸的相對優劣勢。所觀察的商品為HS 4位碼共100項商品，由於該100項商品已經占2010年台灣對大陸出口商品之90%以上，可以說已經足以代表台灣商品在大陸的大致情勢。為說明相對貿易優劣勢趨勢之改變，以下首先說明幾個本研究對趨勢值改善或惡化的定義。

　　如第一節所述，當RTA值為正，表示台灣產品相對於對象國產品，在大陸市場具有比較優勢，而且RTA值愈大則優勢愈大；當RTA值為負，表示台灣產品相對於對象國產品，在大陸市場不具有優勢，而且負值愈大，劣勢愈大。當前後年度的RTA值相互比較時，本研究以後面年度的RTA值與前面年度RTA值之差距除以前面年度的RTA值，如果差距未超過30%以上者，視為沒有明顯改善，在趨勢欄以「－」表示；如果超過30%，但未超過100%者，則視為競爭情勢有微幅惡化或改善，在趨勢欄以「↓」或「↑」表示；超過100%以上者，則視為趨勢有明顯改變，在趨勢欄以「↓」或「↑」表示競爭態勢之惡化或改善。此外，有部分商品，台灣相對於韓國在此期間有很明顯的優勢或劣勢，即RTA絕對值很大，而前後期之差距雖未達到100%，但前後期相差已達1以上者，也視為兩者有明顯改

變。

一、台韓產品在大陸的相對競爭優劣勢分析

　　表六呈現台韓相對競爭優劣勢之趨勢值，整體而言，台灣商品競爭優勢大於1，即有明顯優勢者，在2007年以前有21項，到2010年已增加為26項（參見表七）；競爭力呈現明顯劣勢者，在2004年有26項，到2010年則減少為23項；競爭力呈現一般優勢者，由26項減為22項；競爭力呈現一般劣勢者由26項增加為29項。綜合就時間趨勢而言，台灣呈現具有明顯優勢者在增加，一般優勢者在減少，明顯劣勢者在減少，而一般劣勢者在增加，因此就這些台灣主要出口大陸的商品而言，其競爭情勢有改善之現象。

表六：台韓主要商品在大陸RTA趨勢值（2002~2010年）

HS 4 位碼	產品名稱	趨勢	年份			台灣商品成長率	韓國商品成長率
			2002~2004	2005~2007	2008~2010		
2710 ①	石油及提自瀝青礦物之油類	─	0.087	0.092	0.069	513.29	240.57
2804 ①	氫，稀有氣體及其他非金屬元素	↓	-0.380	-0.592	-0.578	4516.22	21253.46
2901 ③	非環烴（碳氫化合物）	↓	-1.368	-5.593	-2.484	3702.59	642.53
2902 ①	環烴	─	-0.992	-0.360	-0.799	949.11	141.93
2903 ②	烴之鹵化衍生物	↑	0.091	0.570	1.970	274.52	-30.48
2905 ②	非環醇及其鹵化、磺化、硝化或亞硝化衍生物	↑	-1.046	0.491	1.071	358.28	131.26

HS 4 位碼	產品名稱	趨勢	年份			台灣商品 成長率	韓國商品 成長率
			2002~2004	2005~2007	2008~2010		
2907 ②	酚；酚醇	↑	0.376	0.490	0.900	292.53	738.61
2909 ②	醚、醚醇、醚酚、醚醇酚、過氧化醇、過氧化醚、過氧化酮（不論其是否符合化學定義）及其鹵化、磺化、硝化或亞硝化衍生物	↑	0.718	1.486	4.188	191.77	49.47
2914 ③	不論是否具有其他氧官能基之酮及其鹵化、磺化、硝化或亞硝化衍生物	↓	5.724	0.595	1.285	97.71	507.51
2915 ②	飽和非環一元羧酸及其酐、鹵化物、過氧化物及過氧酸；其鹵化、磺化、硝化或亞硝化衍生物	↑	-1.364	0.552	2.694	260.42	-22.00
2917 ①	多元羧酸、其酐、鹵化物、過氧化物及過氧酸；其鹵化、磺化、硝化或亞硝化衍生物	—	-1.063	-0.882	-0.863	122.16	144.49
2926 ③	官能基化合物	↓	-0.056	0.275	-1.393	93.10	166.25
3206 ②	其他著色料；本章註三所述之調製品，但第3203、3204或3205節之物品除外；用作發光劑之無機產品，不論是否符合化學上定義者	↑	4.327	7.334	6.760	30.21	13.57

HS 4 位碼	產品名稱	趨勢	年份			台灣商品 成長率	韓國商品 成長率
			2002~2004	2005~2007	2008~2010		
3506 ③	未列名調製膠及其他調製粘著劑；適於做膠或粘著劑用之產品，以零售包裝當作膠或粘著劑出售，每件淨重不逾1公斤者	↓	0.554	-0.469	-2.083	61.95	179.21
3812 ②	調製之橡膠促進劑；未列名之橡膠或塑膠用複合可塑劑；橡膠或塑膠用抗氧化劑及其他複合安定劑	↑	-1.401	1.190	0.150	2.64	115.11
3818 ③	電子工業用已摻雜之化學元素，呈圓片、晶圓或類似形狀者；電子工業用已摻雜之化學化合物	↓	5.770	-15.542	-17.096	139.32	585.51
3824 ①	鑄模或鑄心用之配成粘合劑；化學或相關工業之未列名化學品及化學製品（包括天然產品混合物）	—	-0.191	-0.891	-0.151	180.82	197.53
3901 ③	乙烯之聚合物，初級狀態	↓	-0.296	-0.688	-0.774	82.04	126.05
3902 ①	丙烯或其他烯烴之聚合物，初級狀態	↑	-1.190	-1.266	-0.763	133.07	154.01
3903	苯乙烯之聚合物，初級狀態	↓	0.515	0.497	-0.118	71.25	82.39
3904	氯乙烯或其他鹵化烯烴之聚合物，初級狀態	—	1.715	2.715	2.200	-12.29	-2.23
3906 ③	丙烯酸聚合物，初級狀態	↓	0.480	0.598	-1.376	56.10	398.13

HS 4 位碼	產品名稱	趨勢	年份			台灣商品 成長率	韓國商品 成長率
			2002~2004	2005~2007	2008~2010		
3907 ②	聚縮醛，其他聚醚及環氧樹脂，初級狀態；聚碳酸樹脂，醇酸樹脂，聚丙烯酯及其他聚酯，初級狀態	↑	-2.908	-0.056	0.229	90.73	212.20
3908 ①	聚醯胺，初級狀態	↕	2.125	1.702	3.123	451.59	652.63
3909 ③	胺基樹脂、酚樹脂及聚胺基甲酸乙酯，初級狀態	↓	2.823	0.939	-0.132	44.67	367.00
3915 ②	塑膠廢料、剝屑及碎片	↑	1.554	-1.213	2.584	301.96	307.87
3919 ③	塑膠製自粘性板、片、薄膜、箔、帶、條及其他平面形狀，不論是否成捲者	↓	-0.721	-0.752	-1.591	186.76	555.62
3920 ①	其他塑膠板、片、薄膜、箔及扁條，非多孔性及未經以其他物質加強、積層、支持或與其他物質類似結合者	↕	-1.176	-0.830	-0.783	137.82	299.90
3921 ③	其他塑膠板、片、薄膜、箔及扁條	↓	0.120	-0.867	-1.937	-46.43	37.31
3923 ③	塑膠製供輸送或包裝貨物之製品；塑膠製瓶塞、蓋子及其他栓塞體	↓	-0.394	-0.981	-1.629	248.18	288.20
3926	其他塑膠製品及第3901至3914節之材料製成品	↕	-1.763	-1.344	-1.081	24.19	56.32

HS 4 位碼	產品名稱	趨勢	年份			台灣商品成長率	韓國商品成長率
			2002~2004	2005~2007	2008~2010		
4002 ③	初級狀態或成板、片、條之合成橡膠及從油類獲得之硫化油膏；第4001節之任何產品與本節之任何產品之混合膠，呈初級狀態或板、片、條狀者	↓	-0.127	-0.101	-2.075	21.37	335.53
4107 ②	不帶毛之牛（包括水牛）、馬類動物鞣製皮革或胚皮革（包括以羊皮紙法製作皮革），已進一步處理者，不論是否剖層，第4114節所列者除外	↑	0.088	0.689	0.558	-27.40	2.76
5205 ②	非供零售用棉紗（棉縫紉線除外），含棉重量在85%及以上者	↑	1.042	3.451	4.151	193.86	-6.94
5402 ②	合成纖維絲紗（縫紉線除外），包括支數未達7分德士（60.3丹尼）之合成纖維單絲，非供零售用者	↑	0.371	2.314	2.149	-21.16	-26.59
5407	合成纖維絲紗梭織物，包括以第5404節材料製成之梭織物	↑	1.110	1.495	1.462	-18.94	-9.30
5903	用塑膠浸漬、塗佈、被覆或黏合之紡織物，但第5902節所列者除外	↓	0.813	0.673	0.220	-24.15	8.29

HS 4 位碼	產品名稱	趨勢	年份			台灣商品 成長率	韓國商品 成長率
			2002~2004	2005~2007	2008~2010		
6004 ②	針織品或鉤針織品，寬度超過30公分，且含彈性紗或橡膠線重量在5%及以上者，第6001節除外	↑	0.338	0.843	0.932	129.41	42.93
6006 ①	其他針織或鉤針織品	↑	0.567	0.771	0.793	35.52	55.58
7006 ②	第7003、7004或7005節之玻璃，經彎曲、邊緣處理、鏤刻、鑽孔、上釉或其他加工，但未鑲框或裝配其他材料者	↑	-0.156	-0.660	110.404	7145.28	-75.52
7019 ②	玻璃纖維（包括玻璃絨）及其製品（例如：玻璃紗、纖維織物）	↑	6.303	10.128	10.073	24.87	0.97
7020 ②	其他玻璃製品	↑	-0.353	1.308	2.574	715.75	581.28
7208	熱軋之鐵或非合金鋼扁軋製品，寬度600公厘及以上，未經被覆、鍍面、塗面者	↑	0.273	0.593	0.440	-10.02	22.04
7209 ③	冷軋（冷延）之鐵或非合金鋼扁軋製品，寬度600公厘及以上，未被覆、鍍面、塗面者	↓	0.080	0.413	-0.747	-21.90	97.56
7210 ②	經護面、鍍面或塗面之鐵或非合金鋼扁軋製品，寬度600公厘及以上者	↑	-0.034	-0.875	0.186	-39.86	86.07

HS 4 位碼	產品名稱	趨勢	年份			台灣商品 成長率	韓國商品 成長率
			2002~2004	2005~2007	2008~2010		
7212 ②	經被覆、鍍面或塗面之鐵或非合金鋼扁軋製品，寬度小於600公厘者	↑	0.387	0.689	1.190	-10.35	-17.33
7218 ②	不銹鋼鑄錠或其他初級形狀；不銹鋼半製品	↑	2.036	-1.717	6.080	320.28	97.64
7219	不銹鋼扁軋製品，寬度600公厘及以上者	—	-0.687	-1.437	-0.799	-69.94	-68.94
7220 ②	不銹鋼扁軋製品，寬度小於600公厘者	↑	2.138	3.711	4.124	59.88	43.78
7225 ②	其他合金鋼之扁軋製品，寬度600公厘及以上者	↑	-0.231	0.342	0.250	36.36	243.41
7318 ①	鋼鐵製螺釘、螺栓、螺帽、車用螺釘、螺旋、鉚釘、橫梢、開口梢、墊圈（包括彈簧墊圈）及類似製品	↓	1.140	0.788	0.652	30.75	250.93
7326 ②	其他鋼鐵製品	↑	0.164	0.151	0.379	35.90	238.56
7407 ③	銅條、桿及型材	↓	-0.488	-3.561	-3.521	69.24	128.12
7408 ②	銅線	↑	-0.465	0.828	0.563	88.07	119.03
7409 ③	銅板、片及扁條，其厚度超過0.15公厘者	↓	0.220	1.448	-1.237	66.67	180.74
7410 ②	銅箔（不論是否印花或以紙、紙板、塑膠或類似襯料襯墊者），其厚度（不包括襯物）不超過0.15公厘者	↑	3.040	3.994	4.149	206.00	200.13

HS 4 位碼	產品名稱	趨勢	年份			台灣商品成長率	韓國商品成長率
			2002~2004	2005~2007	2008~2010		
7419 ②	其他銅製品	↑	-1.560	-0.059	1.362	254.99	160.40
7606 ①	鋁板、片及扁條，厚度超過0.2公厘者	↓	0.231	-0.010	0.138	46.52	119.19
8207 ①	不論是否動力操作之手工具或工具機之可互換工具（例如：用於壓、衝、撞打、攻螺紋、切螺紋、鑽孔、搪孔、拉孔、銑、車或旋螺絲），包括抽或擠壓金屬用模，及鑽岩石或搪土孔工具。	↑	-4.260	-2.121	-0.939	69.02	209.79
8414	空氣泵或真空泵、空氣壓縮機或其他氣體壓縮機及風扇；含有風扇之通風罩或再循環罩，不論是否具有過濾器均在內	↑	-1.634	-0.726	-0.791	-41.12	-2.82
8428	其他升降、搬運、裝卸機器（如：升降機、升降梯、輸送機及高架纜車）	↑	0.228	0.514	0.356	10.79	62.60
8443 ①	利用第8442節之印刷版、滾筒及其他印刷組件之印刷機；其他列表機、複印機及傳真機，不論是否併裝一起；零件及附件	↓	1.753	0.255	0.037	39.71	1213.86
8457 ②	金屬加工用綜合加工機，單體結構機（單站機）及多站聯製機	↑	-0.850	1.891	1.346	110.43	192.23

HS 4 位碼	產品名稱	趨勢	年份			台灣商品 成長率	韓國商品 成長率
			2002~2004	2005~2007	2008~2010		
8458	切削金屬用車床（包括車削綜合加工機）	↓	1.517	1.749	1.045	8.73	125.63
8459 ②	鑽、鏜、銑、車螺紋或攻縲紋金屬加工用工具機（包括槽式單體機頭工具機），第8458節車床（包括車削綜合加工機）除外	↑	0.147	1.734	0.693	-38.47	79.55
8462 ②	鍛造、鎚造或模壓衝製之金屬加工工具機（包括壓床）；彎曲、摺疊、矯直、矯平、剪切、衝孔或衝口之金屬工具機（包括壓床）；上述未列名金屬或金屬碳化物加工用壓床	↑	-2.303	1.636	0.692	-20.45	63.31
8465	木材、軟木、骨材、硬質橡膠、硬質塑膠或類似硬質材料加工工具機（包括釘製、訂製、膠合或其他裝配工具機在內）	—	6.586	4.948	6.429	29.43	58.01
8466 ②	專用或主要用於第8456至8465節工具機之零件及附件，包括工作物或工具之夾持器，自開螺模頭、分度頭及其他工具機用特殊配件；各種手提工具之工具夾持器	↑	-2.988	-0.779	1.532	217.50	218.78
8471	自動資料處理機及其附屬單元；磁性或光學閱讀機，以符號方式將資料轉錄於資料媒體之機器，及處理此類資料之未列名機器	↕	-0.981	-0.882	-0.452	-52.00	10.04

HS 4 位碼	產品名稱	趨勢	年份			台灣商品成長率	韓國商品成長率
			2002~2004	2005~2007	2008~2010		
8473	專用或主要用於第8469至8472節機器之零件及附件（蓋套、提箱及類似品除外）	—	-2.435	-3.384	-1.817	15.41	222.45
8477 ②	本章未列名之橡膠或塑膠加工機，或以此類原料製造產品之機械	↑	-6.804	-1.541	-1.129	-37.31	-7.52
8479	本章未列名而具有特殊功能之機器及機械用具	—	-0.837	-0.459	-0.608	-21.75	35.47
8480 ③	金屬鑄造用模箱；模座；模型；金屬、金屬碳化物、玻璃、礦物材料、橡膠或塑膠用模子（鑄錠模除外）	↓	-3.573	-4.352	-4.726	-42.72	69.97
8481 ①	管子、鍋爐外殼、槽、桶，或其類似物品用栓塞、旋塞、閥及類似用具，包括減壓閥及恆溫控制閥	↑	-2.492	-1.146	-0.946	34.17	368.65
8483 ①	傳動軸（包括凸輪軸及曲柄軸）及曲柄；軸承殼及平軸承；齒輪及齒輪裝置；滾珠或滾子螺桿；齒輪箱及其他變速器，包括扭矩轉換器；飛輪及滑輪，包括滑輪組；離合器及聯軸器（包括萬向接頭）	↑	-0.595	0.011	-0.033	165.69	378.81

HS 4 位碼	產品名稱	趨勢	年份			台灣商品 成長率	韓國商品 成長率
			2002~2004	2005~2007	2008~2010		
8486	專供或主要供製造半導體晶柱或晶圓、半導體裝置、積體電路及平面顯示器之機器及器具；本章註九（丙）所規範之機器及器具；零件及附件	↓	N.A.	-6.103	-4.427	—	—
8501	電動機及發電機（發電機組除外）	↓	1.100	1.215	0.616	-1.96	72.07
8504	變壓器、靜電式變流器（例如：整流器）及感應器	—	-0.782	-0.498	-0.617	9.93	65.50
8507 ③	蓄電池，包括其隔離板，不論是否長方形均在內（包括正方形）	↓	-0.294	-0.556	-0.791	-15.30	790.39
8517 ①	電話機，包括蜂巢式網路或其他無線網路電話；其他傳輸或接收聲音、圖像或其他資料之器具，包括有線或無線網路（如區域或廣域網路）之通訊器具，但不包括第8443、8525、8527或8528節之傳輸或接收器具	↑	-1.373	-0.530	-0.219	402.77	2585.93

HS 4 位碼	產品名稱	趨勢	年份			台灣商品 成長率	韓國商品 成長率
			2002~2004	2005~2007	2008~2010		
8523 ③	碟片，磁帶，固態非揮發性儲存裝置，智慧卡及其他錄音或錄製其他現象之媒體，不論是否已錄製，包括生產碟片之原模及母片，但第三十七章之產品除外	↓	0.163	-7.209	-7.980	306.62	194.47
8529 ③	專用或主要用於第8525至8528節所屬器具之零件	↓	-0.165	-0.490	-0.379	24.65	-37.83
8532 ③	固定、可變或可預先調整之電容器	↓	1.085	-0.204	-0.786	7.91	149.67
8533 ③	電阻器（包括變阻器及電位計），電阻電熱器除外	↓	0.824	-0.399	0.234	5.38	98.06
8534 ③	印刷電路	↓	-0.310	0.125	-0.895	109.16	277.90
8536 ②	電路開關、保護電路或連接電路用之電氣用具（例如：開關、繼電器、熔絲裝置、突波遏止器、插頭、插座、燈頭及其他連接器、接線盒），其電壓未超過1000伏特者；光纖、光纖束、光纖電纜或光纖傳輸纜用之連接器	↑	-3.393	-3.596	-1.337	23.69	369.91
8538 ①	專用或主要用於第8535、8536或8537節所列器具之零件	—	-2.400	-0.803	-1.682	68.88	232.39

HS 4 位碼	產品名稱	趨勢	年份			台灣商品 成長率	韓國商品 成長率
			2002~2004	2005~2007	2008~2010		
8539 ③	燈絲電燈泡或放電式燈泡，包括密封式光束燈泡組、紫外線或紅外線燈泡；弧光燈	↓	0.536	-0.687	-0.855	403.22	1403.39
8541 ①	二極體、電晶體及類似半導體裝置；光敏半導體裝置，包括是否為各體之集合或製造成組件之光伏打電池；發光二極體；已裝妥之壓電晶體	─	0.095	-0.177	0.120	166.57	253.48
8542 ①	積體電路	↑	-0.432	-0.892	-0.259	211.44	402.68
8543 ③	本章未列名，但具有獨立功能之電機及器具	↓	-0.212	-0.162	-1.631	48.21	-12.82
8544	絕緣（包括磁漆或陽極處理）電線、電纜（包括同軸電纜）及其他絕緣電導體，不論是否裝有插接器；光纖電纜，由個別被覆之纖維製成，不論是否與電導體組合或裝有插接器	↑	-1.541	0.027	-0.115	5.45	74.89
8714 ②	第8711至8713節所列車輛之零件及附件	↑	38.509	52.199	456.264	37.19	-81.06

HS 4 位碼	產品名稱	趨勢	年份			台灣商品成長率	韓國商品成長率
			2002~2004	2005~2007	2008~2010		
9001 ③	光纖及光纖束；光纖傳輸纜，第8544節所列者除外；偏光性材料所製之片及板；任何材料所製之光學用透鏡（含隱形眼鏡）、稜鏡、反射鏡及其他光學元件之未經裝配者，未經光學加工之玻璃元件除外	↓	-0.574	-3.042	-5.379	995.57	1104.27
9002 ①	任何材料所製之光學透鏡、稜鏡、反射鏡及其他光學元件，業經裝配為儀器或器具之零件或配件者，未經光學加工之玻璃元件除外	↕	-1.406	-1.961	-0.678	194.88	683.58
9013 ①	液晶裝置（未構成為其他號列所更明確說明之物品者）；雷射，雷射二極體除外；其他光學用具及儀器，本章未列名者	↕	-2.569	-1.229	-0.562	217.56	248.91
9030 ①	示波器、頻譜分析儀及其他供計量或檢查電量之儀器及器具，不包括第9028節之計量器；供計量或偵測 α、β、γ、X光、宇宙或其他離子輻射線用之儀器及器具	—	-2.523	-11.124	-3.031	55.69	101.01

HS 4 位碼	產品名稱	趨勢	年份			台灣商品成長率	韓國商品成長率
			2002~2004	2005~2007	2008~2010		
9031 ③	本章未列名之計量或檢查用儀器、用具及機器；定型投影機	↓	-1.688	-0.849	-3.011	71.84	216.42
9405 ③	未列名之燈具及照明配件，包括探照燈、聚光燈及其零件；未列名之照明標誌、照明名牌及類似品之裝有－永久固定光源者及其零件	↓	0.601	0.877	-0.407	1221.21	5093.55
9506 ①	本章未列名之一般體能運動、體操、競技比賽、其他運動（包括乒乓球）或戶外遊戲用物品及設備；游泳池及袖珍游泳池	－	34.322	25.175	33.978	75.55	131.05

說明：－表示無明顯改變。

　　↑表示台灣商品競爭情勢明顯改善。

　　↓表示台灣商品競爭情勢明顯惡化。

　　↑表示台灣商品競爭情勢微幅改善。

　　↓表示台灣商品競爭情勢微幅惡化。

　　①表示台韓商品可能具有互補合作關係。

　　②表示台灣商品相對優勢明顯改善者。

　　③表示韓國商品相對優勢明顯改善者。

資料來源：本研究整理。

表七：台韓產品在大陸市場RTA指數結構

RTA指數　　年份	RTA≧1		0≦RTA<1		-1<RTA≦0		RTA≦-1		總數
	數目	比重%	數目	比重%	數目	比重%	數目	比重%	
2002~2004	21	21.2	26	26.3	26	26.3	26	26.3	99
2005~2007	21	21	27	27	32	32	20	20	100
2008~2010	26	26	22	22	29	29	23	23	100

資料來源：本研究整理。

　　就產品別觀察，台、韓商品大多數呈現相互競爭態勢，只有約1/4項目如：精煉石油、氫氣、環烴、多元羧酸、粘合劑、丙烯、聚醯胺、塑膠皮、其他鉤針織品、螺釘、螺帽、鋁板、手工具、印刷板、鍋爐外殼傳動軸、電話機、電子器具零件、二極體、積體電路、光學透鏡、液晶裝置、示波器、運動用品等，呈現台韓商品同時大幅度成長，且彼此相對優劣勢未明顯改變（參見表六中標示①之項目或表八）。因此可以推論這些商品主要是因為大陸需求成長較大，或台韓商品可能具有互補合作的關係，以致對大陸出口同時大幅度成長。

表八：台韓商品在大陸競合關係

相互合作項目	相互競爭項目	
台韓出口大陸均顯著成長*且RTA未明顯改變	台灣商品相對優勢改善	韓國商品相對優勢改善
25項	32項	28項
精煉油、氫氣、環烴、多元羧酸、鑄模或鑄心用之配成粘合劑、丙烯或其他烯烴之聚合物、聚醯胺、未經以其他物質加強之其他塑膠板、其他針織或鉤針織品、鋼鐵製螺釘、螺栓、鋁板、手工具或工具機、印刷版、鍋爐外殼、傳動軸、電話機、電子器具零件、二極體、積體電路、光學透鏡、液晶裝置、示波器、運動或戶外遊戲用物品及設備	烴之鹵化衍生物、非環醇及其鹵化物、酚、醚醇及其鹵化衍生物、過氧化物及過氧酸、其他著色料、調製之橡膠促進劑、聚縮醛、塑膠廢料、不帶毛之牛皮革或胚皮革、非供零售用棉紗、合成纖維絲紗、含彈性紗或橡膠線針織品或鉤針織品、經彎曲、邊緣處理過之玻璃、玻璃纖維及其製品、其他玻璃製品、經護面之鐵或非合金鋼扁軋製品、經被覆、鍍面或塗面之鐵或非合金鋼扁軋製品、不銹鋼鑄錠、不銹鋼扁軋製品、其他合金鋼之扁軋製品、其他鋼鐵製品、銅線、銅箔、其他銅製品、金屬加工用綜合加工機、鑽金屬加工用工具機、鍛造金屬加工工具機、工具機之零件、橡膠或塑膠加工機、電路開關、車輛之零件及附件	非環烴、硝化或亞硝化衍生物、官能基化合物、未列名調製膠及粘著劑、電子工業用已摻雜之化學元素、乙烯之聚合物、丙烯酸聚合物、胺基樹脂、塑膠製自粘性板、其他塑膠板、塑膠製供輸送或包裝貨物之製品、合成橡膠板、冷軋之鐵或非合金鋼扁軋製品、銅條、桿及型材、銅板、片及扁條、金屬鑄造用模型、蓄電池、非揮發性儲存裝置、器具之零件、電容器、印刷電路、燈絲電燈泡、有獨立功能之電機及器具、光纖及光纖束、計量或檢查用儀器、燈具及照明配件

說明：＊顯著成長指大陸自台韓進口該產品在觀察期間成長率超過30%以上者。

資料來源：本研究整理。

就台韓商品大多數均屬相互競爭的項目而言，其中台灣商品相對優勢呈現改善者主要為：有機化學品、其他著色料，及橡膠促進劑、聚縮醛、塑膠廢料、不帶毛之牛皮、非供零售用棉紗、合成纖維絲紗、含彈性紗或橡膠線針織品或鉤針織品、處理過之玻璃、玻璃纖維及其製品、其他玻璃製品、經護面之鐵或非合金鋼扁軋製品、經被覆、鍍面或塗面之鐵或非合金鋼扁軋製品、不銹鋼鑄錠、不銹鋼扁軋製品、其他合金鋼之扁軋製品、其他鋼鐵製品、銅線、銅箔、其他銅製品、金屬加工用綜合加工機、鑽金屬加工用工具機、鍛造金屬加工工具機、工具機之零件、橡膠或塑膠加工機、電路開關、車輛之零件及附件。

就韓國商品相對優勢呈現改善者主要為：非環烴、硝化或亞硝化衍生物、官能基化合物、未列名調製膠及粘著劑、電子工業用已摻雜之化學元素、乙烯之聚合物、丙烯酸聚合物、胺基樹脂、塑膠製自粘性板、其他塑膠板、塑膠製供輸送或包裝貨物之製品、合成橡膠板、冷軋之鐵或非合金鋼扁軋製品、銅條、桿及型材、銅板、片及扁條、金屬鑄造用模型、蓄電池、非揮發性儲存裝置、器具之零件、電容器、印刷電路、燈絲電燈泡、有獨立功能之電機及器具、光纖及光纖束、計量或檢查用儀器、燈具及照明配件。

簡言之，我國產品在化工原料、紡織纖維、鉤針織品、玻璃製品、鋼鐵製品、手工具、工具機、電路開關、車輛零件等方面表現較佳且持續改善；韓國則在電子工業用化學元素、乙烯、丙烯酸聚合物、塑膠板、銅條銅板、金屬鑄造用模型、蓄電池、電子產品，如儲存裝置、電容器、印刷電路，及光纖、儀器、照明配件等表現較佳。

伍、結語

綜合而言，台、韓商品在大陸市場約有1/4項目具有相互合作與互補

之關係，未來雙方在大陸市場仍有共同成長的空間。此外，3/4的項目雖然彼此屬於相互競爭關係，但彼此商品的等級或平均單價是否屬於直接相互競爭，仍然可以進一步深入研究。為此，本文繼續就我國競爭優勢變差的項目（共35項）觀察，發現其中16項之平均單價差距在15%以內，屬於直接相互競爭項目，其餘則屬差異性產品，占商品項數之54%，故未來可共同開發大陸市場。這些項目包括：無機化學品（HS 2804）、未列名調製膠（HS 3506）、丙烯聚合物（HS 3906）、橡膠及其製品（HS 4002）、鋁製品（HS 7606）、印刷板、印刷機（HS 8443）、切削金屬用車床（HS 8458）、金屬鑄造用模箱（HS 8480）、電機設備及零件（HS 8501、8507、8523、8529、8532、8533、8539、8543）、光學儀器（HS 9001）、檢查用儀器（HS 9003）、照明燈具（HS 9405）等均可共同開發大陸市場。故整體而言，台、韓商品可以合作的空間又可進一步擴大。

ECFA對韓國產業的影響評估

張少文

（世新大學通識中心兼任副教授）

摘要

2010年6月29日，兩岸簽署ECFA，開創兩岸產業合作化、型態多元化、投資雙向化的新模式，以及促使台灣適應經濟全球化與區域經濟一體化的新格局。

ECFA的內容包含貨品貿易與服務貿易兩大部份，協議中列出早期收獲項目名單，中國大陸對台灣開放539項，台灣對中國大陸開放267項。貨品貿易方面，中國大陸與台灣對等開放調降關稅業種包括石化、紡織、機械、運輸工具、其他產業。中國大陸對台灣調降農業產品關稅，台灣不開放中國大陸農產品進口。服務貿易方面，中國大陸開放包括銀行、證券、保險業在內的金融服務業；台灣開放中國大陸銀行業，雙方各開放8項非金融服務業。ECFA對台灣的經濟影響利大於弊、得多於失。

中國大陸給予台灣產品降稅優惠，對於在中國大陸市場與台灣競爭激烈的韓國產業，造成力度、速度、幅度、程度、時間長短等不同的影響。韓國產經界研擬因應措施，期待能把衝擊與損害降到最低程度。台韓商過去有交流合作的經驗，留下一些磨擦、矛盾的記憶。雙方若能同心協力、攜手合作，可以共同開拓中國大陸市場，創造企業榮景。

關鍵詞：ECFA、貨品貿易、服務貿易、調降關稅、早期收獲

壹、ECFA關聯問題

一、ECFA之由來

　　兩岸能夠簽署ECFA，有其來龍去脈和產生過程。首先是兩岸領導人表達雙方希望加強經貿合作的意願。2009年2月27日，馬英九總統接受年代新聞專訪時說明，政府將要推動與中國大陸洽簽兩岸經濟合作架構協議。2010年2月底，溫家寶總理在新華網上回答台商魯雲平的提問時表示，「兩岸已進入和平發展的新時期，需要綜合性的、具有兩岸特點的經濟合作框架協議，應把握平等協商、互惠互利、照顧對方關切三原則，大陸會考慮兩岸經濟規模和市場條件不同，照顧台灣中小企業和基層民眾，特別是廣大農民的利益，可以對台讓利。」[1]同年3月底，國台辦主任王毅接受台灣媒體專訪時指出：ECFA是經濟合作協議，不會有政治內容和政治語言，簽訂的目的是為了適應兩岸經濟往來正常化、機制化、制度化的客觀需要，大陸將在ECFA早收清單中體現五項惠台意涵。即1.大陸降稅產品的金額與出口將少於台灣；2.降稅產品惠及台灣中小企業和基層民眾；3.不影響台灣弱勢產業；4.不要求大陸農產品入島；5.無意對台實施勞務出口。[2]

　　中國大陸與台灣雙方領導人表達簽署ECFA的意願與政策以後，兩岸的許多政、經專家學者們對於落實簽署ECFA政策的可行性，進行多重角度、不同方式的分析、評估、研判。

　　首先，台灣方面，由經濟部委託中華經濟研究院採用多國定量分析工具──全球貿易分析模型（Global Trade Analysis Project, GTAP）進行

---

[1]　「大陸讓利非苛求統一，ECFA對生活意義遠大於大陸」，中國網，2010年4月7日，http://big5.china.com.cn/news/tw/2010-04/07/content_19762170.htm。

[2]　「大陸讓利非苛求統一，ECFA對生活意義遠大於大陸」，中國網。

兩岸經濟協議影響評估，2009年7月公布「兩岸經濟合作架構協議之影響評估摘要說明」。其次，大陸方面，由商務部國際貿易經濟合作研究院、對外經貿大學、南開大學利用可計算一般均衡模型（Computable General Equilibrium, CGE），分析簽署ECFA對於大陸的經濟影響，2009年10月公布「兩岸經濟合作框架協議研究報告摘要說明」。不僅如此，兩岸的研究單位還經過多次的討論，充分地意見溝通，廣泛地交換心得，並於2009年11月進行共同研究，形成共識，得出結論。

　　台灣方面對於簽署ECFA有支持與反對的兩極化意見。支持者意見認為：

● 中華經濟研究院研究報告顯示，簽署ECFA可以提高台灣GDP 1.65~1.72%，總出口量上升4.87~4.99%，總進口量上升6.95~7.07%，總就業人數可望增加25.7~26.3萬人。

● ECFA可以帶動機械、化工、紡織、石油、煤製品、鋼鐵等行業的生產與出口。

● 簽署ECFA後的七年內，可為台灣帶來89億美元的外商直接投資。

● 簽署ECFA可以確保台灣對大陸的貿易地位，不會被中國實施東盟自由貿易區的零關稅政策削弱。台灣可以領先日、韓等競爭對手國進入大陸市場，並成為外商進入大陸市場的優先合作夥伴。

● 簽署ECFA有助於台灣與其他國家簽訂自由貿易協議（FTA），經濟部長施顏祥表示，許多接觸洽簽FTA的國家，都反應兩岸情勢和緩有助於簽署FTA。

反對者意見認為：

● 會使台灣對大陸市場過度依賴，演變為從經濟到政治都受制於大陸，讓兩岸關係朝「一中」傾斜，政治風險高。

● 大陸廉價商品進入台灣衝擊木材製品、運輸工具、電子電機產品等產業，導致失業人數增加。

●造福大財團，卻不利底層勞動大眾，拉大貧富差距。

●一般認為依WTO規範，ECFA簽署後，十年內必須撤銷九成產品的關稅及貿易障礙，對台灣衝擊巨大。

●簽署ECFA無助簽訂FTA，FTA必須具有官方協議性質。因此，即使簽署了FTA，大陸仍有可能阻礙台灣獲得所需的FTA。[3]

大陸方面的意見，也有肯定與否定的兩極化反應。肯定者認為正面影響意見：

●根據「兩岸經濟合作協議研究報告」指出，ECFA可以提升大陸GDP 0.36~0.67%，惠及電子產品、基礎金屬、汽車及配件等13個產業，實現「穩定外需」的目標。

●兩岸間投資及進出口貿易的增長，將帶動大陸就業率增長和福利水平提升。

●ECFA有利於大陸創新區域經濟一體化。截至2010年3月為止，大陸已與14個國家和地區簽訂並實施自由貿易協定，ECFA是大陸對區域經濟一體化安排的重大創新。

否定者認為負面影響意見：

●大陸9個行業的產出或將下降，其中食品、紡織品、化工等產業產出降幅在1%以內，服裝鞋類、皮革製品等四個產業產出下降1~3%。

●大陸平均關稅水準高於台灣，部分產業發展水平也較低，ECFA簽署後將承擔更大降稅壓力。

●台灣是高度開放經濟體，簽署ECFA後，若有第三地貨物或服務藉

---

[3] 「ECFA對兩岸的影響及正反意見」，亞洲週刊，第24卷第27期，2010年7月11日，http://www.YZZK.com/cfm/http://www.yzzk.com/cfm/Content_Archive.cfm?Channel=ae&Path=2348376692/27ae1d.cfm。

此通過台灣進入大陸，可能會對業界產生不利影響。[4]

中華經濟研究院的研究結果顯示，簽署ECFA雖然會對不同產業帶來不同程度的正、負面影響，但總體而言將促使台灣的GDP增長，並對福利、貿易、就業、產值等總體經濟產生正面效益。大陸研究單位的評估認為簽署ECFA，總體上對大陸經濟發展具有正面影響，同時大陸產業發展將因競爭力強弱不同，而從中獲益或受到衝擊。[5]台灣與大陸的研究評估報告認為：兩岸簽署ECFA的結果利大於弊、得大於失，正面效果大於負面影響。及至2010年6月29日，由海峽交流基金會董事長江丙坤與海峽兩岸關係協會會長陳雲林，代表雙方政府在重慶簽署「海峽兩岸經濟合作架構協議」（ECFA）。

二、ECFA之內容

兩岸簽署ECFA的內容分為序言部份與五個章節，包括十項條款與五個附件。

● 序言部份，兩岸兩會表示希望遵循平等互惠、循序漸進的原則，達成加強海峽兩岸經貿關係的意願。期待能夠進一步增進雙方的貿易與投資關係，建立有利於兩岸經濟繁榮與發展的合作機制。

● 第一章總則，內容有兩項條款說明協議所追求的具體目標，限定經濟合作的範圍與措施。

● 第二章為貿易與投資，內容有三項條款，明確指出兩岸在推動貨品貿易、服務貿易、投資等方面的協商範圍，訂定推動實施的時間表。

● 第三章為經濟合作，內容有一項條款。列舉兩岸要加強智慧財產權

---

[4] 「ECFA對兩岸的影響及正反意見」，亞洲週刊。

[5] 「兩岸智庫同步公布ECFA共同研究與建議」，中國評論新聞網，2010年1月20日，http://www.chinareviewnews.com/doc/1012/0/4/4/101204450.html?coluid=7&kindid=0&docid=101204450。

保護、金融、貿易、海關、電子商務,中小企業等合作事項,推動雙方互設辦事機構。

●第四章為早期收穫,內容有兩項條款。規定兩岸現階段在貨品貿易方面,可以享有早期調降關稅與實行早期開放服務業措施。為以防萬一發生差錯情形,特別明定臨時貿易救濟措施與服務貿易遭受負面影響時磋商解決方案,深具彈性伸縮性質。

●第五章為其他。內容包括八項條款。為保留預防思慮不周的情形,特別明定例外措施條款。兩岸應設立經濟合作委員會,便於協商解決爭端。規定兩岸經濟合作委員會的組織代表處理相關事宜,每半年必須召開一次例會,也可以經雙方同意召開臨時會議。另外,又規定雙方使用文書格式,今後尚須舉行後續協議。兩岸ECFA協議修正須經雙方協商同意,並以書面形式確認。本協議簽署通知對方後次日起開始生效。雙方有意終止協議時,應在終止通知發出起30日內開始協商,如未能達成協議,在通知一方發出終止通知書之日起180日終止。[6]

貳、ECFA對台灣產業的影響

兩岸簽署ECFA條文內容中的重點有兩個部份,一為貨品貿易,另一為服務貿易。貨品貿易業種包含石化、紡織、機械、運輸工具、農業、其他產業,產品項目琳瑯滿目,多如牛毛。中國大陸對台灣產品列入早期收穫清單中的產業有539項,而台灣對中國大陸產品列入早期收穫清單中的產業有267項(參見表一)。服務貿易部份可以分為兩類。一為金融服務業,另一為非金融服務業。中國大陸對台灣開放三種金融服務業,包含銀

---

[6] 「海峽兩岸經濟合作架構協議」,經濟部國貿局,http://www.trade.gov.tw/。

行業、證券業、保險業；台灣亦對中國大陸開放銀行業。另外，台灣與中國大陸各向對方開放八項業務（參見表二）。

表一：貨品貿易早期收獲業種

中國大陸降稅			台灣降稅		
主要產業	項數	金額（億美元）	主要產業	項數	金額（億美元）
石化產業	88	59.44	石化產業	42	3.29
紡織產業	136	15.88	紡織產業	22	1.16
機械產業	107	11.43	機械產業	69	4.74
運輸工具	50	1.48	運輸工具	17	4.09
其他產業	140	49.97	其他產業	117	15.30
農業	18	0.16	---	---	---
總計	539	138.38	總計	267	28.58

資料來源：杜巧霞，「加速自由化──後ECFA時代之機會與挑戰」，中華經濟研究院，2011年3月26日，頁33。

表二：服務業早期收穫業別

	中國大陸對台灣開放	台灣對中國大陸開放
非金融服務業（雙方各開放八項）	會計審計服務業 電腦服務業 自然科學工程研發 會議 專業設計 取消電影配額 醫院設置 飛機維修保養	研發 會議 專業展覽 特製品設計 合拍電影發行（十）部 經紀商 運動休閒 空運服務電腦定位
金融服務業	銀行業、證券業、保險業	銀行業

資料來源：杜巧霞，「加速自由化──後ECFA時代之機會與挑戰」，頁35。

茲將兩岸簽署ECFA以後，對於台灣產業的影響，略述於後：

一、貨品貿易類

根據ECFA的規定，兩岸的產品可分為立即實現零關稅產品、分階段降稅產品、例外或其他產品三類。隨著上面三類產品的項目、減讓關稅的先後順序與降幅大小，對於兩岸業種就會產生各種程度不同的利弊、損益結果。根據中華經濟研究院的研究報告指出，在個別產業當中，製造業生產金額會出現增幅大小的情形。

生產金額增幅較大的業別有：

● 機械業（產量增加約13.96~14.25%，金額增加約83~85億美元）

● 化學塑膠橡膠業（產量增加約14.59~14.6%，金額增加約87~92億美元）

● 紡織業（產量增加約15.81~16.7%，金額增加約28~31億美元）

● 鋼鐵業（產量增加約7.66~7.92%，金額增加約21億美元）

● 石油與煤製品業（產量增加約7.72~7.77%，金額增加約19億美元）

生產金額減少幅度較大的業別有：

● 電機與電子產品業（產量減少約7.23~7.24%，金額減少約76億美元）

● 其他運輸工具業（產量減少約3.49~3.60%，金額減少約2~4億美元）

● 木材製品業（產量減少約3.98~4.0%，金額減少約1億美元）

值得一提的是，雖然電機與電子產品業是台灣相當具有出口競爭力的產業，但是兩岸對於課賦該產業的關稅稅率極低，中國大陸只有0.58%，比台灣的0.71%更低。[7] 兩岸簽署ECFA對於台灣產業的影響，各產業的業

---

[7] 「兩岸ECFA之影響評估」，經濟部國貿局，2010年5月10日，http://eweb.trade.gov.tw；林建甫，「兩岸簽署ECFA對台灣的影響」，頁6，http://ccms.ntu.edu.tw/~clin。

者反應兩極，喜憂感受分明。目前，中國大陸對於台灣化學塑膠橡膠業、機械業、紡織業、石油與煤製品業、鋼鐵業等進口需求大幅增加，以致於生產資源流向這些產業，對於電機與電子產品業之生產造成排擠效果。

　　政府在簽署ECFA後，已經列入早期收穫清單中，行情看漲的產業，例如：石化、紡織（中、上游）、機械、汽車等產業的重要產品（參見表三）。反倒應該關懷輔導內需型、競爭力較弱、易受貿易自由化影響的產業，例如：家電、鞋類、成衣、陶瓷面磚、石材等產業。針對上述狀況，政府研擬「因應貿易自由化產業調整支援方案」，預計分10年投入950億元經費，依對象不同分別採行下列三種調整支援策略：

●對於內需型、競爭力較弱、易受貿易自由化影響的產業，應加強輔導型產業，主動予以輔導。

●ECFA之效益開始降稅後，對於進口已經增加，但是尚未受損衝擊的產業與勞工，政府主動協助「體質調整」。

●對於已經顯著受損之產業、企業、勞工，提供「損害救濟」。[8]

8　同前註。

表三：產業現況

目前產業狀況（2009年）				
	產業名稱	廠家數（家）	就業人數（人）	產值（新台幣億元）
擬列入ECFA早期收穫產業現況	石化	156	60,000	13,200.0
	機械	17,804	418,000	6,800.0
	汽車	7	20,000	1,885.0
	紡織	1,992	94,000	3,000.0
小計		19,959	592,000	24,885.0
經濟部加強輔導之產業	毛衣	280	2,200	57.6
	織襪	158	2,500	27.9
	袋包廂	119	2,420	15.8
	毛巾	67	630	5.3
	成衣	1,244	42,545	319.2
	內衣	82	15,00	82.0
	泳裝	53	1,680	10.3
	製鞋	1,090	34,100	63.5
	寢具	76	1,200	8.5
	家電	498	14,000	371.0
	陶瓷	70	3,000	157.0
	石材	120	3,000	100.0
小計		3,857	108,775	1,218.1
合計		23,816	700,775	26,103.1

註：1.目前規劃納入ECFA早期收穫清單之石化、機械、紡織及汽車等產業，此四產業員工數約59萬人，廠家數約2萬家，產值新台幣2.5兆元。

2.經濟部自2009年起已針對毛衣、織襪等12個產業加強輔導，2010年起擴大輔導對象至木竹製品、農藥、動物用藥、環境用藥及其他等17個產業。

3.來源為經濟部國貿局統計資料。

　　總之，ECFA的簽訂只是個開始，未來台灣產業必須加速升級，自動化、技術密集化、知識密集化都將是台灣產業發展的方向。與此同時，兩岸透過經貿合作產生的互惠雙贏，也將促使兩岸更進一步的和平穩定，對產業界來說，將是一個新的契機。[9]

二、服務貿易類

　　我國是出口導向型態的國家，必須經由拓展國際貿易促進經濟成長，因此出口貿易就成為台灣的經濟動力。回顧經濟發展史可知，台灣對於中國大陸的貿易依存度逐年升高，從2001年的19.6%，截至2010年為止，達到31.5%，高於韓國的25.1%，足以證明兩岸的經貿關係，已經日趨緊密。由於兩岸的經貿往來密切，依靠金融業服務的需求日益強烈。

(一) 金融業

　　兩岸簽署ECFA以後，牽動兩岸銀行業的版圖變化。台灣金融業特色與挑戰包括：

1. 台灣的金融家數眾多

　　1998年時，在台灣的外國銀行分行一共有46家，截至2009年1月時有32家；2001年時本國銀行有53家，目前為37家。外國人壽保險公司在台分公司一共有9家，本國有23家；外國財產保險公司在台分公司一共有8家，本國有17家。外國證券商在台分公司一共有19家，本國有36家，台灣的金融業與外國同業競爭激烈。

2. 台灣金融市場不足，台灣金融機構的國內總分行放款餘額，不但不增加反而減少

　　例如：2008年10月至2009年1月，分別為18兆5,755億、18兆5,743億、

18兆4,616億、18兆3,348億。由於國際金融機構的湧入,以致台灣的金融業經營日益艱困。

3. 台灣缺乏投資機會

由於台灣民間超額儲蓄過多,2009年1月,台灣存款貨幣機構的「實際流動準備」超過「法定存款準備」的差額為新台幣6,148億,故台灣金融業外投資並無資金排擠問題。但台灣金融業在企業金融面,因經濟成長緩慢而受限,在消費金融面則因卡債問題嚴重而難以擴充,使得生存面臨巨大壓力。

4. 台灣金融業必須走向國際

在台灣本身金融市場容納有限的情況下,金融業只有兩條路可以選擇。一是在台灣現有金融市場的制約下,進行整併,減少金融業的家數。二是走出去,放眼世界,台灣金融業不論是以獨資或是策略聯盟的方式邁向世界,能夠擴大經營版圖,進行全球化布局,提升國際競爭力,這才是台灣金融業者應該發展的方向。

5. 金融業對外投資,不會掏空國內資產

金融業對外設立據點並開始營運後,相對而言,主要資金來源是當地企業與人民的資金,較少用到總公司資金,所以對外投資所需資金主要來自初期的開辦費用。由於金融業對外投資不會用到太多的國內資金,只要做好公司治理與風險管理的工作即可,不會有掏空台灣資金的問題。[10]

基於兩岸語言相通、文化同源、地緣接近,還有許多可以促進兩岸金融合作發展的因素:

1. 兩岸人員貿易往來密切

截至2008年11月為止,台灣人民赴大陸旅遊人數超過5100萬人次。貿易方面,截至2008年1~11月為止,兩岸貿易總額超過5,000億美元,我國

---

[10] 「為何要簽兩岸金融合作協議」,兩岸經貿月刊,2009年4月號,2009年4月28日,http://www.cdnews.com.tw/cdnews_site/docDetail.jsp?coluid=111&docid=100747713。

享有超過3,000億美元的貿易順差。兩岸人民貿易往來頻繁，自然會衍生出貨幣兌換，匯款等兩岸金融合作的需求。

2. 台商需要台灣金融服務

中國大陸為我國海外投資最多的地區，截至2009年2月為止，總投資金額超過761.2億美元，占我對外投資的57.2%。金融業理當跟隨產業的腳步前進。金融業必須追隨客戶，瞭解客戶需要，才能滿足客戶需求。台灣金融業若能赴大陸提供台商相關金融服務，不但有助於台資銀行擴大經營規模，同時也有助於台商獲得融資，降低資金成本，台灣金融業和台商是「魚幫水，水幫魚」的雙贏局面。

3. 大陸金融市場廣大

2008年大陸各項貸款餘額為32兆人民幣，成長率為17.9%，全年保險公司原保險保費收入為9,784億人民幣，比上年增長39.1%，而保險深度僅2.85%而已（全球均值約8%，台灣約15.7%），金融市場潛力無窮。2007年4月，中國大陸已經批准匯豐、渣打、東亞、花旗等四家外資銀行，正式開始向中國大陸個人客戶提供人民幣業務服務。台灣金融業若能進入大陸市場，往後可藉此擴大版圖。

4. 台灣金融業的優勢

台灣金融業比其他外商銀行具有語言、文化等先天條件優勢。台灣金融業比大陸金融業具有更多的內部控管、風險管理、金融產品的創新能力、客戶導向的服務理念與國際業務等經驗，再加上台灣金融人才素質高且齊備，這樣的優勢條件可為台灣金融業創造可觀商機。

5. 大陸金融業可因兩岸金融合作獲利

台灣的銀行進入大陸，一方面可以刺激當地銀行業者提升服務水準。另一方面，若是兩岸金融業合作，大陸金融業可以獲得更多的台灣經營資訊，有助於大陸金融業產生爭取為台商提供金融服務的企圖心。至於陸資銀行來台設代表處或分行，除了可以加強兩岸金融合作之外，還可以觀摩

學習台灣各家銀行的經營之道，獲得無形的寶貴經驗。[11]

　　兩岸簽署ECFA，開放金融服務業到對方設點經營，這樣的措施對於兩岸的金融業必定會產生兩極化的衝擊。對於體質良好而且已經有充分準備的金融業而言，是得到一個擴充營業範圍，大展鴻圖的絕佳機會。但是對於體質較弱或規模較小的金融業而言，可能會覺得好像遭受到經營的威脅一樣，不得不繃緊神經，慎重應對。可以說，同樣是金融業者，卻呈現憂喜參半的兩樣心情。

　　以台灣銀行業為例來加以說明。台灣銀行業大致可以分為五種類型。隨著各個銀行的性質、銀行決策者的思考方向，以及實際做法互異，受到兩岸金融往來的影響程度也有所不同，茲分別敘述如後：

　　1. 官股銀行

　　官股銀行是指由政府百分之百所擁有的銀行，如台銀和土銀等。雖然官股銀行有意願進入大陸金融市場，但是基於國家政策、政治、經濟，以及社會方面的考量，前往大陸參股當地銀行，或是接受大陸銀行參股的可能性甚低，但是有可能登陸設立分行，此類官股銀行的衝擊性較小。

　　2. 泛官股銀行

　　泛官股銀行是指，雖已民營化，有部份股權為民間持有，但控制權仍屬政府的銀行，如三商銀。這類銀行進入大陸市場比官股銀行更具有彈性，有可能到大陸設分行，甚至參股大陸銀行；但是接受陸銀參股的可能性，則因政策性考量的比重相對較低，衝擊性也相對較小。

　　3. 大型民營銀行

　　國內的大型民營銀行是指資金與人力等規模較大的銀行，如國泰、富邦、中信、台新、玉山等銀行。這些銀行的規模較大，經營者具有強烈的企圖心，且積極布局大陸市場，並在大陸設立分行，甚至參股當地銀行。

---

[11] 「為何要簽兩岸金融合作協議」，兩岸經貿月刊。

不過由於陸銀的規模相對較大，台資銀行要參股大陸的大型銀行並不容易，即使採取小部份參股方式，可以發揮的實質影響也很有限。因此，大型台資民營銀行和大陸的城市銀行合作的機會較大。

平心而論，台資銀行到大陸設分行，主要的業務是著重在承接台商的生意，有些台資銀行早己派員進駐台商聚集的地區，例如到蘇州、上海、寧波、廈門等地，就近服務台商。因此，成立大陸的分行，只是把服務台商的「地下活動」轉為合法化。兩岸簽署ECFA以後，過去無法名正言順、光明正大地直接提供服務，如今就能化暗為明，合法經營。這類型的銀行，應該也是最有可能吸引陸資銀行投資的本國銀行。

4. 中型的民營銀行

中型銀行是指資金與經營範圍較大型銀行為低的銀行，尤其是有私募基金入股的銀行，這類銀行大多曾經出售股權給私募基金，而私募基金擅長低買高賣，買下台資銀行之後，營運和整理一段時間後再出售，這也是私募基金投資的重點。例如慶豐銀行招標案吸引很多銀行的興趣，即是受到ECFA的影響，故其衝擊性亦較大。

5. 小型銀行

小型銀行大抵是指那些由信用合作社改制，且規模較小的銀行，這類銀行礙於資金與人力，不論赴大陸設點或吸引陸銀投資的可能性都不高。尋求和中小型銀行同業合併以壯大實力，或加入金控以擴大營運利基，應是較為合適的選項，故其衝擊性也相對較小。[12]

由於台灣的金融市場規模較小，利差也因為競爭激烈而逐漸縮小，甚至國內金融市場已經出現銀行關閉分行經營的情形。因為大陸金融市場廣大、利差較高，台灣銀行的經營利基遠不如大陸，除非有政治性的、經濟

---

[12] 謝明瑞，「後ECFA時代對台灣經濟及金融業的影響之探討」，國家政策研究基金會，2011年4月27日，頁8~9。

性或社會性指標意義的考量，否則陸資銀行來台灣設立分行的誘因不大。陸資銀行來台設立分行或參股台灣銀行，其著眼點應該是想要借鏡台灣銀行的經營秘訣，和吸收台灣金融業界的人才，台灣銀行業界值得驕傲的是擁有拓展市場與風險管控的專業人才。陸資銀行參股台灣銀行，可以乘機挖角台灣銀行界人才至大陸銀行成為培養、複製陸銀更多優秀銀行界人才的種子教官，這可能是陸資銀行來台經營的主要動機。

(二) 證券業

台灣有326家專業券商、27家兼營券商、9家台資A股上市，證券業務過度競爭。為了尋找業務生存空間，1997年群益證券率先登陸設立蹲點，後來有許多證券公司跟進。截至目前為止，有13家證券公司於大陸設立24個代表處（參見表四）。這些證券代表處只能從事諮詢、聯絡，與市場調查等非經營性活動的相關業務，無法發揮證券業的正常功能，達到營利的目的。

表四：台灣證券商設立大陸代表處

台灣證券商	北京	上海	深圳	廣州	成都	廈門	進駐時間
群益證券		✔					1997
元大證券	✔	✔					1998
元富證券		✔	✔				1998
永豐金證券		✔					1999
日盛證券		✔					1999
金鼎證券	✔	✔	✔		✔	✔	2000
兆豐證券	✔	✔	✔				2000
凱基證券		✔	✔				2001
統一證券		✔					2002
大華證券		✔					2002
寶來證券	✔	✔		✔			2004
富邦證券		✔					2005
台証證券		✔					2006
合計	4	13	4	1	1	1	

資料來源：吳光雄，「我國證券、期貨與投信投顧業者開展大陸市場的商機與挑戰」，2009年4月20日，頁18，http://www.bcf.tw/wp-content/uploads。

　　由於兩岸證券市場合作存在三大主要障礙：(1)資本管制和市場准入限制，抑制兩岸資本的自由流動和跨境投融資；(2)金融機構交易、結算、資訊披露、會計準則等的標準不同；(3)兩岸沒有簽署金融監管備忘錄（MOU）、貨幣清算協議等。缺乏法律依據和運作框架，無法深化金融合作。[13]

---

[13] 林蒼祥，「兩岸證券合作之建議」，2009年4月2日，頁44，http://www.bcf.tw/wp-comtent/upioads。

比較兩岸的證券市場經營模式可以知道雙方的證券市場存在四點差異：

1. 市場結構差異

台灣由證券交易所、櫃檯市場與興櫃市場構成，形成相對較為完善、多層次的市場體系。大陸A股市場因股權分置改革，導致業板、OTC場外交易機制等創新，遲遲無法推出。

2. 市場開放程度差異

台灣自1991年實施QFII（Qualified Foreign Institutional Investor，合格境外機構投資者）制度，2003年取消。中國大陸於2002年實施QFII制度，採用直接投資形式。嚴格規定QFII資格條件和資金管理政策。

3. 上市公司差異

台灣上市（櫃）公司以民營企業占絕大比例。以科技股為主（占51.6%，2008年12月），規模相對較小的上市公司家數占50%以上。中國大陸A股上市公司存在結構性缺陷，國有企業占85%以上，民營企業較少，而且上市公司素質參差不齊，公司治理也不盡合理。

4. 券商差異

台灣證券公司起步較早，人才和經驗具優勢，尤其是收購兼併、財務顧問、資產證券化及金融產品創新。中國大陸受制股市發展水平，證券公司在市場准入、市場運行、產品、業務放行、創新業務種類和規模方面，都受嚴格監管限制。收入高度依賴經紀業務，波動性很大，經紀業務集中度偏低。[14]

開放證券市場以後，台灣證券公司將會發揮強勁力道，開拓大陸證券市場，展現示範作用，引導大陸證券市場加快腳步學習台灣證券公司靈活、創新的經營理念，提升為證券市場服務的品質。

---

[14] 林蒼祥，「兩岸證券合作之建議」，頁42~44。

(三) 保險業

台灣保險業大致可以分為財產保險和人身保險兩大類。我國政府於2000年同意國內財產保險業者與人身保險業者，赴中國大陸設立代表處，台灣財產保險業者與人身保險業者登陸運作經營情形如下：

1. 財產保險

根據資料顯示，國泰世紀產物保險在上海；富邦產險在北京、上海；新光產物在蘇州；明台產險在上海；友聯產險在上海；中央物產在廣州、上海、都設有代表處。2008年9月26日，國泰金控旗下的國泰人壽和國泰產險合資在上海成立獨資的「國泰財產保險有限責任公司」，正式掛牌開業。

2. 人身保險

國泰人壽在北京、成都；富邦人壽在北京；新光人壽在北京、上海；台灣人壽在北京；國泰人壽保險有限責任公司在上海。目前台灣保險業已有4家開始在中國大陸營業，其中有1家財產保險公司、3家人壽保險公司。國泰人壽與東方航空公司、台灣人壽與廈門建發、新光人壽與海南航空公司等3家，已經合資成立人壽保險公司，開始營業。[15]

由於ECFA中，服務貿易業方面只開放台灣保險業進駐中國大陸設點運作或營業，未開放大陸保險公司來台營業，不會對於台灣的財產保險業與人身保險造成任何衝擊與傷害。

參、ECFA對韓國產業的影響

由於台韓的產業結構與經濟發展模式類似，雙方對於中國大陸出口依存度都是偏高，中國大陸是台韓貿易競爭激烈的主要市場，為爭取市場占

---

[15] 「為何要簽兩岸金融合作協議」，兩岸經貿月刊。

有率,雙方莫不使出渾身解數,互別高下。以2009年為例,韓國與台灣在中國市場的占有率分別為10.2%與8.6%,2010年6月29日兩岸簽署ECFA,引起韓國政府、產業界、學界、全民的擔心與憂慮。經濟專家、學者與三星、LG、現代、貿協等研究所都分別提出研究報告與見解,韓國的媒體也集中焦點報導。尤其是研究人員從貨品貿易與服務貿易兩方面著手,對於韓國產業進行全盤的詳細檢討。

一、貨品貿易類

根據韓國貿易協會和對外經濟政策研究院(KIEP)的統計資料可知,兩岸簽署ECFA以後,台韓出口產品的前10項中有7項;前20項中有14項;前30項中有22項;前50項中有33項;前100項中有81項;539項中有494項重疊。[16] 按照韓國兩極化邏輯推演的看法認為,兩岸簽署ECFA,對被列為早期收穫產品貿易名單中的台灣產品有利;相對而言,對於韓國出口大陸的同樣產品就會造成不同的損害。韓國產業界急著想要瞭解的問題重點是,ECFA對於韓國各種產業所造成影響的速度有多快?力度有多強?程度有多深?時間有多長?幅度有多寬?雖然各研究單位所提出的報告內容並不完全一致,但看法卻是大同小異。

根據韓國經濟政策研究院的報告可知,韓國把貿易細分為加工貿易和一般貿易。以2009年為例,台灣對中國大陸的貿易比例中,加工貿易為63.7%,一般貿易為23.3%;韓國的加工貿易為53.3%,一般貿易為33.7%。比對結果,加工貿易部分台灣高於韓國,一般貿易部分則韓國勝過台灣。由於ECFA,韓國出口至中國的494種之總金額182.6億美元一般貿易產品中,課稅占有的比率為40.6%,金額為74.7億美元。換句話說,

---

[16] 「兩岸ECFA對韓國石化的打擊」, 2010年7月22日, http://china.joins.com/article.do?;「兩岸正式簽署ECFA韓國出口前景堪憂」,新浪網,2010年6月29日,http://finance.sina.com/bg/economy/chosun。

ECFA對於韓國出口至中國產品的直接影響部分，是出口至中國產品總額的7.3%。[17]

　　根據韓國產業銀行經濟研究所的分析報告認為，兩岸簽署ECFA以後，可能會對韓國的鋼鐵、石化、一般機械、汽車、造船、半導體、手機、家電、面板等產業造成程度、時間、幅度等不同的影響（參見表五）。[18] 茲略述於後：

表五：預估可能受到ECFA影響的韓國產業

單位：億美元（%）

產業	韓國出口中國（2009）		中國市場占有率（2009）		受到ECFA影響	
	金額	比重	韓國	台灣	短期	中長期
鋼鐵	49	22.0	12.6	18.8	小	中
石化	14.1	51.2	14.2	11.0	大	大
一般機械	66	23.3	15.0	12.2	小	中
汽車	34	10.1	13.1	0.4	小	小
造船	0.87	0.2	10.6	2.7	小	小
半導體	73	12.2	16.6	22.9	小	小
手機	62	21.4	20.3	4.4	小	小
家電	13	13.1	4.7	1.6	小	小
面板	14.7	55.5	38.2	33.1	小	小

(一) 鋼鐵

　　從2000年以後，中國就成為韓國最大的鋼材出口市場，2003年時對

---

[17] 韓國對外經濟政策研究院，「兩岸ECFA的主要內容與啟示點」，今日的世界經濟，第10卷23期，2010年7月22日，頁8，www.kiep.go.kr。

[18] 「兩岸簽署ECFA對韓國產業的影響分析」，韓國產業銀行經濟研究所，2010年7月，頁8。

中國出口鋼材占韓國向全世界出口鋼材的38.8%，截至2008年為止，逐漸下降為17.0%。儘管受2009年全球金融海嘯的影響，中國的鋼材需求量增加，韓國出口至中國的鋼材比重增加為22.0%。2009年韓國出口至中國的鋼材數量達到550萬5,000噸，比2008年增加37.7%。然而，由於韓國內需市場萎縮，進口鋼材的數量為714萬6,000噸，比2008年減少54.5%，創下自2004年以來最低的紀錄。

　　2009年韓國與台灣鋼材在中國大陸市場的占有率分別為21.5%與12.5%。韓國認為，兩岸簽署ECFA以後，在短期內，中國大陸的鋼材市場被台灣鋼材蠶食的可能性低。目前韓國鋼材出口至中國大陸，平均要被課徵5%的關稅，從價格面來看，台灣鋼材較具有競爭力。然而，從品質面來看，韓國鋼材較台灣鋼材質優。從長期的觀點來看，由於台灣中鋼公司增加鋼材產量，在擁有降低關稅優惠的前提之下，台灣鋼材具有價格競爭力，存在中國大陸鋼材市場被台灣鋼材蠶食的憂慮。韓國認為只有韓國鋼材降低生產成本、在地化生產、開發高級鋼材等方法，才能因應台灣鋼材在中國大陸市場對韓國鋼材形成的挑戰。[19] 此外，韓國另一觀點認為台灣生產的鋼材為一般鋼材，而韓國生產的鋼材是汽車用鋼材，兩者訴求不同，不足為慮。

(二) 石油化學

　　中國是韓國石油化學產業最大的出口市場。從2000年以後，韓國石油化學產品出口30~40%到中國大陸市場。2009年出口至中國大陸的合成樹脂占42.8%，尤其是合成原料TPA，90%都集中在中國大陸市場。2009年韓國出口至中國大陸的石油化學產品數量為304萬492噸，金額為37億3,300萬美元；而台灣出口至中國大陸市場的石化產品數量為294萬3,994

---

[19]「兩岸簽署ECFA對韓國產業的影響分析」，頁9~10。

噸，金額為35萬3,500萬美元。

在台灣石油化學產品48項早期收穫產品項目中，有41項產品可以調降5.5%以上關稅，因此具有強勁的競爭力。以2009年韓國石油化學企業的獲利率來看，大企業獲利率為9.2%，中小企業為7.6%，以台灣石化產品降價5%為基準來看，韓國石化產品若要與台灣石化產品競爭，獲利率必然減少。在台灣石化產品具備價格競爭力優勢的情況下，預料韓國石化產品出口至中國大陸市場的數量必然減少。以PP為例，中國大陸進口市場中韓國產品的占有率為29%，獨占鰲頭；而台灣產品的占有率為13%，屈居第三位。以PS為例，中國大陸市場中台灣產品占有率為31%，居龍頭寶座；韓國產品占有率為29%，略遜一籌。

韓國認為面臨台灣石化產品在中國大陸嚴峻挑戰，因應之道有下列幾個方面：謀求事業多角化、產品高度化、出口地區多變化，期能達到產業分散風險的目標。再者，尋求原料多變化、提高產能、節省成本的方案，才能立於不敗之地。[20]

(三) 一般機械

由於中國大陸實施「支援機械國產化政策」的結果，中國大陸市場的一般機械進口比重，從2004年的11.5%，逐年減少至2009年的9.4%。然而，中國大陸在2006年提出「十一五規劃」，提示進口工作機械、建設機械、紡織機械等主要機械。2009年中國大陸實施「振興十大產業政策」，希望截至2011年為止，能夠達到主要設備國產化70%的目標。

回顧2003年時，韓國一般機械的中國大陸市場占有率為第一位。從2005年至2008年，韓國一般機械出口至中國大陸市場的比重都沒有超過20%。然而及至2009年增加為23.3%，領先美國、日本、印度等國。

---

[20] 「兩岸簽署ECFA對韓國產業的影響分析」，頁11~12。

　　自2006年至2009年，韓國一般機械在中國大陸的市場占有率從14%上升為15%，而台灣一般機械的中國大陸市占率卻從17.8%降為12.2%。其實近幾年來，台韓一般機械在中國大陸的市場競合度只有0.2而已。目前中國對於金屬加工機械課稅10%，ECFA以後對台灣一般機械調降關稅率的影響幅度很大。韓國認為從長期的觀點來看，金屬工作加工機械被蠶食的可能性增大。

　　在中國大陸沒有設立工廠的韓國中小企業應該努力構築生產基地，有中國法人資格的韓國大企業，需要與在中國的生產零件工廠緊密地合作，才能維持順利的營運。韓國有在中國大陸投資設廠生產建築機械的企業，而台灣至今仍然沒有任何在大陸生產機械的工廠。因此，韓國認為：台灣一般機械業並非韓國競爭對象。韓國產經專家建議研發生產再生能源、高效能源的環保機械，期能符合綠色環保世界的潮流。[21]

(四) 汽車

　　在中國大陸市場銷售的韓國汽車有兩種，一種是在韓國生產出口至中國大陸的整車，另外一種是韓國汽車在中國大陸組裝生產的汽車。韓國出口至中國大陸的韓國原裝車市場占有率只有4%，然而以2009年為基準，在中國大陸組裝銷售的韓國汽車市占率達到23%，在台灣生產出口至中國大陸的汽車數量，則微不足道。

　　目前中國大陸對於汽車零件課徵8~10%的關稅，整車率稅為25%。ECFA以後，中國大陸將調降台灣出口至大陸的汽車為零關稅。就2009年中國大陸汽車零件市場的占有率而言，韓國產為12%，台灣產只有0.6%，兩者差距頗大。韓國出口至中國大陸的汽車零件為變速箱，離合器、輪盤等，而台灣出口至中國大陸的汽車零件為緩衝器、避震器、消音器等，因

---

[21] 「兩岸簽署ECFA對韓國產業的影響分析」，頁13~14。

為產品系統不同，價格差異也大。韓國汽車業者瞭解台灣汽車業要與中國大陸汽車業合作設立大型汽車廠，朝著創立品牌的方向努力，此種兩岸合作生產汽車對於韓國汽車業而言的確是一種威脅。未來台灣製汽車與韓國製汽車，將會在中國市場上呈現大對決的局面。[22]

(五) 紡織業

紡織業或成衣業是屬於勞力密集型的企業，受到勞工生產成本的影響程度頗大。由於勞工工資不斷增加，紡織業和成衣業者面臨企業經營危機，紛紛尋求解決之道。所謂危機就是新契機與新轉機，紡織業和成衣業者發展出一套台灣與中國大陸互補整合的模式，由台灣提供布料，交由中國大陸加工，剪裁設計製成成衣以後，供應中國大陸內需市場或出口到外國。依據台灣出口紀錄可知，台灣每年出口66億美元的布料到外國，其中出口到中國大陸的比重占38.6%。兩岸簽署ECFA以後，免關稅優惠對紡織業而言，是一種利多的局面。何況石化產業的原物料也是屬於降稅項目，台灣紡織業者可以進口價廉的原物料，生產質優價廉的布料，受益性提高，紡織業的前景看好。

北京的中國紡織服裝社長馮國平表示：大部份的台灣企業都在中國大陸設立工廠，台灣企業對於大陸產業發展具有貢獻，兩岸簽署ECFA，不會對韓國紡織企業造成大的影響。韓國的紡織、設計對於中國大陸有相當的影響。韓國的女性服裝在中國大陸有很高的品牌認知度。兩岸簽署ECFA，對於韓、中的產業交流不會產生急劇的變化。

韓國紡織產業聯合會，金東洙副會長表示：韓國出口紡織產品到中國，經過加工生產以後，再出口到美國、歐洲地區，紡織業加工貿易的比重很高，由於加工貿易紡織成品出口可以退稅，所以兩岸簽署ECFA，對

---

[22] 「兩岸簽署ECFA對韓國產業的影響分析」，頁15~16。

於韓國紡織業的影響不大。再者，韓國紡織業主力產品種類項目繁多，有棉製品、合成纖維、尼龍紡織等，用途、性能、設計多樣化，所以韓台紡織業的競爭並不激烈。[23]

　　綜合中國大陸與韓國紡織業者的意見可知，在ECFA生效以後，中國大陸給予台灣紡織品免稅優惠的情況下，不會對韓國紡織業造成巨大的衝擊。

(六) 農業

　　兩岸簽署ECFA的早期收穫項目，有關台灣農業產品有18種，這些農、漁業產品如石斑魚、鮮魚、冷凍魚、蘭花、橙橘、哈蜜瓜、火龍果、綠茶、烏龍茶、紅茶等，韓國根本沒有生產。上述台灣農、漁產品出口到中國大陸，一則產量不大；二則韓國沒有出口到中國大陸，所以對韓國的農漁產品完全沒有任何影響。

二、服務貿易類

　　由於韓國與中國大陸於1992年8月24日建交，有一些服務業早已進駐中國大陸。韓國在中國大陸投資服務業的比重，2004年8.7%、2007年27.3%，2008則創下最高峰達到34.3%，2009年開始走下坡，降為20.2%。[24] 顯然韓國服務業在中國大陸發展不順暢。

　　根據韓國駐中國大使館的資料可知，韓國的銀行在中國有4間法人、30間分行、15間派駐辦事處、5間事務所。2008年底時，在中國營業的韓國銀行有「我們」、「同心」、「新韓」、「企業」、「外匯」、「產

---

[23] 呂國禎，「五大攻略，讓你抓住兩岸大商機」，商業周刊，第1141期，2009年10月5日，頁3。

[24] 韓國對外經濟政策研究院，「兩岸ECFA的主要內容與啟示」，頁11。

業」等銀行。總銀行資金為85億美元，占全體中國外資銀行的4.1%，比例不算高。按照中國大陸的規定，要取得銀行法人的資格並不容易，韓國銀行取得中國大陸銀行法人資格的有「我們」（北京）、「同心」（北京）、「新韓」（北京）、「企業」（天津）等4家銀行而已，[25] 這些銀行可以承擔人民幣業務。2008年12月，中國大陸與韓國簽署規模為1800億人民幣的雙邊貨幣互換協議。雙方可以本國貨幣為抵押，換取等額的對方貨幣，該協議的有效期為三年，經雙方同意可以展期。[26] 從該協議的有效期三年來看，應該是屬於試辦雙方貨幣性質，視辦理成效再決定是否停止或展期。

隨著中國大陸有意擴大實行人民幣跨境貿易結算業務的相關措施，韓國企業界也表示配合的意願。韓國貿易投資振興公社（KOTRA）2011年3月31日表示，韓國對104家與中國有貿易往來的企業，以及136家在中國大陸營業的韓國企業進行問卷調查，結果顯示有77.5%的韓國企業曾經使用，或計劃使用人民幣進行跨境貿易結算。截至目前為止，只有4.2%的韓國企業使用人民幣結算，還有76.5%的韓國企業尚未採用人民幣結算。[27] 因為過去韓國企業與中國大陸進行貿易時都用美元報價，結匯與匯兌時都會損失兩次手續費。以100萬美元的貨款為例，匯兌時要損失0.2%的手續費2000美元。如果直接人民幣與韓幣結匯，可以減少雙方的匯兌損失。中國企業以人民幣結算時，可以節省外匯兌換費用。然而，韓國出口企業卻需要支付0.6%的信用狀（L／C）費用。根據韓國貿易協會有關人士表示，考慮人民幣高利率因素，開設人民幣近期信用狀時，可能要支付比用美元為結算工具更高的費用。因此，用人民幣結算的作法，尚且不能被韓

---

[25] 金敬彬等，「兩岸締結ECFA與對韓國經濟的影響」，漢陽大學國際學研究所，頁35。

[26] 楊泰興，「中韓簽署貨幣互換協議」，工商時報，2008年12月13日。

[27] 「跨境貿易人民幣結算，多數韓企支持」，朝鮮日報，2011年4月1日。

國企業界普遍接受。[28]

三、韓國的對策

　　由於韓國產經界人士非常關注ECFA效應影響韓國產業的問題，他們知道兩岸簽署ECFA必定會對韓國造成即時性、中長期性的衝擊。他們認為既然不能避免受到衝擊，那麼就要想方設法把衝擊與損害的程度減至最低程度。韓國產經界認為採取下列四項措施，可以扭轉競爭劣勢或降低損失。

(一) 確保買主的忠誠度

　　在兩岸簽署ECFA不久以後，韓國貿易投資振興公社（KOTRA）中國通商戰略研究中心與中國大陸北京、上海、青島、大連、武漢、西安、廣州7個分社，以及台北分社，對中國大陸100家和台灣20家買主進行問卷調查。首先，詢問是否知道兩岸簽署ECFA。100家中國大陸買主當中，有58家回答知道，42家回答不知道；20家台灣買主當中有16家回答知道，有4家回答不知道。由此可見，台灣的買主比中國大陸買主更關心ECFA的效應。

　　其次，測試買主的忠誠度。有48%的中國大陸買主回答無意願改變採購對象，29%回答有意願改變採購對象，23%回答保留態度。但是附加條件表明，如果韓國產品提高售後服務、品質的話，考慮保持不變的態度，75%的台灣買主回答無意願以中國大陸產品替代韓國產品。因此，ECFA生效以後，中國大陸產品在台灣市場衝擊韓國產品的程度有限。

　　第三個問題詢問何時會改變採購行動。台灣買主表示開始改變採購的時間，分為幾個類型，在ECFA生效6個月內；在ECFA生效6個月以上，不

---

[28] 「貿易協會：韓中貿易應增加人民幣結算比重」，聯合新聞，2011年2月21日，http://app. Yonhapnews.co.kr。

滿1年；在ECFA生效1年以上，不滿2年者各占7%。回答在ECFA生效2年至3年內或滿3年以後，將改變採購者各占3%。69%表示有意願改變採購對象的買主，對於何時開始落實改變採購行動採取保留態度。第四個問題詢問買主無意願改變採購的理由。中國大陸買主當中，有41家認為韓國產品品質具有競爭力，15家回答韓國產品售後服務佳，8家認為韓國產品價格競爭力強，3家認為ECFA調降關稅幅度比想像低；11家台灣買主回答韓國產品品質競爭力強，無意願改變採購對象，8家買主回答調降關稅效果比想像的小。

第五個問題詢問，兩岸簽署ECFA以後，對於哪一種產業的衝擊最大。39家中國大陸買主認為電子產品衝擊程度最大。其次，有22家買主認為是農產品，有9家買主認為是汽車零件，有8家買主認為是機械，有7家買主認為是石油化學，有7家買主認為是紡織業。

第六個問題詢問，台灣與韓國產品在中國大陸競爭激烈，如何才能維持或確保韓國產品在中國大陸市場的占有率。39家中國大陸買主認為價格競爭力，21家買主認為品質競爭力，20家買主認為應該在中國大陸在地化生產，10家買主認為應該制定市場策略，6家買主認為應按照貿易慣例。[29]

綜合以上的問卷調查內容來看，韓國的產經界應該務實而積極地面對，因為ECFA效應產生的新局面，不可樂觀地認為衝擊韓國產業的程度輕微；也不必悲觀地認為韓國產品的中國大陸市占率，完全會被台灣產品取代。只要韓國產品能夠具備產品價格與品質的競爭力，提高產品的售後服務態度，創造產品的附加價值，維持良好的商譽，相信韓國產品還是能夠在廣大的中國大陸市場擁有商業活動的空間。

---

[29] 「兩岸ECFA對於韓國產業的影響」，韓國貿易投資振興公社，頁30~35。

(二) 洽商韓中FTA

簽署ECFA以後，使得兩岸的經貿關係改善，貿易條件與環境也跟著產生變化，對於兩岸來說都是利多的局面。若是韓中沒有簽訂自由貿易協定，台韓在中國大陸的貿易競爭是對台灣有利，對於韓國不利。彷彿是在不同的條件之下與不同的基礎上競爭，韓國肯定是會敗陣吃虧。韓國希望儘早與中國大陸簽訂FTA，力求與台灣一起進入中國大陸市場競爭。

韓國火藥集團會長金昇淵於2010年10月20日，在第六屆韓中財經會議中表示，目前國際社會都把目光投向亞洲，韓中應該加強交流與合作。為使兩國經濟更緊密的發展，韓中須儘早簽署FTA。[30] 金會長簡單扼要地把韓中簽署FTA的必要性點出來。2008年1月22日韓國朝鮮日報報導，韓國貿易協會對韓國390家企業進行問卷調查結果發現，74.6%的韓國人贊成簽署韓中FTA；然而只有14.2%的韓國人認為，韓中FTA會增加韓國對中國的出口，55.4%的韓國人認為韓中FTA會增加韓國的進口，不是增加韓國對中國大陸的出口貿易。除此之外，76.4%的韓國人認為，韓國政府應該花三年以上的時間準備。[31]

韓中FTA具有極大的破壞力而且非常敏感。首先，兩國的產業結構截然不同，兩國的FTA產官學共同研究，徘徊了三年也是因為這個原因，在相同產業內，兩國的產業也存在很大差異，韓國的農業和勞力密集型的產業極力反對。[32] 其實韓中不能順利談判FTA的最大絆腳石是，韓國憂慮農業受到極大的衝擊。解讀目前韓國人的感覺可知，簽署韓中FTA是一種既

---

[30] 「早簽FTA 韓中工商業共識」，華視新聞網，2010年10月20日，http://news.ets.com.tw/action/print.php。

[31] 「韓貿易協會調查：中國科技實力三年內超韓國」，中國評論新聞，2008年1月22日，http://www.chinareviewnews.com/doc。

[32] 「周密切實地推進韓中自由貿易協定」，韓國中央日報，2010年5月3日，http://chinese.joins.com/big5/article.do?。

期待又怕受傷害的心情。

(三) 台韓攜手合作

台灣與中國大陸語言、文化相同，這是台商前進大陸的優勢，韓國與台灣在產業構造方面類似，倘若台韓企業在中國大陸市場進行「零和遊戲」的競爭，並非雙贏結果，不符合台韓人民的期待。兩岸簽署ECFA以後，會對韓國造成排擠效應，台韓商締結夥伴關係，共同攜手前進中國大陸市場，是一種理想的雙贏策略。33家韓國進出口業者於2011年5月19日來台灣參加「新興市場採購夥伴洽談」，希望能夠進一步加深台韓經濟交流合作，是奠定台韓經貿共同合作基礎的良好機會。[33] 台韓貿易合作以台灣為全球創新中心、亞太經貿樞紐，共同開拓中國大陸市場，是一種消除因為ECFA引起競爭壓力的管道，也是減少因ECFA效應產生衝擊的良方。

(四) 永遠保持技術領先

確保核心技術、研發高附加價值產品與創造全球品牌，是發展經濟的最高指導原則與企業常勝不敗的保證。永遠確保技術領先的地位，是企業屹立不搖、永續經營的生存之道，創造世界第一品牌產品是企業經營的理想目標。韓國企業能夠具備旺盛的企圖心、制定完整的配套措施、活用經營策略、貫徹企業經營理念、發揮團隊精神、凝聚團隊力量、參與團隊工作，能夠做到這些要求，韓國企業才能在中國大陸市場，甚至於是在世界市場攻占據點，確保企業龍頭的地位。韓國因應ECFA效應所實行的前三項措施，幾乎都是操之在人，只有最後一項才是完全操之在我的條件，永遠技術領先就可以無懼於任何外來的挑戰。

---

[33] 「韓國採購團將來台洽購」，中央社，2011年3月24日，http://tw.news.yahoo.com/article/url/d/a。

肆、展望與結論

　　兩岸的ECFA可以說是六十年以來，中國大陸與台灣首次簽署內容最豐富、領域最廣泛、問題最複雜、影響最深遠、協商最艱難的一項協議。ECFA是兩岸經濟合作的文書規範與根據，倘若兩岸都能遵守協議內容，相信一定可以促使兩岸經濟邁向正常化、制度化、機制化的目標，發揮兩岸經貿的優點與特點，產生截長補短的互補作用，創造雙贏共利的局面與願景，樹立兩岸政經關係和諧與繁榮的新里程碑。

　　雖然兩岸簽署ECFA以前，有許多專家學者們提出正、反兩面、眾說紛紜的看法與說法。日本策略大師大前研一在「全球經濟發展趨勢與兩岸合作關係之展望」演說中表示：「ECFA是為兩岸經濟合作而精心調製的維他命。……從第三者的角度來看，兩岸簽署ECFA絕對是正面發展，有助於台灣與他國洽簽自由貿易協定（FTA），……未來台灣有機會成為大中華區的樞紐。……台韓產業高度重疊，但是由於台灣對於大陸市場瞭若指掌，簽署ECFA以後，韓國人不僅是羨慕，而且是擔憂。」[34] 美國競爭力大師哈佛大學教授邁可‧波特（Michael Porter）說：「ECFA可以提升台灣的競爭力，現在是重要時刻，因為其他國家已經與中國大陸經貿正常化，否則會被排除在外。」道格拉斯‧保羅（Douglas Paul）說：「ECFA不但可以提升台灣的競爭力，還有利於與其他國家簽署類似的協議。」美國彼得森國際經濟研究院（Peterson Institute for International Economics）研究員丹尼爾羅森（Daniel.H.Rosen）說：「ECFA是未來20年台灣經濟發展最大的動力。」[35] 中經院研究員劉大年表示：ECFA是將兩岸經貿關係制度化的重要起步，它的功能一定存在，如何利用ECFA提高台灣經濟競

---

[34] 「大前研一：ECFA台灣的維他命」，聯合報，2010年6月23日，http://www.mammoth.com.tw/archives。

[35] 趙建民，「政府推動ECFA相關說明」，行政院大陸委員會，頁5。

爭力，關稅減讓不是ECFA的唯一重點，而是後續的服務貿易等。[36] 這些
說法是對於ECFA的最佳代言與詮釋。相信這些專家學者們的意見，對於
國人建立兩岸簽署ECFA以後的信心，應該有所助益。

持平而論，兩岸簽署ECFA是台灣開放2,300萬人的經濟市場規模，換
取中國大陸開放13億人的經濟市場規模。雖然在開放消費市場以後，可能
會衝擊到一些弱勢產業，但是綜合估算以後，台灣還是利大於弊、得大於
失。儘管如此，ECFA條文中有救濟方式，倘若兩岸經貿交流發生不如預
期的負面效果時，可以終止ECFA協議，相信台灣若有受損吃虧情形，可
以在最短期間內停損，終止經貿往來以求自保。

回顧台商與韓商經營中國大陸的過程與經歷可知，台韓商在中國大陸
市場，未來將處於競合關係，台韓產品的競爭不僅是在價格方面，也在於
品質、性能與售後服務。早期台灣產品在中國大陸市占率高於韓國產品，
後來韓國產品反敗為勝，雙方有些產品在中國大陸的競爭力與市占率勢均
力敵，處於伯仲之間。兩岸簽署ECFA以後，台灣產品可享有早期收穫減
免關稅的優惠，而韓國產品在韓國與中國大陸未簽FTA以前，無法享有減
免關稅優惠，顯然在價格方面無法與台灣產品競爭。從韓國與美國、歐盟
簽署FTA中諮商、簽署、批准、公布生效過程來看，不僅協商崎嶇坎坷，
國會通過困難重重，前後歷時三年。以韓國與外國談判洽簽FTA的經驗模
式來判斷，韓國與中國大陸簽署FTA的時程，至少還要2~3年。因此台商
應該好好把握韓中尚未簽署FTA的黃金時期，掌握先機、加快步伐、加大
力度、提昇競爭力、全面深耕、占領中國大陸市場據點、增加市場占有
率，以創造台商在中國大陸的經營奇蹟。

根據過去的經驗可知，台韓商合作交流以後，曾經發生一些不愉快的
案例。雖然台韓商組成企業夥伴關係前進大陸，雙方把大陸從「生產基

---

[36] 「美學者：ECFA助增台GDP」，中央社，2011年4月14日，http://times.hinet.net/article.do?。

地」變成「消費市場」，藉由經營市場、創造利益、分享成果，這樣的構想的確有其可行性。但是台韓商要能夠互相瞭解、建立互信，同心協力前進大陸、邁向世界，恐怕有不少需要克服的課題與難題。只要台韓商有合作意願，本著「為者常成，行者常至」的精神，下定團結合作的決心，台韓商還是有很大的合作空間。

參考書目

「大前研一：ECFA台灣的維他命」，聯合報，2010年6月23日，http://www.mammoth.com.tw/
　　archives。

「早簽FTA 韓中工商業共識」，華視新聞網，2010年10月20日，http://news.ets.com.tw/action/
　　print.php。

「兩岸ECFA之影響評估」，經濟部國貿局，2010年5月10日，http://eweb.trade.gov.tw。

「兩岸正式簽署ECFA韓國出口前景堪憂」，新浪網，2010年6月29日，http://finance.sina.com/
　　bg/economy/chosun。

「兩岸經濟合作架構協議影響評估之補充說明」，經濟部，2009年7月29日。

「美學者：ECFA助增台GDP」，中央社，2011年4月14日，http://times.hinet.net/article.do?。

「評析ECFA對台灣產業的影響」，工業總會，2010年4月6日，http://www.cnfi.org.tw/kmportal/
　　front/bin/fprint.phtml?。

「貿易協會：韓中貿易應增加人民幣結算比重」，聯合新聞，2011年2月21日，http://app.
　　Yonhapnews.co.kr。

「跨境貿易人民幣結算，多數韓企支持」，朝鮮日報，2011年4月1日。

「周密切實地推進韓中自由貿易協定」，韓國中央日報，2010年5月3日，http://chinese.joins.
　　com/big5/article.do?。

「聚焦ECFA：兩岸質檢合作為ECFA實施提供支撐」，香港商報，2011年4月7日，http://www.
　　hkcd.com.hk/content/2011-04/07/content_2717834.htm。

「韓國採購團將來台洽購」，中央社，2011年3月24日，http://tw.news.yahoo.com/article/url/d/
　　a。

「韓貿易協會調查：中國科技實力三年內超韓國」，中國評論新聞，2008年1月22日，http://
　　www.chinareviewnews.com/doc。

「ECFA對兩岸的影響及正反意見」，亞洲週刊，第24卷第27期，2010年7月11日，http://www.
　　yzzk.com/cfm/Content_Archive.cfm?Channel=ae&Path=2348376692/27ae1d.cfm。

「韓、日、中三國簽署FTA之可能性探討」，**中華經濟研究院**，第241期，2010年12月3日，
　　http://www.wtocenter.org.tw/SmartKMS/do/www/readDoc?document_id=111484。

「為何要簽兩岸金融合作協議」，**兩岸經貿月刊**，2009年4月號，2009年4月28日，http://www.
　　cdnews.com.tw/cdnews_site/docDetail.jsp?coluid=111&docid=100747713。

「ECFA對韓國產業的影響」，**韓國貿易投資振興公社**。

「簽署ECFA對國內產業的影響分析」，**韓國產業銀行經濟研究所**，2010年7月。

王健全「後金融危機對區域競爭力之影響」，**中華經濟研究院**，2010年7月5日~9日

吳光雄，「我國證券、期貨與投信投顧業者開展大陸市場的商機與挑戰」，2009年4月20日，
　　http://www.bcf.tw/wp-content/uploads。

呂國禎，「五大攻略，讓你抓住兩岸大商機」，**商業周刊**，第1141期，2009年10月5日。

杜巧霞，「加速自由化──後ECFA時代之機會與挑戰」，**中華經濟研究院**，2011年3月26日。

林建甫，「ECFA簽訂後台商的商機與應對」，**國家政策研究基金會**，2010年7月1日，http://
　　www.npf.org.tw/post/3/7742。

───，「兩岸簽署ECFA對台灣的影響」，http://ccms.ntu.edu.tw/~clin。

林祖嘉，「『中』韓經貿發展對兩岸經貿政策的啟示」，**國家政策研究基金會**，2005年5月6
　　日，http://old.npf.org.tw/PUBLICATION/TE/094/TE-B-094-009.htm。

林蒼祥，「兩岸證券合作之建議」，2009年4月2日，http://www.bcf.tw/wp-comtent/upioads。

金敬彬，「簽署ECFA與對韓國經濟的影響」，**漢陽大學國際學研究所**。

郭建中，「亞太區域經濟組織發展與台灣的選擇」，**台灣國際研究季刊**，第1卷第4期（2005年
　　12月），頁23~48。

麥朝成，「對ECFA對台灣經濟發展之影響的一些看法」，**中華經濟研究院**。

彭聖日，「ECFA的內容與對機械產業的影響」，2010年9月，http://ww.koami.or.kr/
　　webzin/201009/2.Pdf5。

楊泰興，「中韓簽署貨幣互換協議」，**工商時報**，2008年12月13日。

趙建民，「政府推動ECFA相關說明」，**行政院大陸委員會**。

劉瀚宇，「中國大陸為何要與我方簽訂ECFA之研析」。

鄧岱賢，「兩岸關係新思維──和平、發展、繁榮──」，**國家政策研究基金會**，2006年8月12

　　日，http://old.npf.org.tw/PUBLICATION/NS/095/NS-R-095-006.htm。

盧文吉，「兩岸經貿關係與台灣經濟發展」，http://cf00a.wwwts.au.edu.tw/schoolpad/ezcatfiles/

　　cf00a/img/img/34/A1.pdf。

謝明瑞，「後ECFA時代對台灣經濟及金融業的影響之探討」，**國家政策研究基金會**，2011年4月

　　27日。

韓國對外經濟研究院，「兩岸ECFA的主要內容與啟示」，**今日的世界經濟**，第10卷第23期，

　　2010年7月22日。

兩岸簽訂ECFA對韓國經濟的影響

趙炳世

（韓國漢陽大學教授）

摘要

　　兩岸簽訂ECFA的方式是採取由可降低關稅的領域，擬定早期收穫計劃。ECFA排除台灣方面較敏感的農漁業，並從其他的產業中挑選806個品項列入早期收穫清單，預計在往後的三年內分批降至零關稅。中國承諾對台灣降稅的項目是台灣對中國降稅項目的兩倍（台灣267項，中國539項）。

　　以貿易規模來看，台灣對中國的出口規模幾乎達到中國對台灣出口的5倍（台灣外銷到中國為138.3億美元，從中國外銷到台灣僅28.6億美元）。服務業部門也將開放20個領域（中國11個，台灣9個）；在推動智慧財產權保護、簡化銀行，及保險等金融業與其他產業領域的貿易活動流程，允許兩岸的經貿團體互設辦事處等經濟合作上達成協議，並且必須於ECFA生效後6個月內（亦即2011年6月之前）推動其他後續協商。

　　雖然現在是擺脫過去幾年間經濟持續低迷的大好時機，但各經濟主體應比任何時刻更重視經濟倫理，懂得自我節制，正視意識經濟的重要性。

關鍵詞：ECFA、中國市場、台灣經濟、經濟合作、意識經濟

壹、兩岸簽訂ECFA對韓國經濟造成的影響

一、對韓中貿易造成的影響

雖然兩岸間政治上的緊張關係尚未完全消弭，但ECFA的簽訂與生效有助促進雙方經濟合作，大幅提升「Chiwan 效果」。再加上韓國與台灣分別為中國的第二大與第三大進口國，韓國與台灣在相同的中國市場進行競爭時，韓國將處於劣勢。與韓國經濟發展程度、進出口貿易結構相似的台灣，透過ECFA正式成為大中華經濟圈的一員，在競爭力上將明顯優於韓國。特別是若將台灣的技術能力與中國的資本效果相結合，廣大的中國內需市場將可視為台灣的內需市場。這樣的情況下，台灣的手機、石油化學、LCD、半導體等企業的競爭力將大幅提升，台灣有望晉升全球品牌的中心，對韓國產生威脅。

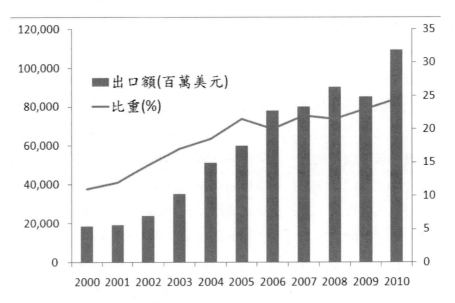

資料來源：參考自韓國產業銀行資料。

圖一：韓國總出口額對中國出口量的變化趨勢（2000~2010年）

　　2010年韓國對中國（扣除香港）的出口額是1,168億美元，比2009年的867億美元大幅增加34.8%。在韓國4,664億美元的總出口額中，對中國（扣除香港）的出口比重約占25%，使中國成為韓國的最大貿易出口國。不僅如此，海運業、造船業以外的其他大部分產業，韓國對中國的出口量持續呈現上升趨勢。不過，背後隱藏著爭奪中國市場之際，韓國與台灣的競爭程度正逐漸升高。因此，若兩岸ECFA產生的影響增大，將會減緩韓國對中國市場出口的增加率。實際上在2011年1~2月份，韓國出口到中國的金額為198億美元，增加率僅是去年同期的17.9%，但出口增加率降低的原因，是否來自於ECFA生效帶來的影響，目前無法確定。

表一：2009年韓國與台灣對中國前10大出口項目

排名	韓國		台灣	
	品項	比率（%）	品項	比率（%）
1	積體電路	20.7	積體電路	32.9
2	液晶面板	13.4	液晶面板	14.8
3	石油、瀝青油	4.0	二極真空管、電晶體等半導體元件	34
4	電話機、通訊機器	3.8	印刷電路	2.5
5	雜項化學產品（聚羧酸系、鹵化物、過酸化物）	2.8	有機化學品（苯乙烯聚合物）	2.5
6	有機化學品（環烴）	2.5	雜項化學產品（聚羧酸系、鹵化物、過酸化物）	2.2
7	電腦、磁碟機零組件	2.2	電腦、磁碟機零組件	1.8
8	丙烯、烯烴聚合物	1.7	光纖、光纜、偏光材料	1.7
9	光纖、光纜、偏光材料	1.7	聚縮醛樹脂、聚酯	1.3
10	乙烯聚合物	1.6	有機化學品（環烴）	1.2

資料來源：韓國貿易協會中國貿易統計。

　　韓國與台灣對中國的貿易項目中雖然有很多品項重疊，但由於韓國與中國的經濟交流已相當成熟，兩岸簽訂ECFA對此造成的影響可能不會非常嚴重。如表一所示，韓國與台灣外銷到中國市場的項目重疊性相當高，在前10大出口品中有6項相同；前20大出口品中有14項相同；前百大出口品中有61項相同（對日本的出口項目則有46項相同），由此可見韓國與台灣在中國市場上的競爭相當激烈。不僅如此，由於相同的比率高達60%，對於進入中國的韓國企業而言可能會造成打擊。特別是石油化學、鋼鐵業、手機、LCD等主要項目的競爭力將會下滑，不過對其他產業的影響應非常有限。因為中韓建交二十年以來，透過貿易累積的經濟合作水準已相當成熟，半導體等部份產業早已是零關稅的狀態。

　　圖二顯示，韓國在中國市場上的占有率普遍高於台灣。雖然早期台灣在中國市場的占有率曾略高於韓國，但2005年後台灣的市占率逐漸開始下降，到目前為止已經連續六年持續下滑，市占率也持續低於韓國。雖然，2009年韓國的中國市場占有率以10.2%略高於台灣的8.6%，但在ECFA的影響下，不排除台灣在中國市場的占有率可能再度趕上韓國。若考慮2011年1月起ECFA生效後發揮影響力，韓國在中國市場的占有率將有可能會低於台灣。

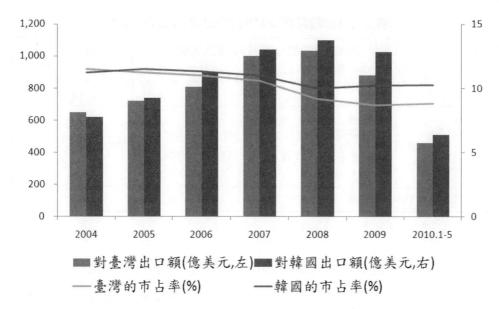

資料來源：韓國產業銀行。

圖二：韓國與台灣中國市場占有率的比較

　　另一方面，若將韓國、台灣、日本三個國家在中國市場的競爭關係進行比較，2000年之後韓台的競爭關係相較韓日、台日間的競爭程度高。由這樣的趨勢看來，ECFA生效之後的韓台競爭只會增加不會減少。

二、對韓國主要產業類別的影響

　　兩岸ECFA正式生效後，韓國產業受到的影響將隨著外在條件的差異，對各產業產生不同的影響。這些外在條件包括：是否屬於早期收穫清單的項目、韓國產品外銷中國的比重、韓國與台灣在技術及產業競爭力的差異、對中國的在地化（localization）程度等。

表二：兩岸簽訂ECFA對韓國產業造成的影響

		中國市場被瓜分的可能性：低	中國市場被瓜分的可能性：中	中國市場被瓜分的可能性：高
對中國出口比率	30%以上	面板	-	石油化學
	10~30%	鋼鐵（短期）、一般機械（短期）、汽車零組件、半導體、手機、家電	鋼鐵（長期）、一般機械（長期）	-
	不到10%	汽車、造船、海運	-	-

資料來源：韓國產業銀行。

　　近年來韓國的主要產業外銷到中國的總出口規模，呈現持續上升的趨勢（參見圖三），但在受到ECFA正式生效產生的影響後，有可能不再上升，甚至開始走下坡。如表二所示，韓國的石油化學產業在中國占有的市場被台灣瓜分的可能性最高；相反的，IT產業受到直接影響的可能性最小。

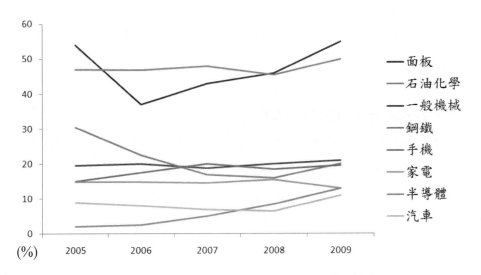

資料來源：韓國產業銀行。

圖三：韓國主要產業類別對中國出口比重的變化（2005~2009年）

(一) 石油化學產業

以石油化學產業分析，韓國外銷到中國市場的出口量約是總出口量的50%，然而列在ECFA早期收穫清單的石油化學產業項目高達88項，因此中國的石油化學產業市場遭到台灣分食的可能性最大。特別是被納入早期收穫清單的五大產業中，PP（polypropylene）、PS（polystyrene）等合成樹脂產品、塑膠製品、有機化合物等的韓國出口廠商，可能面臨到較大的影響。不過韓國國內生產合成樹脂產品的企業主要是生產PET（Polyethylene Terephthalate），遭受的影響可能有限。至於ABS（acrylonitrilebutadienestyrene）、PVC（polyvinyl chloride）、PE（polyethylene）等項目因未包含在這次兩岸的協商，讓韓國的石油化學業者們暫時鬆了一口氣。

目前中國對韓國石油化學產業課徵的進口關稅大約是5~6%，相形之下，ECFA生效後的台灣業者將會具有明顯的競爭力，預期韓國業者在中國市場的利潤將會減少。以台灣的石油化學產業大廠——台塑（Formosa Plastics Corp.）具備的優勢與競爭力來看，將來兩岸進行後續協商，很可能會將其他尚未列入早期收穫清單的項目考慮進去，屆時台灣與韓國業者間的競爭將演變成長期性的抗戰。

表三：韓國各產業對中國出口現況及ECFA影響

產業	韓國對中國出口量（2009）		中國的市場占有率（2009）		ECFA的影響		
	金額（億美元）	比率（%）	韓國（%）	台灣（%）	短期	中長期	內容
鋼鐵	4,869	22.0	12.6	18.8	□	▣	- 競爭品項的貨量少，故不產生大威脅 - 日後擴大零關稅品項時會成為威脅的因素
石油化學	14.1	51.2	14.2	11.0	■	■	- 預期隨著競爭白熱化，會迫使收益下降
一般機械	66	23.3	15.0	12.2	□	▣	- 中長期會對工具機等部分品項造成影響
汽車	34	10.1	13.1	0.4	□	□	- 因韓國業界的競爭優勢及在地生產，影響較輕微
造船	0.87	0.2	10.6	2.7	□	□	- 預期韓國的競爭優勢可持續，故影響力較小
半導體	73	12.2	16.6	22.9	□	□	- 對已是零關稅的品項將不產生影響
手機	62	21.4	20.3	4.4	□	□	- 對已是零關稅的品項將不產生影響
家電	13	13.1	4.7	1.6	□	□	- 台灣有市場進入的困難，故影響較輕微
面板	147	55.5	38.2	33.1	□	□	- 對已是零關稅的品項將不產生影響
海運	-	-	-	-	□	□	- 韓－中間的貨物流動量小，因中國鼓勵使用本國船隻船員，影響力較低

註：ECFA對韓國產業的負面影響力低（□）、中（▣）、高（■）。

資料來源：韓國產業銀行。

(二) 鋼鐵及一般機械

　　鋼鐵產業與一般機械產業外銷到中國市場的規模，大約是總出口量的10~30%。鋼鐵產業被納入零關稅早收清單的項目中，有一部份仍屬市場規模較小的產品，作為台韓競爭產品的貨量不大，因此短期受到的影響有限。但長期而言，台灣出口量中鋼鐵產業的比重較大，由於日後的協商很可能擴大鋼鐵業的零關稅項目，因此韓國可能遭受影響。一般機械產業由於目前中國對韓國課徵的進口關稅高達10%，台灣企業在零關稅下將大為獲利，以工具機為主要出口品的台灣企業，將來若擴大零關稅項目時，鋼鐵及一般機械產業將是繼石油化學產業之後，第二個面臨中國市場被台灣企業瓜分的產業類別。

(三) IT產業

　　與台灣最具競爭關係的 IT領域，韓國、中國及台灣三者間早已根據世界貿易組織（WTO）的資訊科技協定（Information Technology Agreement, ITA）達成零關稅協議，因此ECFA在資訊科技產業不會帶來直接的影響。半導體、LCD、面板、手機等產品依據資訊科技協定，中國和台灣繼續維持零關稅，因此這次ECFA協商排除 IT 產業的部份。然而，LCD在後續協商中被納入協商項目的可能性很高，將會對韓國企業造成負面的影響。不過，韓國的LCD廠商，目前以價格競爭的優勢壓制台灣競爭業者，將來若受到影響應也會有反制能力。

(四) 汽車、造船等其他產業

　　韓國的汽車及汽車零組件產業，不僅比台灣的業者更具競爭優勢，韓國業者亦已在中國實行在地化生產，因此估計ECFA將不會造成太大的影響。造船業的部份，台灣的造船業者與韓國相形之下較為弱勢，暫時仍無瓜分中國市場的能力。在海運產業上，韓國與中國間的貨運量不大，中國

也積極獎勵國內使用本國的船隻及船員,因此在海運產業上韓國業者也不會受太大的影響。此外,現階段被列入早期收穫清單的汽車零組件中,韓國與台灣的主力出口品並未重疊,台灣國內也沒有較具影響力的大廠,故ECFA在這部份的影響力偏低。但在手機、非記憶體半導體、家電產品、汽車零組件、纖維等產業中,中國與台灣的經濟合作關係日益密切,「Chiwan效應」發酵後,在中國內需市場上的競爭愈演愈烈,亦會引發間接影響。

貳、韓國的因應策略

韓國企業若要避免兩岸ECFA造成中國市場衝擊,應採行下列的因應對策。值得注意的是,中國已經由過去的「生產工廠」轉變成為「廣大的需求市場」,因此應從這一個面向切入思考。

一、透過加強非價格性的競爭力,來彌補價格競爭的劣勢

韓國廠商應加強外界對韓國商品的品牌認知度、產品差異性,以及掌握關鍵技術等非價格性的競爭力,才能彌補與台灣在價格競爭上的劣勢。台灣企業大多屬於中小企業,相形之下韓國的企業規模比台灣大,因此在採行非價格性競爭時韓國企業相對有利,若能將這一點加以運用,對已經具有技術競爭力的韓國企業進行持續投資,中國與台灣的廠商就必須加強維持技術面的優勢。同時,對於原物料價格偏高的產業,如鋼鐵業,應多方尋找其他可獲得原物料的產地,以降低原物料價格之成本。

對於外銷到中國市場比重,占總出口量高達55%的面板產業而言,除應致力於盡快將AMOLED、3DTV等次世代面板技術商用化之外,對半導體等精密工程領域的優勢加以運用,全力協助國內半導體設備廠商,開發製造半導體所需的尖端設備,使韓國半導體製造廠不須再仰賴從國外進口

設備，才能繼續保持技術領先；另一方面，如軟體、3D文化創意等中國與台灣較脆弱的產業類別，韓國廠商應及早開闢新市場，才可用來彌補將來其他產業別可能遭受的衝擊。對於目前台灣在技術上表現較為優異的手機、非記憶體半導體產業領域，韓國企業應掌握其關鍵技術並加以應用，與擁有技術能力的國內外廠商，建立多樣化的合作關係。

二、積極到中國設廠與擴大投資，以因應市場被瓜分

　　對於出口到中國市場比重超過總出口量一半，又可能長期會受影響的石油化學等產業，應擴大這些產業進入中國的機會，思索能將工廠直接設置在中國、在當地開闢需求市場。必須在韓國國內建立一套完善的產品供應體系，讓這些到中國設廠的韓國企業能順利進行產品供應。

三、提升與中國產業的分工合作體系

　　應建立起一套能使原材料、零組件、設備等有效地供給的企業分工體系，讓這些在中國設廠的韓國企業能更有效率地進行量產。特別是石油化學、鋼鐵、機械等產業，應透過與中國的成品製造商間更靈活的合作關係，擴大材料與設備產業的市場基礎。

四、以ECFA影響為考量點，推動韓中FTA的及早簽訂

　　韓中FTA已進行過兩國間產學研共同研究的討論，並進入正式協商的階段，但農業、物價等較敏感部分的協商進度較為落後，使簽訂韓中FTA面臨到瓶頸。韓中兩國應參考這次兩岸ECFA的簽訂，可從較容易達成協議的部分，先進行協商、簽約，日後再以後續協商的方式，擴大到其他產業部門。目前中國是韓國最大的出口國，韓國為中國的第二大進口國，而台灣為中國的第三大進口國。若ECFA生效之後讓台灣能搶得先機，占據全球最大內需市場——中國市場，韓國必定會遭受到經濟上的損失。此

外，若韓中FTA能順利簽訂，韓國的製造業可望獲得中間財的關稅調降，提高本身的競爭力；投資企業可望得到經營環境的改善；法令制度的透明度與可預測性可望全面提高，使商業標準、智慧財產權保障等獲得實質的受益。不僅如此，韓國也必須藉由與中國密切的經濟合作關係，搭上這波中國成為世界經濟中心的潮流。韓國應針對國內重要性高且屬於受ECFA影響大的產業，優先擬定競爭策略，也應針對將來韓中FTA簽訂之後，可能受到來自中國進口品影響的國內產業，優先研擬具體因應方案，降低國內的反對聲浪。

在尋求ECFA對韓國衝擊的因應對策時，雖可考慮韓中日三國的自由貿易協定，但是韓中日三國之間充斥著非價格性的競爭因素，經濟合作結構要從過去的垂直分工關係，轉變為水平分工合作，有實際上的困難。因此，韓中日FTA的協商應無法較韓中FTA容易。

五、面對世界經濟市場中「Chiwan時代」的來臨，重新建立進入中國市場的策略

韓國企業面對兩岸簽訂ECFA揭開「Chiwan時代」的序幕，應全盤擬定進入中國市場的策略，因為韓國要競爭的對象是躍升為世界第二大經濟體的中國，與周邊鄰近的台灣、香港、澳門、新加坡形成的大中華經濟圈。舉例來說，被稱之為「台灣的驕傲」的智慧型手機大廠宏達電子（High Tech Computer Corp., HTC），2010年第一季的全球市場占有率排名第四（4.8%），領先三星電子、LG電子、摩托羅拉（Motorola）等國際大廠，成為世界知名品牌。未來HTC產品在中國也將獲得高人氣，韓國企業需留心HTC從「台灣的驕傲」變成「中國人的驕傲」。

六、透過韓台經濟合作，攜手進入中國內需市場

兩岸ECFA生效後，台灣企業將成為中國市場中最大的受益者。韓國

企業很可能因為經濟市場中那隻「看不見的手（invisible hand）」，在供給與需求的價格機能運作下遭受損失，因此韓國企業應謀求與台灣業者攜手合作，以共同行銷的方式迂迴地進入中國市場。以韓國受影響最大的石油化學、鋼鐵、一般機械等產業來說，與台灣企業一起到中國設廠的併購方式亦值得考慮。韓國業者若能利用在台灣颳起的「韓流」風潮，與台灣企業合作，應也會有所幫助。

以日本為例，在台灣頗具知名度的日本企業，紛紛與歐洲的跨國企業一起著手改善對台關係，欲藉此打入中國市場。事實上日本企業從很早以前，就一直透過與台灣的合作方式進入中國市場。在日本的外資企業，考慮到獨自進入中國市場可能面臨的風險，透過與較值得信賴的台灣企業進行合作來降低風險。舉例來說，日本的日產汽車（Nissan）與台灣的協力廠商裕隆（Yulon）合作，與中國的吉利汽車（Geely）一起生產廉價國民車TOBE。日本正將台灣視為跳板，加緊腳步搶占中國市場，這一點值得韓國仿效。

韓國企業應思考如德國福斯汽車（Volkswagen），將一部分的生產基地遷移到台灣，把台灣當作進入中國市場的前哨基地。此外，韓國企業也應學習台灣企業進入中國市場的「know-how」，才能減少進入中國市場時所面臨的風險；同時也應研究利用一些新的市場行銷手法，如視訊網路等新科技，才能提高本身的競爭力。另有一點需要特別留心，1992年8月29日，韓國政府為獲得「眼前的經濟利益」，在未獲得台灣方面充分的諒解下，逕自選擇與中國建交，並與台灣斷交。這對從過去韓國的臨時政府時期，一直與韓國維持友好關係的台灣方面而言，是非常失禮且愚昧的行為。韓國企業應秉持誠信原則，避免歷史重演，才能與台灣企業維持良好的合作夥伴關係。

圖四：兩岸ECFA生效後的韓台經濟合作

七、其他有益於韓台經濟合作應考慮的事項

　　韓國企業除應積極尋求與台灣企業的合作，一起攜手進入中國內需市場外，韓國政府也可考慮重修與台灣的外交關係，與台灣進行自由貿易協商。不過，前述方案需在中國的同意或默認下才可能進行，實際執行上有其難處。

(一) 恢復韓國與台灣的外交關係，提高外交使節層級

　　韓國政府應與台灣重新修復過去友好的外交關係，將目前雙方互設代表處的外交使節層級提高至雙方互設大使館，進一步謀求兩國攜手進入中國市場，共享經濟利益的雙贏策略。1948年韓國政府成立以來，一直與中華民國維持傳統的友邦關係，直到1992年為與中國建交，而切斷與中華民國的邦交，開始看中國的臉色行事。不僅如此，1992年韓台斷交後到現在約二十年的時間，韓國政府與企業對台灣抱持的是漠不關心的態度。現在應該是韓國果敢地改變態度，積極營造與台灣共同合作的時機。或許可期

待以這次兩岸ECFA為契機，進一步改善韓國與台灣兩國間的外交關係。

(二) 締結韓台FTA

韓國與台灣在國際貿易上互相是對方的進出口第五大國，即使2008年9月遭受金融危機，全世界的貿易量萎縮，但一直到2010年時，韓台間貿易總額達267.41億美元，其中韓國對台灣出口160.59億美元，台灣對韓國出口106.82億美元。到目前為止，大部分的韓國企業未將「地區總部」設在台灣，僅在台灣設立次一級直接隸屬於總公司的分部。進行自由貿易協商之前，需要相當多的事前調查與準備，韓國與台灣曾同時名列亞洲四小龍，兩國在經濟發展過程中經歷過許多相似的階段，在地理位置上也相當接近。特別是韓國與台灣皆維持自由競爭的市場經濟體系，若要進一步將經濟制度與經濟系統標準化理應無太大困難，因為兩國基本上已具備進行自由貿易協商的客觀條件。只是這種理想的情況，必須是假設雙方均不受中國牽制的前提下才可能成立。

參、結論

從2008年9月起到目前為止，世界經濟持續低迷。經濟不景氣的主要原因是由於全球的經濟主體忽視「意識經濟（Economy of Consciousness）」，也遺忘經濟倫理（economic ethic）。俗話說：「一分耕耘，一分收穫」，但是像美國這樣落實資本主義的先進國家，面對可不勞而獲的次級房貸時，也免不了被物質金錢的欲望所蒙蔽。不論如何，雖然世界經濟仍然籠罩在不景氣之中，經濟發展繼續呈現逆向成長的中國與台灣簽下經濟合作協議（ECFA），韓國正急於扭轉過去在外交上對台灣的漠視，試圖減少兩岸簽訂ECFA帶給韓國的負面影響。

　　前述各項因應對策的有效性，端賴東北亞地區的政治、外交、安全的穩定性而定。東北亞地區因為有北韓這樣捉摸不定的國家，對未來局勢的變化實難以預測。2010年北韓無故砲擊延坪島，造成南韓軍民死傷的事件，將來若再度發生，中國─南韓、中國─北韓、南韓─美國、美國─北韓、美國─中國之間難解的國際關係，必定糾纏在一起，屆時亦會危害到韓國─中國─台灣間的經濟合作關係。

　　雖然中國、韓國、台灣，目前已脫離世界經濟的不景氣，正朝向強化三國間的經濟合作前進，但由於我們身處於全球化時代，必須特別留意周遭國家的變化。因為全球化的時代已不同以往，世界上只要有一個國家遭受危機，全世界都會受到餘波的影響。我們應努力發展區域經濟合作，一同為全球經濟發展帶來正向的力量。韓、台、中三國應將眼光放遠，以幫助後進國家為己任，適時給予經濟上的援助，而非只著眼於追求「肉眼可見的利益」，才能制定出永續發展的經濟策略。

參考書目

一、中文部分

「2011年第2季經濟預測」，台灣中華經濟研究院，2011年4月19日，www. cier.edu.tw。

「兩岸經濟合作架構協議（ECFA）簡介」，台灣經濟部，2010年，www.ecfa.org.tw。

三星經濟研究院（SERI），「中國—台灣經濟合作架構協議（ECFA）的主要內容與因應方案」，SERI經濟焦點（首爾），No. 300，2010年7月6日。

尹尚宇，「在東亞經濟整合中台灣的因應措施與其困境」，**韓國與國際政治**（首爾），第26卷2號（第69號），2010年夏季。

尹盛煜、周長煥，「韓—中FTA：以韓國的應對方向為重心」，**東亞大學學報**（斧山），2010年。

王琬瑜，「關於東亞區域 RTA：以中國—台灣 ECFA簽訂的影響為中心」，**嶺南大學學報**（大丘），2010年12月。

外交通商部，**經濟通商統計；主要地區別進出口動向**，2011年2月。

裴承彬，「中國－台灣ECFA的協商歷程與啟示」，**對外經濟政策研究院（KIEP）區域經濟焦點**（首爾），No.10~16，2010年4月13日。

趙炳世，「台灣—中國ECFA評估及相關事項研究」，**駐韓台灣代表部**（釜山）諮詢，2010年7月10日。

韓國產業銀行（KDB），「中國—台灣簽訂ECFA對國內產業造成的影響分析」，2010年7月14日。

二、英文部分

Estrada, Gemma, Donghyun Park, Innwon Park and Soonchan Park, "ASEAN's FTAs with China, Japan, and Korea: A Qualitative and Quantitative Analysis," *ADB Working paper,* No. 75 (March 2011).

Klash, Ira, "Asia Pacific Economic Outlook: China, India, Indonesia, Singapore," *Deloitte Research,*

March 2011.

Rosen, Daniel H. and Zhi Wang, "Deepening China-Taiwan Relations through the Economic Cooperation Framework Agreement," *Peterson Institute for International Economics, US International Trade Commission*, June 2010.

「十二五」時期大陸居民服務消費市場展望

張育林

（中國商務部研究院流通戰略研究部主任）

路紅豔

（中國商務部研究院服務業研究部副研究員）

摘要

服務性消費作為居民消費的重要組成部分，近年在大陸居民消費中所占比重日益上升。隨著大陸居民服務消費進入黃金期，居民服務業發展步伐加快，家庭服務、沐浴、美容美髮、汽車維修裝飾等傳統與新興服務業消費快速增長。但從大陸居民服務產品的供給來看，仍存在許多矛盾和問題，主要表現在供給相對過剩和有效供給不足並存、服務供給未規範、消費環境不理想等。從需求來看，隨著居民生活水準的提高，服務性消費需求不斷上升，居民服務性消費支出直線穩步上漲，龐大的服務性消費群體悄然崛起。

「十二五」時期，基於擴大內需、調整產業結構、促進就業、保障民生等重大戰略考量，大陸將加快發展居民服務消費，居民服務消費將呈現擴大化、品牌化、個性化和國際化發展趨勢，而不同的居民服務業則具有各自的創新發展方向和內容。

關鍵詞：「十二五」、居民服務、消費市場、服務性消費

壹、大陸居民服務消費市場供需態勢

一、居民服務消費類型

居民消費主要由商品性消費和服務性消費兩部分組成，其中服務性消費是指居民家庭用於支付社會提供的各種文化和生活方面的非商品性服務的消費。其中，包括外出就餐、沐浴足療、家庭服務、美容美髮、休閒健身、教育培訓等。與其相對應的居民服務，也稱生活性服務或消費性服務，主要包括：住宿服務、餐飲服務、美容美髮服務、洗染服務、家庭服務、沐浴服務、攝影擴印服務等。

表一：不同居民服務類型

行業	定義及服務範圍
住宿服務	是指有價為顧客提供臨時住宿的服務活動。包括：旅遊飯店、一般旅館、其他旅館（城鎮、鄉村的家庭旅館；露營地、夏令營、臨時帳篷駐地；社會辦的學生宿舍；列車、渡船的臨時住宿及其他住宿）。
餐飲服務	是指在一定場所，對食物進行現場烹飪、調製，並出售給顧客主要供現場消費的服務活動。包括酒樓、賓館的餐飲服務、早餐、速食、特色正餐、地方小吃、社區餐飲、團體供膳、外賣送餐、食街排檔、農家樂等。
理髮及美容保健服務	是指專業理髮、美容保健服務，以及在賓館、飯店或娛樂場所常設的獨立（或相對獨立）理髮、美容保健服務。服務範圍有理髮服務、美容服務、減肥服務、皮膚保健護理服務、保健按摩服務、街頭流動理髮服務等。
家庭服務	是指為居民家庭提供的各種家庭服務的活動，包括保姆、家庭護理、廚師、洗衣工、園丁、門衛、司機、教師、私人秘書等；病床臨時護理和陪診服務等。

洗染服務	是指專營的洗染店，以及在賓館、飯店內常設的獨立（或相對獨立）洗染服務活動。服務範圍有洗衣、乾洗、洗染及皮毛護理服務等。
沐浴服務	是指專業沐浴室，以及在賓館、飯店或娛樂場所常設的獨立（或相對獨立）沐浴服務活動。服務範圍有洗澡、沐浴服務、溫泉、桑拿服務、修腳服務等。
攝影擴印服務	婚禮攝影服務範圍有藝術攝影服務、一般照相館服務、圖片社服務、照片擴印服務、利用電腦進行照片、圖片的加工處理服務等。

註：根據《國民經濟行業分類》（GB/T 4754—2002）相關內容整理。

按照國際經驗，在人均GDP1,000至3,000美元的階段，居民用於吃穿的生存型消費支出占比明顯下降，用於住、行和文化娛樂等的發展型、享受型消費支出占比顯著上升。目前大陸人均GDP已超過4,400美元，進入居民服務消費快速增長的黃金期，居民服務業發展步伐加快，服務網點不斷增多，服務功能日趨完善，已成為經濟發展和社會生活的一大新亮點和新的消費熱點。

二、供給態勢

(一) 居民服務供給情況

一是家庭服務豐富多彩。隨著居民收入水準提高、社會分工細化和工作生活節奏的加快，對家庭服務產生大量需求，促進家庭服務的快速發展，月嫂、鐘點工等新興家政服務，紛紛走進普通居民家庭。

二是沐浴、足療漸成新亮點。近年來，隨著人民生活水準不斷提高，大陸沐浴業得到快速發展，據商務部沐浴服務業典型企業調查統計顯示，截至2008年底，大陸沐浴企業數為15萬家，營業收入總額為1,135億元，帶動就業1,500萬人，湧現一批高檔次、高科技、高規格、管理正規的沐浴企業，形成華夏良子、北京權品沐浴、上海小南國等一些獨具特色的沐浴品牌。

　　三是美容、美髮成為新時尚。伴隨人們生活水準的提高和消費觀念的轉變，美容美髮服務消費逐漸被廣為接受。目前，不僅大城市居民美容美髮服務消費湧現熱潮，廣大農村的美容消費也已開始顯現一定的消費勢頭。

　　四是洗染服務大有可為。據測算，2009年中國洗衣店（廠）約25萬家，從業人員120多萬人，年洗滌能力達20多億件（條），年營業收入近500億元人民幣，並以每年近10%以上的速度增長。

　　五是人像攝影服務潛力巨大。近年來隨著數碼技術的日益普及，攝影器材更新換代突飛猛進，數碼技術取代膠捲技術成為市場主流技術，攝影行業呈現出多元化、個性化發展趨勢，市場進一步細分成如婚紗攝影、兒童攝影、人像藝術攝影、孕婦攝影、人體寫真等。截至2008年底為止，人像攝影服務行業企業約50萬家，年營業額約1,200億元，從業人員約500萬人。

　　六是家用轎車、電動自行車等交通工具的購買使用，帶動車輛維修、汽車美容裝飾等服務消費快速增長；自助遊等新興旅遊方式的興起，帶動租車業的發展。

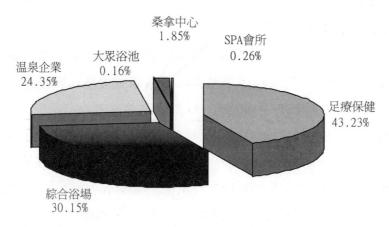

資料來源：商務部商貿服務司，中國沐浴業發展年度報告2010。

圖一：按經營類別統計的沐浴行業營業收入所占比重

(二) 居民服務供給存在的問題

1. 傳統觀念的束縛

當前社會對餐飲、家政、美容美髮、沐浴、洗染等居民服務業的認知及關注度低、輿論評價低。例如：在沐浴、美容美髮行業，受傳統觀念的影響，也由於行業發展不太規範，很多人對沐浴企業、美容美髮行業有偏見，甚至將沐浴場所、美容院、理髮店視同色情服務場所，導致很多人不願從事沐浴、足療、美容和美髮工作。

2. 供給相對過剩和有效供給不足並存

目前，大陸居民服務業雖然發展較快，但與日益增長的服務性消費需求相比，發展相對滯後。居民消費已呈現多樣化、多元化格局，但服務產品供給結構比較單一，同質化比較嚴重，區域布局也不盡合理，這在一定程度上抑制居民消費的發展。例如城市中心區服務網點密集，而新的居民社區網點缺乏；農村商業服務設施缺發展，故相對滯後，農民消費不方便、不實惠、不經濟現象嚴重；傳統服務產品的供給能力較強，如就網點數量來看，零售、餐飲、理髮、沐浴等傳統行業基本上不存在短缺問題，局部地區更出現供給大於需求的過度競爭現象，但新興服務產品供給能力較弱，休閒、文化、旅遊、諮詢、代理、家政等服務需要提升檔次。

3. 服務供給不規範和消費環境不理想的困擾

理想的消費環境是：在整個經濟生活中，消費成為各種經濟活動的核心，消費者主權得到各個市場主體的認可；市場經營行為受消費者意願支配與調節，「消費者是上帝」的原則得以奉行；政府行為包括其短期政策和長期計畫的制訂與，實施是從消費者的根本利益出發，受消費者意願的影響，為消費者服務；涉及消費者權益的法律和政策體系健全完善，消費者的權益有充分保障。

儘管大陸已初步形成買方市場，生產者和供應商（賣方）主體地位整體下降，而消費者（買方）主體地位整體上移，但全面審視目前大陸的消

費環境，不難看出大陸消費者的主體地位並未確立，整體消費環境不理想。在居民服務供給方面，由於居民服務行業普遍存在小、散、弱的特點，加之大陸對服務業的法律法規建設比較滯後，許多居民服務行業經營未規範，衛生環境差，使消費者望而卻步，惡意欺騙消費者現象也屢見不鮮。

4. 低素質從業人員的尷尬

受觀念、認識的制約，大陸居民服務行業從業人員素質偏低。以家政服務行業為例，目前大陸家政服務行業從業人員2000多萬，其中90%以上為農民工，10%為城鎮下崗、失業、靈活就業人員。從文化程度上看，絕大多數從業人員為高中以下文化。多數家政服務人員沒有經過正規的職業培訓，不具備相應的職業資格，相當一部分從業人員依靠日常家庭生活經驗，有的只經過短暫而簡單培訓，遠遠不能滿足雇主的服務需要。

三、需求態勢

(一) 居民消費水準不斷提高，服務性消費支出呈增長趨勢

進入二十一世紀以來，大陸城鄉居民消費水準不斷提高，消費結構發生很大變化，在消費支出中，反映基本生存需要的食品、衣著和基本生活用品支出所占的比重大幅度下降，而體現發展與享受需求的住房、交通通信、醫療保健、文教娛樂、休閒旅遊等項支出的比重則迅速上升，大中城市居民消費已由實物消費為主，向實物消費與服務消費並重轉變。2010年，大陸農村居民家庭食品消費支出占消費總支出的比重為41.1%，城鎮為35.7%。

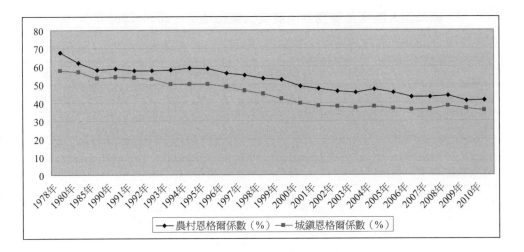

圖二：1978~2010年大陸城鄉居民恩格爾係數變動趨勢

居民家庭服務社會化趨勢日趨明顯，服務性消費需求不斷上升。以城鎮居民服務性消費為例，2008年，大陸城鎮居民家庭人均可支配收入15,780.8元，城鎮居民家庭人均消費性支出達到11,242.9元。在城鎮居民家庭人均消費支出中，儘管服務性消費所占比重不高，僅為25.96%，但從增速來看，大陸城鎮居民人均服務性消費支出2,918.85元，比2004年增長了45.03%，年均增長11.26%，呈現直線穩步上漲態勢。

表二：大陸居民服務性消費支出變化情況（2004~2008年）

單位：人民幣（元）

年別	2004	2005	2006	2007	2008
服務性消費支出	2012.56	2224.36	2441	2665.87	2918.85
家庭服務	30.44	35.72	38.36	39.9	49.47
飲食服務	534.33	608.51	692.55	762.85	879.44
醫療服務	154.04	188.89	191.65	222.48	256.67
交通服務	36.47	48.79	62.32	83.79	100.99
通信服務	378.84	416.45	448.33	493.72	515.48
衣著加工服務	6.46	6.67	7.18	7.39	7.46
文化娛樂服務	217.2	245.93	280.78	347.59	381.27
教育服務	520.05	532.48	570.19	558.77	552.27
居住服務	34.14	43.1	49.76	59.25	76.08
其他服務	89.94	104.62	113.75	130.27	149.12

資料來源：國研網資料中心。

　　從各地區居民服務消費發展情況看，在大陸31個省市中，城鎮居民家庭人均服務性消費最高的是上海，達6,286.85元，其次分別是廣東4,618.42元、北京4,559.42元、浙江4,529.89元、天津3,646.05元，最低的是西藏1,759.26元，說明一個地區或城市經濟愈發達，城鎮居民家庭人均可支配收入愈高，服務性消費發展就愈好。

（元，人民幣）

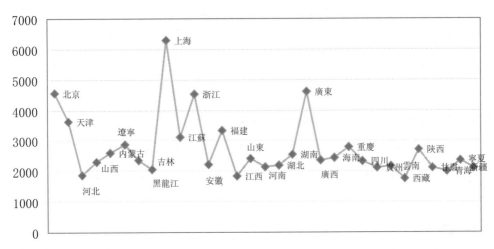

資料來源：國研網資料中心。

圖三：2008年大陸各省市服務性消費支出比較

(二) 龐大的服務性消費群體悄然崛起

人口老齡化、家庭小型化，及家庭生活方式的變化，以及八○後、九○後新興消費群體的形成，使大陸服務性消費群體日趨龐大，對服務性消費需求不斷增多。

銀髮族啟動休閒保健新市場。大陸已向人口老齡化時代邁進。2009年，大陸65歲以上人口為1.13億。預計「十二五」期間，大陸老年人口將突破2億，老年人口占總人口比例將超過15%，高齡病臥、空巢獨居老人的增加，以及家庭養老功能的弱化，使老年服務性消費群體不斷形成。銀髮族的消費觀念開始改變，更加注重身體的保養和身心健康，已接受通過家庭護理、外出旅遊、足療保健等服務性消費來安排自己幸福的晚年生活方式。

八○後、九○後消費新生代引領消費新潮流。大陸八○年以後出生的

人口約為4.2億，占總人口的31.4%。八〇、九〇後新一代消費群體正在形成，他們對生活的享受要求已遠遠超越父輩，敢於花時間、花錢去消費，而且善於接受最新的消費方式，是服務性消費的主要群體，也是引領消費潮流的主體。

四、居民服務性消費市場供給的調整

　　與商品市場已初步形成買方市場相同，大陸的服務消費市場也要加快由供給約束型向需求約束型轉變。如上所述，當前大陸居民服務性消費市場一方面有效供給不足，另一方面是相關供給未與變化的消費需求相適應，導致低水準的供給過剩。當消費者對服務產品的品質、價格及消費方式等呈現出多樣化需求時，供給的差異性卻不顯著，同質性相當普遍，因而必然造成結構性的供給偏差。經濟愈發展，消費需求的導向和拉動作用愈明顯。不研究市場行情和消費者的需要而盲目經營，不僅不能向消費者提供有效供給，遏制居民服務消費的擴大與升級，也造成過度競爭、行業結構失衡和資源浪費。因此供給方必須順應從「生產者主權型制度」，向「消費者主權型制度」演進的趨勢，樹立「消費者至上」觀念，努力優化供給結構，通過開發新領域、培育新業態，不斷滿足、引導和創新消費。

貳、居民服務消費發展的重要性與趨勢

一、發展居民服務性消費的重要性

(一) 發展居民服務消費是擴大消費的必然選擇

　　大陸已確定堅持擴大內需的長遠發展戰略，而擴大內需主要是優化調整投資需求，積極擴大消費需求。據專家測算，目前投資每增加1%，可

拉動大陸GDP上漲0.22個百分點,而居民消費率每增加1%,可拉動GDP
上漲0.87個百分點,是投資拉動的4倍。這意味,大陸經濟的長期持續增
長必須依靠消費需求擴張。2008年服務性消費在大陸城鎮居民總消費支出
中的比重為26.0%,而目前發達國家這一比重一般在1/3以上,高的甚至在
1/2以上。這說明大陸發展居民服務消費潛力巨大,當前擴大消費突破口
應放在居民服務性消費上。

(二) 發展居民服務消費是調整結構的重要途徑

全球金融危機以來,「調結構」已成為大陸經濟發展的重頭戲。由於
長期以來大陸經濟增長過於依賴工業,尤其是重化工業,服務業發展相對
滯後。近年來服務業在大陸國民經濟中的比重一直在40%左右徘徊,而世
界服務業比重平均達70%以上,美、日、英、法等發達國家服務業比重更
是接近80%。這種重化工業比重偏高、服務業比重偏低的產業結構特徵,
帶來嚴重的環境污染、資源短缺等問題,導致經濟與社會、環境的矛盾日
趨突出。資料顯示,服務業能耗僅為工業的三分之一,服務業比重每提
高1個百分點,萬元GDP能耗就可降低0.75個百分點。因此,通過促進住
宿、餐飲、家政等無污染、消耗少的「綠色行業」發展,帶動居民服務消
費,是調整經濟結構、保護生態環境、促進經濟與環境協調發展的有效途
徑。

(三) 發展居民服務消費是促進就業的重要管道

隨著資本和技術替代勞動的發展,農業和製造業就業空間逐漸縮小,
而居民服務業由於是勞動密集型產業,行業門類多、就業門檻低,且社會
需求巨大,具有廣泛吸納多層次的勞動力能力。根據中國烹飪協會統計分
析,「十一五」期間,大陸餐飲業平均每年創造200萬個就業崗位,家庭
服務業從業人員已達到2000多萬人。

(四) 發展居民服務消費是保障民生的根本要求

在近年來中央經濟工作會議和政府工作報告以及《國民經濟和社會發展第十二個五年規劃綱要》（以下稱作《綱要》）中，民生問題都被放在突出位置。隨著居民收入水準的不斷提高，居民消費結構持續升級，對消費的便利性、安全性要求愈來愈高，通過發展大眾化餐飲、在社區配套建設洗染店、理髮店、豐富和完善家政服務業態，可以使人們生活更加便利、生活品質顯著提高，進而提高消費層次，更好地滿足人們的消費需要，從而達到保障民生生活服務需求的目的。

二、居民服務性消費發展趨勢

(一) 制約消費的矛盾因素有效緩解，居民服務性消費的規模、水準不斷擴大和提升

「十二五」期間，大陸將由以往強調GDP的絕對成長，轉變為以包容性經濟成長為主要方向，居民消費等民生問題將占據愈來愈重要的位置。在影響居民消費的最主要因素──收入分配方面，中央已明確提出「補低、擴中、調高」三管齊下的方案，改革開放初期提出的「效率優先，兼顧公平」，已悄悄地向「兼顧效率和公平」轉變。與此同時，教育和醫療改革、房地產宏觀調控等也在加緊進行，以緩解居民消費的後顧之憂。

為滿足居民服務性需求，《綱要》提出：要大力發展生活性服務業，面向城鄉居民生活，豐富服務產品類型，擴大服務供給，提高服務品質，滿足多樣化需求。優化發展商貿服務業，積極發展旅遊業，鼓勵發展家庭服務業，推動服務業大發展作為產業結構優化升級的戰略重點，拓展新領域，發展新業態，培育新熱點，推進服務業規模化、品牌化、網路化經營，不斷提高服務業比重和水準。

伴隨著消費大環境的改善、服務供給的擴大和調整優化，整個「十二五」期間，大陸居民服務性消費的規模、水準將不斷擴大和提升，

服務性消費市場潛力巨大、商機無限。

(二) 服務性消費呈現品牌化、個性化和國際化趨勢

隨著全球經濟一體化的推進和大陸對外開放合作的深化，隨著居民收入水準的提高，以及個人自我意識的加強，大陸居民服務消費的品牌化、個性化和國際化趨勢日益顯著，愈來愈多的消費者希望和追求在消費中體現出個人特定的地位、經歷、品味和愛好。

(三) 居民服務業將朝著精細化與職業化發展

隨著居民生活水準提高、消費觀念和消費習慣的改變，消費需求個性化、多元化、時尚化的趨勢不斷加強。那種僅按照服務類型劃分的分類標準，已不適應消費需求變化，應根據社會分工和服務業態，細化居民服務行業和職業。法國的就業、勞動與社會團結部對個人服務業的各種可能職業進行分類列舉，其利用職業細分，促進個人服務業發展的經驗和作法非常值得借鑑。未來大陸也將根據消費需求的變化和服務業供給的變動，通過職業界定和職責劃分，提供定制化、品牌化服務，從而促進居民服務更高層次和水準的發展。

表三：法國個人服務業細分行業及職業

類別	細分行業職業
仲介服務	遠程諮詢；銀行、財務、保險、行政事務諮詢顧問、電影院票務代理等；企業後勤服務處負責人、職員；法律工作者；遠端技術支援與遠端醫療診斷等。
家庭服務	(1) 家庭及社會工作者；家庭糾紛調解員； (2) 與兒童保育相關：家庭雇員；家庭兒童照看員；嬰孩餵養員；市立集體托兒所所長；企業或私立托兒所所長；學業助理；遠端教育的教師；家庭教師；少兒活動組織者； (3) 與老年人、殘疾人或不能自理人士相關：男伴或女伴；社會生活助理；家庭看護；伙食配製人；出門陪同員；老年人接待機構（如養老院）主管等。
與家庭或工作場所推廣醫療保健相關的服務	護理服務協調人；心理醫療助理；護理助理；護士；體力療法醫師；臨床心理醫師；醫療器械送貨人等。
與改善日常生活品質相關的服務	小型維護修理職員；家務助理；家庭熨衣工；家庭洗衣工；專門清潔工；多技能維護工；建築物消毒工；（餐飲、購物、花卉、藥品、各種預訂票等）送貨人；家庭廚師；（餐飲、招待會、晚會等）家庭節慶活動組織人；家庭理髮師；家庭美容師；家庭按摩師；家庭寵物照看員；動物護理助理；（購物、上學、求醫等出行交通）司機；專門快遞員；（協助辦理行政手續、文字處理等）秘書；電腦遠端服務助理；會計助理等。
與住房和生活環境相關的服務	大樓門衛；保安員；遠端監視員；保養維護技術員；水暖工；鎖匠；電工；玻璃裝修工；電腦修理工；電視－錄影機修理工；家用電器修理工；油漆工；泥水匠；鋪磚工；地面飾層鋪設工；屋面工；暖氣工；細木工；機械工；園藝工；園林設計師；別墅維護助理等。

註：根據相關資料整理。

表四：大陸居民服務業職業劃分

名稱	細分服務
家庭服務	保姆、家庭護理、家庭廚師、洗衣工、園丁、門衛、司機、家庭教師、私人秘書、病床臨時護理員、陪診員等。
洗染服務	水洗工、乾洗工、熨燙工、服裝護理師等。
理髮及美容保健服務	理髮師、美容師、按摩師、保健顧問、化妝師、美甲師、美體師、美髮助理、燙染師、洗頭工、形象設計顧問等。
沐浴服務	修腳技師、按摩師、保健師、養生師、推拿師、理療師等。
攝影擴印服務	攝影師、攝影助理、化妝師、擴印師、數碼修片設計師、照片整理員、調色員、門店接待員等。
其他居民服務	兒童臨時看護員、送水員、送奶員、送報員等。

註：根據相關資料整理。

參、若干居民服務業發展與創新內容

一、餐飲服務

(一) 創新和提升菜品菜系品牌

烹飪是一門技藝，飲食是一種文化，中華餐飲文化源遠流長，菜系流派紛呈、特色各異，形成傳統的浙菜、京菜、魯菜、徽菜、川菜、湘菜、閩菜、粵菜八大菜系。在繼續繼承和發揚傳統菜系的同時，應適應消費者口味和品味的變化，把提升菜餚檔次、推廣美食文化、開發飲食器皿等要素緊密結合，針對不同消費水準的群體，研發創新菜品菜系，不斷改進老品種，引進新品種，著力開發適應大眾口味的綠色、營養、健康、環保型菜品。同時，要深入挖掘美食文化，注入更多文化元素，提升餐飲文化品位，加強餐飲與藝術表演、旅遊、會展、休閒等其他行業的結合，更多地

將時尚消費融入餐飲消費中，使消費者在享受菜餚和就餐環境的同時，享受到體驗消費和娛樂消費。

(二) 積極發展大眾化餐飲

讓老百姓吃得營養、吃得放心、吃得高興，是保障和改善民生的一件大事。大眾化餐飲作為保障百姓餐飲消費的重要組成部分，受到國家、商務部和地方政府的高度重視。2007年，商務部出台《關於加快發展大眾化餐飲工作的意見》。2008年以來，商務部實施「早餐示範工程」，將支援主食加工配送中心建設、改造標準化早餐網點列為商務部改善民生、擴大消費的一項重要工作。截至2009年底，大陸86個早餐工程試點專案已經全部完成，配套建設標準化早餐網點達到1.8萬個，每天能保證近1000萬人吃上放心早餐。保障和促進居民餐飲消費，應以實施「早餐示範工程」為契機，加快探索滿足大眾餐飲消費需求的新模式、新途徑，推進大眾化餐飲的規模化、標準化、連鎖化發展。

(三) 著力打造特色餐飲街區

近年來，隨著各地政府對餐飲業重視程度的不斷提高，美食街區規劃已納入城市規劃體系之中，許多城市紛紛建設餐飲集聚區或美食街區。如北京、上海、天津、成都、廣州、南京、青島等城市，均已形成一批知名度較高的美食街，如傳統與時尚、商業與娛樂相容共生的北京三裏屯酒吧街，代表典型成都人文特色的寬窄巷子休閒美食街等，很受中外遊客青睞。未來應順應餐飲集群化發展趨勢，堅持高起點、高標準、高品味，突出餐飲文化與商貿、旅遊、文化、娛樂、會展等緊密結合的特色，大力發展餐飲休閒街區，並注重引進國內外知名品牌、優化餐飲結構、提升經營管理水準，更好地發揮特色餐飲街區的龍頭作用和聚集效應，豐富和滿足居民及外地遊客就餐、遊覽、休閒的需要。

(四) 培育餐飲龍頭企業

企業是市場的主體，餐飲消費的發展必須要依賴餐飲龍頭企業、品牌企業的發展。因此，要以品牌餐飲企業為依託，以店鋪式連鎖經營為主體，加快推進餐飲的規模化發展。

二、家庭服務

(一) 大力開展定制化服務

定制化服務是指按消費者自身要求，為其提供適合其需求的、令消費者滿意的服務。與一般服務相比，定制化服務改變傳統的需求受理模式，根據消費者的特殊服務需求資訊，「量身定制」適應消費者的服務。就家庭服務業而言，針對不同消費者的需求，可以安排特殊的家庭護理、保潔、陪伴、家庭廚師等等。實現家庭服務定制化，一方面使消費者獲得滿意的服務，提升服務的價值，另一方面也可以更大限度地發揮服務人員的服務效率，實現更大的收益。

(二) 推動員工制家庭服務企業連鎖發展

員工制模式可以有效解決人員流動性強、社會保障差等問題。因此，應加快推動仲介制向員工制轉換，並通過將發展家庭服務業與發展社區商業緊密結合起來，鼓勵具有一定知名度和一定規模的家庭服務企業，進社區開設家政服務站，或採用特許方式吸收加盟者，大力發展連鎖經營，做大做強企業，逐步發展成跨區域經營的家庭服務業連鎖集團，推進家庭服務業產業化進程。

(三) 打造家庭服務資訊平台

家庭服務的發展要與資訊化相結合，利用各地家庭服務業的資訊化網路，逐步建立起共用式家庭服務業的資訊平台，為區域勞動力轉移、城市

勞務需求及行業動態變化等提供服務。

三、沐浴服務

(一) 把沐浴消費發展成消費時尚

順應在外洗浴休閒,逐步成為許多家庭的一種生活方式和消費需求的趨勢,積極發展多種業態、多層次的沐浴企業。加大足浴保健相關產品的開發和研製,延伸產業鏈,帶動相關產業的發展,促進沐浴消費。透過各種宣傳、展示、體驗活動,提升行業影響力和社會認知度,引導沐浴消費成為居民休閒、朋友聚會、商務宴請的一種消費時尚。

(二) 培育沐浴品牌企業

沐浴行業要發展,必須著力培育知名品牌。品牌的培育和塑造是一個長期的過程,沐浴企業品牌的培育要在經營過程中,確立以顧客為中心的經營理念,注重以人為本、以服務為根基,通過提高服務品質,打造知名品牌。

(三) 促進行業節能減排

沐浴業是一個耗水行業,每年要耗費大量的水資源,在水資源日益缺乏的情況下,發展沐浴業應要求企業必須採用節水設施和環保設備,促進水資源的迴圈利用和節約。百年老字號大小清華池的綠色沐浴發展之路,值得行業內企業借鑑。

四、美容美髮服務

(一) 大力培育美容美髮產業鏈

美容產業是一個龐大的產業體系,可以形成以美容服務業為主體,集合研發和商貿,以用品輔料、專業儀器、化妝品生產等為產業支持;以飾

件、色彩服務、形象設計等為產業配套；以展覽業、新聞傳播、資訊諮詢等為產業媒介；以美容教育為產業人才資源基礎的綜合產業鏈。

(二) 進一步細分美容美髮行業

根據產品劃分，可分為女性產品、男性產品、嬰兒產品等；根據種類劃分，可分為美白類、保濕類、去皺類、消斑類、去痘類等；根據業態劃分，可分為美容美髮、SPA水療、香薰美體、足體保健、專業美甲店、專業男士美容館、兒童專業理髮館等。以2000年至2009年的男性美容市場為例，細分市場帶來新的市場利潤，2009年，男士化妝品、男士美容院、男士SPA會所、美容院男賓服務專區在中國數量大增，市場份額接近30億元。

(三) 廣泛應用高新技術提升美容美髮服務

近年來，基因材料、海洋材料、綠色無害材料、微生物材料等材料，廣泛應用於美容化妝品的研發、生產，並廣泛應用於日化銷售領域及美容服務領域；生物工程技術、太空工程技術、天然植物萃取技術亦在美容行業中得到廣泛應用。同時，美容美髮產品也開始利用電子商務平台，進行線上行銷，開展網路銷售。未來應進一步順應這種趨勢，促進高新技術和互聯網技術在美容美髮服務產業鏈中的應用，提升美容美髮服務的科技含量和附加價值。

五、洗染服務

(一) 加快洗染技術、設備改造升級與創新

洗染設備是洗染業主要依託，洗染業的健康發展離不開洗染技術和設備的支撐。因此，要推動中國洗染業的發展，應大力開發先進洗染設備，加快傳統洗染設備的改造升級，重點支持洗染高新技術裝備、化料的產業

化及應用、新生洗染服務方式和服務業態的探索與應用,支援洗滌設備、化料、服務等行業的技術工藝改造,採用新型、環保型乾洗機、水洗機、真空熨燙設備、蒸汽吹熨機和整理箱、服裝儲存及傳送電腦管理系統等,促進洗染企業配備完善的配套設備,提高洗染業的技術裝備水準和專業服務水準。

(二) 引導洗染企業連鎖經營

連鎖經營是洗染服務業未來發展的必然趨勢。要根據行業特點,積極引導和鼓勵洗染服務企業通過特許經營、自願連鎖等方式進行連鎖經營,提高企業的規模化和品牌化,培育跨地區和跨境洗染服務的企業集團。

(三) 大力發展綠色洗染

環保、安全是洗染服務業最基本的經營標準。洗染服務企業要順應環保和節約的趨勢,發展綠色洗染。一方面,要在洗染業發展過程中積極採用環保設備、環保溶劑和環保型工作流程,包括積極採用全封閉乾洗機,提高對四氯乙烯的使用、控制、回收程度;使用環保的洗滌劑;集中處理洗滌後的污染廢塵、廢纖、廢渣和洗滌空間廢氣;使用簡化、可回收再利用的包裝材料;注意蒸汽發生器、蒸餾箱、燙平機滾筒等安全防範等。另一方面,積極宣導和推動全手工綠色洗染,促進洗衣向清潔、環保、低耗方向發展。

六、攝影擴印服務

(一) 做好攝影行業市場細分

根據廣大消費者的不同需求進行結構和等級劃分,細分市場,促進攝影與沖印相分工,凸顯經營專業化、服務個性化、行銷多樣化,塑造企業的品牌形象,加強服務創新,由單一式服務向全方位、綜合性服務發展。

(二) 加快服務延伸和創新

隨著行業競爭的日趨激烈，攝影行業應加快服務延伸，在提供攝影服務的同時，增加婚禮設計等服務。如實行「超市式經營」，即對影樓的攝影產品、服裝和化妝品等進行明碼標價，供顧客選擇。如此一來，不僅能夠滿足顧客的不同需求，而且有利規範行業的發展。

(三) 加快攝影現代化科技發展

加快科技元素與攝影的融合，大力推廣數碼攝影技術、數碼設計、新型後期擴放等現代攝影技術，以技術的應用快速推動傳統攝影工藝的轉型，促進攝影藝術與高科技的結合，促使攝影產品豐富多彩和攝影技術的多元化發展。隨著數碼技術的發展，數碼照相和沖印對傳統沖印產生巨大的挑戰。和傳統沖印相比，數碼沖印毛利普遍超過12%。因此，應利用數碼技術快速發展的契機，鼓勵企業採用數碼照相和數碼沖印技術，加快傳統沖印向數碼沖印轉型。

湖南長株潭城市群的發展與內銷市場

李焱求

（韓國培材大學助理教授）

摘要

全球金融危機之後，中國從過去過度依賴以外商直接投資與對外出口為主的典型經濟增長方式，轉變為消費、投資、出口的均衡發展，尤其將擴大內需發展作為突破口。

以內需為核心的經濟增長方式轉變，與區域發展戰略息息相關。2009年開始，作為中國中部地區的發展戰略，「中部崛起」戰略全面啟動，並以中部區域的城市化與城市群發展為其核心內容。

以湖南省長沙、株洲和湘潭為核心的長株潭城市群，是湖南省的政治、經濟、科技和教育的中心。與長江三角洲和珠江三角洲毗鄰，是連接中國東西南北的交通樞紐。此外，作為中國「兩型社會」建設的試點區，在未來中部區域經濟發展具有戰略意義。

雖然與沿海城市相比，因缺乏社會基礎設施和產業鏈，需要更多時間解決物流和流通領域門檻過高的問題。但是，隨著快速城市化和收入的增加，作為生產據點和消費市場的潛力較大。

關鍵詞：中部崛起、湖南省、長株潭城市群、內銷市場

壹、前言

　　近來，中國中部區域被認為是中國新的經濟增長動力之一。由於目前東部沿海區域面臨產業結構調整和產業升級，而需要資本和技術密集的產業發展，以及勞力密集型產業的轉移。因此，中部區域作為東部沿海區域的勞力密集型產業轉移，和全球製造業的主要轉移地而引人注目，並期待進一步成為中國工業化的重點發展區域。然而，中部區域各個城市群發展戰略，是一個「中部崛起」的重點，城市群的發展隨著收入擴大而有內需擴大的基礎。

　　中國中部地區是聯繫中國東南西北的樞紐，並透過城市群建設促進中部崛起，能達到區域之間的和諧發展，這點具有重要意義。並且，中部地區發展是連接沿海區域和內地的重要途徑，將來以豐富的能源、礦物等資源作為優勢。因此，中部地區以此為優勢，積極引進沿海區域的產業和企業之轉移；而且，不少全球跨國公司紛紛摸索，或已進入中部市場。

　　在中部區域中，長株潭城市群以長沙、株州、湘潭為核心，是湖南省政治、經濟、科技和教育的中心。在各種經濟指標占的比重也愈來愈多，具有較強的波及能力。在地理上，鄰近長三角和珠三角，連接中國東南西北的交通樞紐。而且，長株潭城市群被選為中國「兩型社會」的試驗區，[1]亦被評為將來在中部地區經濟發展上占舉足輕重的地位。因此，本研究將圍繞湖南省長株潭城市群，去探討城市群之發展現況，以及作為市場、產業轉移和生產基地的可能性。

---

[1] 長株潭城市群與武漢城市群在中國，第一次被獲批全國資源節約型和環境友好型社會建設綜合配套改革試驗區。

貳、長株潭城市群經濟概況

一、概況

　　長株潭城市群以長沙、株州和湘潭三個城市為核心，與中心1.5小時距離的岳陽、常德、益陽、衡陽、婁底等八個城市組成。長株潭八個城市的總面積有9.68萬平方公里，總人口4,073萬人，占全湖南省的比重分別為45.8%、60%。其中，長株潭城市群三個城市的總面積2.8萬平方公里，總人口為1,342萬，各占湖南省的13.2%、19.5%，是湖南省政治、經濟、科技和教育的核心地區，具有強力的經濟動力。長株潭三個城市位於湘江周圍，形成「品」字形，城市之間的距離大約40公里，形成「一個小時經濟圈」（參見圖一）。[2]

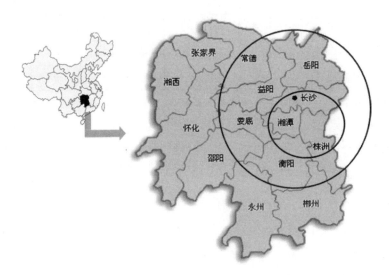

圖一：長株潭城市群之主要城市分布

---

[2]　2010年6月30日，在長沙舉行長株潭三個城市之間的鐵路工程典禮。到2013年結束的第一期工程後，將來長沙到株州僅需24分鐘，長沙到湘潭僅需25分鐘。參考自：長株潭城市群兩型試驗網，http://www.czt.gov.cn。

　　近來，長株潭城市群呈現高速發展，在湖南省經濟中占很大的比重（參見表二）。長株潭城市群的區域生產總值（GRDP）達到5,506.7億元，約占整個湖南省的43%，進出口總額大約67億美元，占湖南省的67%，外商直接投資總額27.4億美元，占湖南省的60%。長株潭城市群的社會消費品零售總額，和社會固定資產投資規模分別為2,112.5億元、3,468.7億元，各占整個湖南省比重達到43%和45%，此對湖南省經濟增長的貢獻率，各達到36.8%和64.7%，可以說是帶動湖南省經濟增長的主力。

表一：長株潭城市群之主要經濟指標（2009年）

	人口（萬）	GRDP（億元）	社會消費品零售總額（億元）	固定資產投資（億元）	FDI（億美元）	進出口總額（億美元）
湖南省	6,900.2	12,930.69	4,913.75	7,695.35	45.98	101.51
長株潭城市群	1,324.6	5,506.8	2,112.49	3,468.74	27.4	66.94
比重（%）	19.45	42.58	42.99	45.07	60.00	65.94

資料來源：李焱求，「湖南省環境保護產業發展現況與啟示」，對外經濟政策研究院，2010年，頁10~24。

　　在長株潭城市群8個城市中，長沙市的經濟規模最大，其GRDP為3,744.8億元，比排在第2~4位的岳陽、常德、衡陽的加總還大。對人均GRDP而言，長沙市5萬6,620元，其次株州、湘潭、岳陽、常德剛過了2萬元，然而，衡陽、益陽、婁底都低於湖南省平均水平。顯然在長株潭城市群，各城市之間的差距比較明顯（參見圖二）。

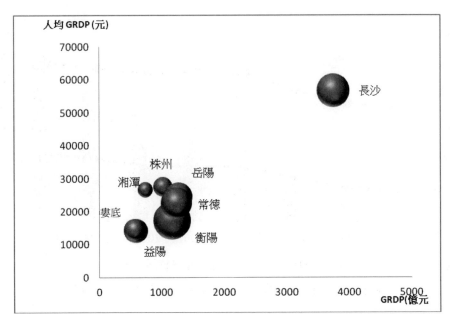

註：圓珠大小表示區域總人口數。

資料來源：湖南統計年鑑（2009年）、各城市國民經濟和社會發展統計公報（2009年）。

圖二：長株潭城市群之經濟規模比較（2009年）

　　可見，在長株潭城市群裡，長沙市扮演著核心城市的功能。1990年以來，長沙市在湖南省的比重呈現逐年上升的趨勢，2009年長沙市經濟規模占全湖南省的29%，占長株潭城市群的比重可達68%（參見圖三）。

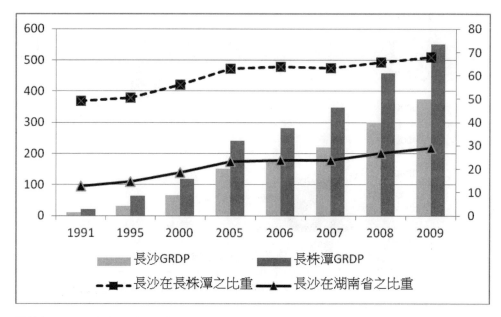

資料來源：國民經濟和社會發展統計公報（2009年）。

圖三：長沙市經濟規模比重（1991~2009年）

二、長株潭城市群之產業

（一）產業結構

2009年湖南省的第一產業生產總值同比增長5%，達到1,969億6,700萬元，在整個產業占的比重達到15.2%。第二產業生產總值為5,682億1,900萬元，其比重達到43.9%，第三產業生產總值同比增長11%，達到5,278億8,300萬元，其比重為40.8%（參見圖四）。作為傳統的工業大省，湖南省的第二產業比重較高，而1990年將近40%的第一產業的比重，呈現逐漸減少的趨勢。

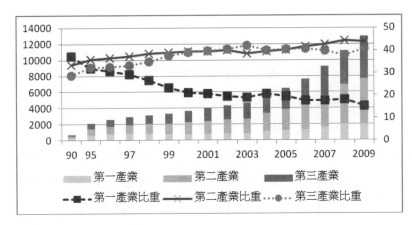

資料來源：國民經濟和社會發展統計公報（2009年）。

圖四：湖南省產業結構變化（1990~2009年）

　　然而，2009年長株潭城市群3個城市的第二產業比重都超過50%；除了長沙市，株州和湘潭的第一產業的比率各達到10.5%和12.1%，都超過兩位數。第三產業的比重也是除了長沙市，都未滿40%，皆未達到湖南省40.8%的平均水平（參考表二）。

表二：長株潭城市群城市別產業比重（2009年）

	第一產業		第二產業		第三產業	
	總值	比重	總值	比重	總值	比重
長沙	179.4	4.8	1,893.6	50.6	1,671.8	44.6
株州	107.8	10.5	560.3	54.8	354.5	34.7
湘潭	89.3	12.1	387.8	52.4	262.3	35.5

資料來源：各城市國民經濟和社會發展統計公報（2009年）。

(二) 特色優勢產業

　　區位商分析（location quotient analysis）反映某一產業部門的專業化程度，以及某一區域在高層次區域的地位和作用。如下表三，在長株潭城

市群的主要產業中，與全中國相比，具有專業化產業如菸草加工、有色金屬冶金、交通運輸裝配、非金屬礦物產品、化工原料及產品、專業裝配製造和電機等。其中，長沙的菸草加工的係數為59.8，具有最高的專業化水平，而電子通訊裝配和食品加工的係數則小於1。

按照城市別看，長沙市在菸草加工、交通運輸裝配、專業裝配製造等產業具有專業優勢。株州在有色金屬冶金、交通運輸裝配、非金屬礦物產品、化工原料及產品等產業顯示專業優勢。湘潭是在非金屬礦物、化工原料及產品、專業裝配製造、電機等方面具有專業優勢。尤其，株州的有色金屬冶金的係數為7.88，湘潭的黑色金屬冶金的係數為4.22，這是因為當地藏有豐富的自然資源使然。[3]

表三：長株潭城市群主要製造業的集聚程度

	長株潭城市群	長沙	株州	湘潭
菸草加工	41.26	59.80	0.00	0.00
有色金屬冶金	3.69	0.77	7.88	0.79
交通運輸裝備	3.48	1.71	6.00	0.42
非金屬礦物產品	2.68	0.97	3.20	1.62
化工原料及產品	2.57	0.94	2.81	1.69
專門裝配製造	6.15	7.36	0.36	1.68
電機	1.58	0.69	0.04	1.95
黑金屬冶金	2.67	0.38	0.09	4.22
電子通訊裝配	0.49	0.61	-	0.13
食品加工	0.83	0.37	0.22	0.89

註1：株州市的數據參考2008年統計年鑑。

註2：$LQ = \dfrac{e_i/e}{E_i/E}$（$e_i$：當地i產業的從業人數，$e$：當地全體從業人數，$E_i$：中國i產業從業人數，$E$：中國全體從業人數）。

資料來源：2009 長沙統計年鑑、2008 株州統計年鑑、2009 湘潭統計年鑑、2009 中國統計年鑑。

---

[3] 湖南物產資源豐富，以「有色金屬之鄉」和「非金屬之鄉」聞名於世。在世界已知的160多種礦藏中，湖南就有141種，其中銻、鎢、錳等41種的保有儲量居全國前5位。

參、長株潭城市群之內銷市場

一、進口市場

　　由於缺乏有關分析長株潭城市群之進口市場所需的地級市之交易資料，故透過分析湖南省的進口市場，去探討長株潭城市群進口市場之潛力。

表四：湖南省進口市場利用度

	2000	2001	2002	2003	2004	2005	2006	2007	2008	2009
湖南省進口額(a)　　（百萬美元）	1,360	1,182	1,470	2,539	2,942	3,103	2,796	3,613	4,782	5,360
中國進口額(b)　　（百萬美元）	225,095	243,567	295,303	413,096	560,811	660,222	791,794	956,261	1,131,469	1,000,578
韓國對湖南省出口額(c)　（百萬美元）	206	219	291	261	311	262	136	131	105	83
韓國對中國出口額(d)　（百萬美元）	23,208	23,396	28,581	43,161	62,166	76,874	89,818	104,045	112,154	102,125
韓國對中出口在整個進口市場佔比(①)(%)	10.3	9.6	9.7	10.4	11.1	11.6	11.3	10.9	9.9	10.2
韓國對湖南出口在湖南省進口市場佔比(②)(%)	15.1	18.5	19.8	10.3	10.6	8.4	4.9	3.6	2.2	1.5
全球對湖南出口在全球對中國出口佔比(③)(%)	0.6	0.4	0.4	0.6	0.5	0.5	0.4	0.4	0.5	0.6
韓國對湖南出口在對中出口佔比(④)(%)	0.9	0.9	1.0	0.6	0.5	0.3	0.2	0.1	0.1	0.1
絕對利用程度	1.47	1.93	2.05	0.98	0.95	0.73	0.43	0.33	0.22	0.15
相對利用程度	0.60	2.14	2.30	0.98	0.95	0.70	0.40	0.31	0.20	0.14

資料來源：依韓國貿易協會中國貿易統計計算。

　　首先，2009年湖南省整體進口規模為53.6億美元，約占全中國進口市場之5.4%。其中，韓國對湖南省的出口規模為8,300萬美元，占湖南省進

口市場的1.5%。然而，和韓國對中出口占全中國進口市場比重達到10.2%相比，韓國在湖南省進口市場上的絕對利用程度只有0.15，這表明韓國沒有充分利用湖南省的進口市場。

然而，韓國對湖南省出口在對全中國出口的比重只有0.1%，與全球對湖南省出口比重（0.6%）相比，只有1/6。這顯示韓國與全球在湖南省進口市場上的相對利用度，韓國在湖南省進口市場的相對利用度為0.14，這比絕對利用度稍低的水平。

按過去10年（2000~2009年）韓國在湖南省進口市場的利用度來看，2000年以來，市場利用度急劇上升。到了2002年，其絕對和相對利用度，各達到2.05和2.30。然而自2003年以後，市場利用度下降到1.0以來，呈現逐漸下降的趨勢（參見圖五）。

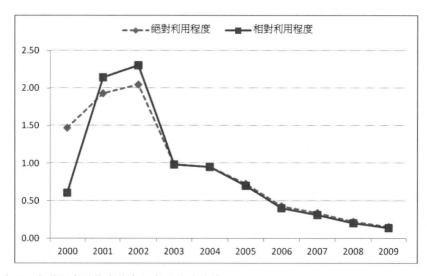

資料來源：依韓國貿易協會的中國貿易統計計算。

圖五：韓國利用湖南省進口市場趨勢（2000~2009年）

　　以湖南省的主要貿易夥伴國來看，2009年1~10位國家和地區在湖南省進口市場占的比重為74.2%。德國、澳洲和日本為湖南省的三大進口國家，其在全湖南省進口市場占的比重達到44%。然而，2008年以來，韓國都列為前10位之外。如上述進口市場利用度，市場利用度較高的2000~2005年，韓國和日本都在湖南省進口市場上排行第一、二位。然而，日本作為中國最大進口國，在湖南省進口市場上也位居獨一無二的地位。而且，德國、澳洲和巴西等國在湖南省的表現，都在全中國進口市場之上，這表示韓國沒有充分利用湖南省市場。

表五：湖南省和中國之主要進口國家和規模

單位：百萬美元；%

2008年排行	國家	進口額	比重	全中國排行	2009年排行	國家	進口額	比重	全中國排行
1	澳洲	721	15.1	7	1	德國	864	16.1	6
2	日本	642	13.4	1	2	澳洲	751	14.0	7
3	德國	474	9.9	6	3	日本	743	13.9	1
4	印度	397	8.3	10	4	巴西	336	6.3	9
5	美國	322	6.7	5	5	美國	315	5.9	5
6	巴西	294	6.1	10	6	南非	312	5.8	25
7	安哥拉	185	3.9	13	7	印度	185	3.5	15
8	南非	169	3.5	27	8	義大利	174	3.2	22
9	剛果	138	2.9	40	9	秘魯	169	3.2	37
10	義大利	106	2.2	22	10	加拿大	121	2.3	21
11	韓國	105	2.2	2	13	韓國	83	1.5	2
10大進口國合計		3,448	72	-	10大進口國合計		3,970	74.2	-
總共		4,782	100	-	總共		5,360	100	-

資料來源：韓國貿易協會中國貿易統計。

　　表六顯示湖南省前50大進口項目中，韓國在湖南省和全中國進口市場的占有率。湖南省最大進口項目HS編碼2601的進口規模14.3億美元，占湖南省進口市場的比重高達26.7%，大部分從澳洲、南非、巴西等地進口。對於湖南省第三大進口項目HS編碼8504，韓國在湖南省的市場占有率只有0.05%，但是韓國在全中國進口市場上的占有率為4.97%，大約存在100倍之差距，將來此項目的出口潛力較高。以HS編碼8408而言，韓國在全中國市場的占有率高達35.27%，但在湖南省進口市場上沒有成果，這表示韓國在湖南省市場上沒有充分發揮自己的優勢。

表六：湖南省前50大進口項目之市場規模和韓國的市場占有率

排行	HS編碼	湖南省進口總額	韓國對湖南省出口總額	韓國在湖南市場占有率	韓國在中國市場占有率
1	2601	1,433	0.00	0.00	0.01
2	8704	288	0.00	0.00	0.00
3	8504	225	0.12	0.05	4.97
4	2607	170	0.00	0.00	0.59
5	2709	169	0.00	0.00	0.00
6	8439	136	0.00	0.00	0.50
7	2608	128	0.00	0.00	0.90
8	8482	127	0.20	0.15	0.03
9	2401	97	0.00	0.00	0.00
10	8708	88	0.55	0.62	11.70
11	8501	84	1.82	2.16	3.60
12	7901	81	0.00	0.00	11.64
13	4703	72	0.00	0.00	0.77
14	8412	66	1.11	1.69	7.97
15	8408	65	0.01	0.02	35.27
16	3915	60	4.53	7.55	2.74
17	9032	59	0.01	0.02	5.40
18	8483	59	2.31	3.92	6.71
19	1205	54	0.00	0.00	0.00

20	8542	51	2.49	4.88	17.50
21	8428	48	0.37	0.76	5.77
22	8481	44	0.08	0.18	4.96
23	8413	42	0.15	0.36	4.98
24	8455	41	0.00	0.00	4.74
25	8479	39	12.84	32.93	9.86
26	0504	37	0.00	0.00	0.00
27	9031	36	1.23	3.42	8.27
28	8541	36	8.01	22.26	9.56
29	4707	33	0.00	0.00	0.84
30	5502	32	0.00	0.00	0.00
31	8486	32	0.11	0.33	8.95
32	8454	31	0.00	0.00	1.86
33	7225	31	1.55	4.98	20.08
34	1901	31	0.00	0.00	0.94
35	8503	29	6.74	23.23	6.59
36	8537	28	1.37	4.88	4.17
37	8443	27	0.00	0.00	3.80
38	8421	26	0.10	0.40	3.89
39	7204	26	2.22	8.54	3.70
40	7110	26	0.00	0.00	0.04
41	2610	25	0.00	0.00	0.00
42	8511	25	0.00	0.00	14.34
43	8457	23	9.13	39.71	8.67
44	8407	23	0.00	0.00	4.31
45	8422	22	0.00	0.00	3.16
46	8512	22	2.16	9.81	12.27
47	8460	22	0.00	0.00	2.48
48	9027	21	0.00	0.00	0.50
49	9022	21	0.00	0.00	0.90
50	8471	21	0.00	0.00	2.94
50個項目		4,412	59.21	1.34	7.42
總共		5,360	83	1.55	10.21

資料來源：依韓國貿易協會中國貿易統計計算。

　　圖六表示針對湖南省前50大進口項目中韓國之市場占有率。以韓國在
湖南省進口市場的平均占有率1.55%為準，第一四分面表示在湖南省和中
國進口市場上比較充分利用的項目。第二四分面為湖南省進口市場占有率
低於平均，而中國進口市場占有率高於平均，即將來有潛力去擴大出口的
項目。第三四分面表示湖南省和全中國進口市場的占有率都低於平均，出
口競爭力比較低的劣勢項目。第四分面為中國進口市場占有率低，而湖南
省進口市場占有率高的湖南省專有優勢項目。

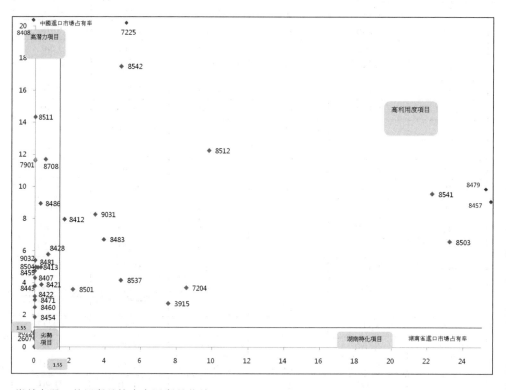

資料來源：韓國貿易協會中國貿易統計。

圖六：項目別韓國之進口市場占有率（2009年）

　　將上述的湖南省50大進口項目的分布圖整理成表七。湖南省進口市場上較高利用度的項目總共14個，將來能提高占有率的具潛力項目有18個。然而，沒有湖南省專有優勢的項目，在湖南省和全中國進口市場上占有率較低的則共18個。

表七：韓國在湖南省進口市場利用類型別出口項目（2009年）

類別	項目CODE	個數
高利用度項目	8542, 8512, 8412, 9031, 8483, 8501, 8503, 8537, 8541, 7204, 3915, 8408, 7225, 8457	14
高潛力項目	8511, 7901, 8708, 8486, 8428, 8481, 8413, 9032, 8504, 8455, 8407, 8443, 8421, 8422, 8471, 8460, 8454, 8408	18
專有優勢項目	─	0
劣勢項目	2601, 8704, 2607, 2709, 8439, 2608, 8482, 2401, 4703, 1205, 0504, 4707, 5502, 1901, 7110, 2610, 9027, 9022,	18

註：以湖南省50大進口項目為對象分類。

二、消費市場

(一) 消費構成

　　圖七表示2008年湖南省城鎮居民的消費支出項目。2008年湖南省城鎮居民的人均消費支出為9,946元，其中對食品的消費為3,970元，占全消費的39.9%，加上衣服和居住的基礎消費比重則達到60.6%。長株潭城市群的基礎消費比重也高達58.1%，相當於全中國城鎮水平的58.4%。還有，長株潭城市群之教育文化娛樂服務和交通通訊的消費比重，分別為12.6%和11.1%。然而，湖南省和長株潭包括耐用消費品的家庭設備用品及服務的消費比重，分別僅為7.2%和6.7%，因為收入彈性比較高，預期將來對此類消費會增加。

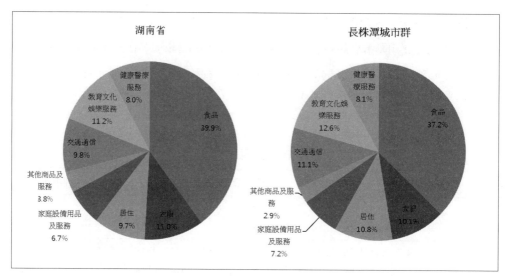

註：長株潭城市群以長沙和湘潭兩個城市計算。

資料來源：長沙統計年鑑（2009年）、湘潭統計年鑑（2009年）、 湖南省政府網站，http://www. hunan.gov.cntmzf/tjsj/ndtjgb。

圖七：湖南省和長株潭城市群城鎮消費支出構成（2008年）

　　下圖八是北京和上海等中國主要大城市，與長株潭城市群之間的消費支出構成比例。在消費支出構成項目中，長株潭城市群之衣食住等基礎消費的比重高達60.1%，高於其他大城市的水平。至於耐用消費品之消費支出比例7.2%亦高於其他大城市，這一方面表示發達城市已經擁有足夠的耐用消費品，且它的收入彈性較低。另一方面，可以說明長株潭城市群之消費潛力較高。然而，對於長株潭城市群的服務消費而言，除北京以外都顯示高於大城市水平。

單位：%

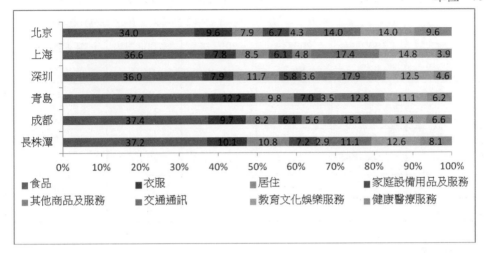

註：長株潭城市群之數據以長沙和湘潭兩市計算。
資料來源：各城市統計年鑑。

圖八：長株潭城市群與中國主要大城市之消費支出構成

(二) 主要耐用消費品市場現況

　　2008年，以湖南省城鎮地區的主要耐用消費品普及率來看，洗衣機93.6%、冰箱92.1%等接近100%，彩色電視機、空調和手機等超過100%。尤其，空調、手機、電腦等產品普及率與2002年相比都增加一倍，轎車普及率則增加13倍。然而，與中國最富城市上海相比，其差距甚大（參見表八）。

表八：湖南省各城市之主要耐用消費品普及率與上海市之比較

單位：每100戶持有台數

	2002年	2006年	2007年	2008年	上海（2008年）
洗衣機	93.6	96.7	92.9	93.6	97.8
冰箱	84.7	90.9	93	92.1	103.8
彩色TV	120	129.6	125.6	124.3	180.4
空調	45.8	86.0	100.9	97.0	191
手機	79.1	146	156.3	154.5	218.6
電腦	19.7	39.4	44.2	43.1	109
轎車	0.3	2	2.5	4.1	11.3

資料來源：各城市統計年鑑。

表九表示目前湖南省對耐用消費品的普及率水平，和上海市之間存在多久的時差。2008年，湖南省的洗衣機普及率相當於2003年上海的水平，以電腦而言，其差距有6年。與彩色電視機10年、冰箱15年相比，轎車只有3年的時差而已。

表九：湖南省和上海市之主要耐用消費品普及率比較

單位：%

	湖南省		上海	
	普及率	年度	普及率	年度
洗衣機	93.6	2008	94	2003
冰箱	92.1	2008	92	1993
彩色TV	124.3	2008	128.2	1998
空調	97.0	2008	100.4	2001
手機	154.5	2008	160.8	2004
電腦	43.1	2008	47.3	2002
轎車	4.1	2008	3.8	2005

資料來源：各城市統計年鑑。

　　透過上述的時差比較，可以預測將來湖南省的耐用消費品之潛在市場規模。湖南省的空調、電腦、手機、轎車的潛在市場規模分別為690.8萬台、471.1萬台、52.9萬台。隨著高速進行的城市化，將進一步擴大消費市場，因此對耐用消費品的需求亦隨之擴大（參見表十）。

表十：湖南省耐用消費品之潛在市場規模

	湖南省普及率（%）	上海市普及率（%）	潛在市場規模（萬台）
洗衣機	93.6	97.8	30.9
冰箱	92.1	103.8	86.0
彩色TV	124.3	180.4	412.3
空調	97.0	191	690.8
手機	154.5	218.6	471.1
電腦	43.1	109	484.3
轎車	4.1	11.3	52.9

資料來源：各城市統計年鑑。

(三) 消費主體

　　2009年，湖南省城鎮居民人均可支配收入達1萬5,084元，人均消費額突破1萬元。長株潭城市群之人均可支配收入和人均消費額，分別為1萬7,927元和1萬2,629元。湖南省的核心城市長沙的人均可支配收入和人均消費額最高。然而，以消費傾向而言，益陽74.4%的消費傾向列為榜首，長沙和衡陽則排在第二、三位（參見圖九）。

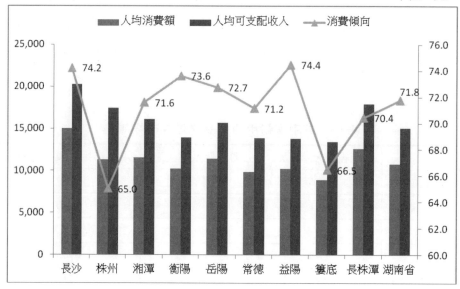

註：長株潭以長沙、株州、湘潭為計算。

資料來源：CEIC，各城市統計年鑑。

圖九：長株潭各城市和湖南省的消費傾向（2009年）

　　表十一是有關長沙、上海和中國核心消費主體之比較。長沙城鎮戶數133萬戶，其中以前20%為核心消費主體，其規模達到26.6萬戶。長沙每戶平均人口大約2.4人，因此可推算長沙核心消費主體人口約64萬8,000人，以可支配收入推算長沙核心消費主體之消費規模達到228億6,000萬元。然而，長沙核心消費主體之收入比重僅31.6%，低於上海和中國的平均水平，這可以說明全長沙收入的31.6%都集中在前20%組（即核心消費群體）。並且顯示長沙的收入差距，並不大於上海和中國平均。

表十一：長沙上海和中國核心消費主體（前20%）之規模

指標	長沙	中國	上海
城鎮戶數（萬戶）	133	19,125	449
核心消費主體戶數（萬戶）	26.6	3,804	90
核心消費主體每戶平均人口（人）	2.4	2.6	2.8
核心消費人口（萬人）	64.8	9,757	253
核心消費主體之消費規模（億元）	228.6	33,882	1,360
核心消費主體收入比重（%）	31.6	38.0	38.3

資料來源：各城市統計年鑑，中國統計年鑑。

　　圖十表示長沙、上海和中國核心消費主體之消費傾向。2008年長沙之消費率64.5%，中國和上海核心消費主體之消費率分別64.3%和65.6%。這顯示長沙核心消費階層的消費比中國平均高0.2%，與上海相比則少消費1.1%。

單位：元；%

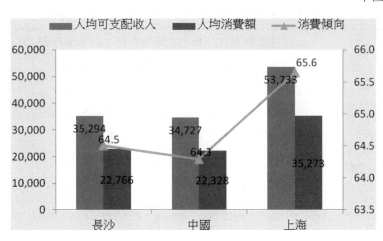

資料來源：各城市統計年鑑、中國統計年鑑。

圖十：長沙、上海和中國核心消費主體之消費傾向比較

肆、結論

　　全球金融危機之後，中國正在轉變自己的發展方式，尤其將擴大內銷發展作為突破口。以內銷發展為核心的經濟增長方式轉變，正好與中國的區域發展戰略緊密地連在一起。以城市化和城市群發展為核心的中部地區，被視為中國未來內銷市場的核心。

　　長株潭城市群以長株潭三個城市為核心城市帶動湖南省經濟發展。然而，以三大需求指標來看，長株潭城市群與中部其他城市群相比，還處於劣勢。首先，以消費來看，長株潭的社會消費品零售總額銷售1,457.7億元，僅中原城市群和武漢城市群的一半；以投資看，長株潭城市群的固定資產投資總額2,624.9億元，武漢城市群則為5,908.4億元，差距較大；以出口而言，長株潭城市群之出口總額53.1億美元，遠落後於其他城市群。此外，除了出口部門以外，長株潭城市群的比重比較低，顯示長株潭城市群在帶動湖南省經濟方面，與其他城市群相比之下比較落後。

表十二：中部四大城市群之三大需求指標比較（2008）

		長株潭城市群	武漢城市圈	中原城市群	皖江城市群
社會消費品零售總額（億元）		1,457.7	3,150.4	3,243.1	1,596.7
	比重	35.4%	63.4%	57.3%	53.8%
固定資產投資總額（億元）		2,624.9	3,708.0	5,908.4	4,776.3
	比重	47.4%	65.7%	56.3%	70.8%
進出口總額（億美元）		53.1	89.9	78.1	88.0
	比重	63.1%	76.8%	72.9%	77.5%

資料來源：2009湖南統計年鑑、2009河南統計年鑑、2009湖北統計年鑑、2009安徽統計年鑑。

　　2009年，中國成為世界第二大進口市場，中部進口市場也快速發展，其進口市場規模比2000年增加二倍。然而，韓國雖然在全中國進口市場所占比重達10.2%，但是在湖南省比重還不到2%，顯示韓國對湖南省進口市場的絕對利用程度較低。而且，過去10年期間，2000年初在湖南省進口市場最活躍的韓國，大企業撤退後呈現縮小的趨勢。因此，基於湖南省進口市場的規模和特徵，需要提高對湖南省進口市場的針對性，並採取差別化的出口戰略。

　　長株潭城市群是湖南省政治、經濟、科技和教育的核心地區，具有強大的經濟動力。長株潭三個城市位於中國東南西北交通的樞紐，且城市之間形成「一個小時經濟圈」，將在中部經濟發展上具有戰略性意義。雖然與沿海城市相比，因缺乏社會基礎設施和產業鏈等，而需要更多時間去解決物流和流通領域的門檻過高的問題。但是，隨著快速的城市化和收入的增加，作為生產據點和消費市場的潛力較大。

參考書目

「2010年國民經濟和社會發展統計公報」，中國國家統計局，2010年。

「中國湖南省主要產業現況」，KOTRA，2010年。

「長沙市2009年服務業發展報告」，長沙統計局，2010年。

中國統計出版社，中國、上海、湖南、湖北、安徽、河南、長沙、株州、湘潭統計年鑑（2009）。

甘蓉蓉、夏安桃，「長株潭城市群競爭力研究」，合作經濟與科技，2010年第5期，頁16~18。

朱翔，「長株潭城市群發展模式研究」，當代經濟，2010年3月，頁4~7。

李焱求，「湖南省環境保護產業發展現況與啟示」，KIEP，No.10~24（2010年）。

曾萬濤，中國城市群聯市制研究──以長株潭為例（南京：東南大學出版社，2010）。

廖素清，「長株潭產業結構演進機理分析」，黑龍江對外經貿，2010年，第1期，頁90~92。

劉濤，「行政區經濟──長株潭經濟一體化的瓶頸」，經濟地理，2005年，第25卷第5期，頁682~684。

羅海藩，長株潭城市群轉型（北京：社會科學文獻出版社，2007年）。

中國國家統計局， http://www.stats.gov.cn。

長株潭兩型試驗網，http://www.czt.gov.cn。

長株潭在線，http://www.changzhutan.com。

湖南省政府網站，http://www.hunan.gov.cn。

韓國貿易協會，http://www.kita.net。

附錄一：長株潭城市群主要經濟指標（2009年）

	面積* （km²）	人口 （萬人）	城市化 （%）	GRDP （億元）	人均 GRDP （元）	人均城鎮 可支配收入 （元）	人均農民 純收入 （元）	社會消費品 零售總額 （億元）	人均消費 （元）	固定資產投 資（億元）	FDI* （萬美元）	進出口總額* （萬美元）
長沙	11,819	646.5	62.6	3,744.8	56,620	20,238	9,432	1,524.9	235,871	2,441.8	180,092	516,780.6
株洲	11,262	382.8	50.3	1,022.6	27,474	17,433	6,502	364.4	9,519	563	30,003	114,763
湘潭	5,015	295.26	49.4*	739.4	26,608	16,109	6,782	223.2	7,559	463.9	28,160	186,169.2
岳陽	15,019	548.34	46.7	1,272.2	24,543	11,405	5,339	431.2	7,863	619.5	10,251	30,039.9
衡陽	15,310	739.8	43.2	1,168	17,229	13,911	6,327	399.2	5,396	441.9	32,561	107,386.3
益陽	12,144	470.55	41.5	591.6	14,071	13,802	4,940	223.1	4,741	353.3	8,000	23,783.8
常德	18,189	616.69	37.02*	1,239.2	22,496	13,859	4,909	405.3	6,572	459.8	21,204	27,273.7
婁底	8,117.6	420.5	35.1*	569.8	14,492	13,422	3,280	185.6	4,414	317.3	8,028	111,948.8
長株潭城市群	96,876	4,120.4	44.8*	10,347.6	25,112	17,103	5,938	3,756.9	9,117.7	5,660.5	318,299	1,119,145.2

註：＊為2008年數據。

資料來源：湖南統計年鑑（2009）、各城市國民經濟和社會發展統計公報（2009）。

中韓文化產業合作方式的思考：
以中資收購韓網路遊戲企業爲例

韓洪錫

（韓國LG經濟研究所所長）

摘要

　　本論文通過分析韓國網路遊戲企業進入中國市場的例子，探討外資企業同本土企業合作的幾種方式之特徵及長短處，提出達到「雙贏」目的之政策性建議。

　　中國網路遊戲產業原先主要靠韓國開發的遊戲軟體發展。但中國本土企業充分利用國內市場廣大此一有利條件，迅速發展壯大。而韓國企業往往只滿足於收取專利費，沒有很好地通過合資等各種方式，共享中國本土企業發展壯大的好處。隨著中國企業研發能力的提高，有些韓國企業最後卻落到反被中國企業收購的命運。

　　論文指出，外資企業進入中國市場，堅持控股或獨資經營的方法有時並非是最佳選擇，通過參股方式同中國企業合作，也可以達到更多取得中國經濟和企業高速發展帶來的好處。

關鍵詞：文化產業、網路遊戲、收購、合作方式、雙贏

壹、前言

　　2004年12月1日，韓國的主要報刊上同時出現「Actoz Soft賣給中國盛大公司」的醒目標題。那幾年在中國「韓流」正在流行，很多韓國人以它自豪，而突如其來的這個消息，給他們心理上帶來很大的衝擊。Actoz Soft是韓國有名的網路遊戲開發公司，它與另一個同行Wemade共同開發的網路遊戲「傳奇」問世後，2002年在中國市場首創70萬名同時上網遊玩的紀錄，從而同韓劇一起成為當時在中國掀起「韓流」的主角之一。

　　戲劇性的是，收購Actoz Soft的恰恰是靠它提供的遊戲軟體，從小到大發展起來的中國上海盛大網絡（Shanda Interactive Entertainment）公司，而這兩個企業在前期合作過程中曾出現過法律糾紛。通過這次收購，盛大網絡掌握Actoz Soft的經營權，不但從根本上消除雙方之間產生新法律糾紛的可能性，同時還取得後者擁有的網路遊戲開發核心技術。對這次收購，不少韓國人從民族主義情緒出發，認為「韓國企業給中國企業做了嫁衣裳」，「韓國網路遊戲核心技術流失到中國，傷害韓國的利益」等等。

　　事隔多年，如今中國的網路遊戲產業有長足發展，中國本土企業自主開發的網路遊戲軟體，不但在中國國內市場上已占優勢，而且還大量出口。據報導，2010年中國網路遊戲軟體的出口額已達到2.3億美元，比上一年增加116%，出口的遊戲軟體數量超過100個。[1]

　　2009年9月，盛大網絡用9,500萬美元又收購熱門網路遊戲「龍之谷」的韓國研發企業eyedentity games全部股份，中國騰訊（Tensent）也用1,700萬美元先後收購韓國7家電子遊戲軟體開發企業。但和2004年盛大

---

[1]　中國文化部發布消息，http://www.ccnt.gov.cn/sjzz/whcys/dmyxzt/201101/t20110128_86698.html。

網絡第一次收購Actoz Soft不同，後來這些收購事件沒有再引起太大的反響。

　　2000年代初，韓國的網路遊戲在中國曾經占80%以上的市場份額，而目前這個份額已下降到20%出頭。過去十年，中韓兩國企業在中國網路遊戲市場上合作和競爭的歷史，值得回味和深思。本文通過分析中國代表性的網路遊戲企業盛大網絡成長的過程，探討國際化時代兩國企業幾種不同合作方式的長短處和擇優選擇問題；在第二節首先分析網路遊戲產業的特徵，以及它在中國迅速發展的背景；在第三節以Actoz Soft和盛大網絡的合作為例，考察盛大網絡發展壯大的原因和過程；在第四節比較網路遊戲市場上，外資企業和中國企業不同合作方式的長短處，探討如何選擇更有利的合作方式之問題，並在最後一節裡進行歸納。

貳、網路遊戲產業的特徵和中國市場急遽擴大的原因

　　中國傳統的娛樂遊戲通常需要兩個或更多的人共同參與，如圍棋、象棋、橋牌、撲克、麻將等，這些要同對方鬥智的遊戲，一般來說不受環境和地點設施的影響，用來消遣和增進親友之間的交流。當然，有的遊戲也容易讓人上癮，加上有些人喜歡「碰運氣」，所以撲克、麻將等幾種遊戲，在中國社會裡往往也有一定的賭博功能。反觀西方人和日本人，他們似乎更喜歡人對機器自娛自玩的遊戲方式，又帶著明顯的「碰運氣」心態玩遊戲，所以那些國家裡像「老虎機」那樣的商業性遊戲設施比較多。

　　八〇年代以後，日本等先進國家發明利用顯示器畫面和電子零部件做成的電子遊戲機，它基本上也是屬於人對機器自娛自玩的遊戲。改革開放後，隨著人均收入的增長和城鎮居民業餘生活的多樣化，索尼、任天堂等日本企業製造的電子遊戲機，也隨之進入中國市場，城鎮裡出現各種商業性電子遊戲機房，主要吸引青少年顧客。

　　九〇年代末以後，突然備受矚目的網路遊戲和過去的遊戲方式有重大的區別。首先它必須借助電腦和高速互聯網的硬體環境，還需要在電腦內預先設置好遊戲程序。由於遊戲程序軟體由遊戲營運商統一提供，並負責升級或更新換代，所以個人不用購買遊戲機或軟體，只要有像網咖那樣具備硬體環境的地方，任何人隨時都可以玩遊戲。有的網路遊戲還有和互不相識的人在網上交流的功能，甚至可以交換或買賣虛擬遊戲工具。

　　從消費者的角度來看，網路遊戲的最大特點是消費者購買的不是商品，而是網路遊戲營運商提供的遊戲程序服務，這和人們從移動通信營運商裡購買移動通信服務，沒有本質的區別。消費者想玩遊戲，必須每次都要購買遊戲程序服務，用定額制或時間會員制等方式，向遊戲營運商交付每次的服務費用。

　　從營運商的角度看，網路遊戲比移動通信簡單得多，營運商不用負責建設硬體環境，而利用現成的高速互聯網和網咖等外部硬體，只提供遊戲程序服務，就可以確保持續穩定的現金收入。因此，一個國家只要同時具備下面三個條件，網路遊戲營運本身就是成功概率非常高的商業模式。那些條件是：第一，消費者對網路遊戲方式有夠大的需求；第二，具備能夠保證網路遊戲程序軟體運行的高速互聯網和電腦等硬體設施（尤其是上網方便的網咖）；第三，網路遊戲營運商能夠提供消費者喜愛的網路遊戲程序軟體。

　　網路遊戲是文化產業的一個組成部分，只有當一個國家到了同時具備這三個條件的時代才能得到發展，而且如果這三個條件的成熟，在時間上恰好一致，這個產業在短期內會迅速發展。此外，一個國家的人口愈多，潛在的遊戲消費市場規模就愈大，社會制度環境有利於擴大網路遊戲的市場需求和軟體開發，這個國家網路遊戲產業發展的潛力就愈大。

　　因此，網路遊戲產業首先在先進國家興起，而韓國從2000年代初開始一直在這個領域裡領先其他國家，就是由於它在互聯網的普及和速度方

面，具備比其他任何國家都有利的硬體條件。中國互聯網的發展遲於韓國好幾年，網路遊戲產業的興起也落後於韓國。但是進入2000年代後，中國也很快具備上述網路遊戲發展的三個條件（參見表一和圖一）。

表一：中國網路遊戲產業規模

單位：億元（人民幣）

年度	互聯網遊戲	移動網遊戲	增長率
2006	68	7	
2007	113	9	63.0%
2008	185	13	61.7%
2009	258	18	39.4%
2010	323	26	26.2%

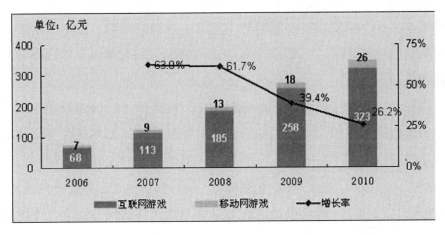

資料來源：中國文化部。

圖一：中國網路遊戲市場的發展

　　首先，2000年代中國的改革開放和經濟發展，進入新一輪快速增長的軌道。2001年中國加入WTO，標誌跨國企業在中國的投資和進出口貿易將出現新的高潮。隨著中國快速進入「小康社會」，城市居民對住房和汽車等耐久消費財的需求開始大增，對休假和電影、遊戲等各種文化商品的消費也快速增加，它提供網路遊戲產業在中國發展的第一個條件。[2]

　　其次，2000年代起，隨著世界IT革命的潮流和電腦的普及，中國高速互聯網的硬體建設取得重大進展，互聯網用戶迅速增加。尤其是為了滿足中國像農民工那般巨大流動人口的需求，各級城鎮的網咖數量激增，它提供在中國發展網路遊戲產業的第二個條件。

　　最後，雖然起初由於中國企業缺乏技術和經驗，還不能自主開發網路遊戲軟體，但是已經在這個領域有好幾年經驗的韓國網路遊戲企業，看準中國巨大的市場潛力，從2001年前後便在中國積極尋找合作夥伴，準備在中國市場上大力推銷自己開發的產品。比如Actoz Soft於1999年開發的「傳奇」、NCsoft於1997年開發的「天堂」等網路遊戲，在韓國市場已經被證明是成功的作品，它們期待在中國市場也受到有類似文化背景的中國消費者歡迎。

　　由於2000年初中國發展網路遊戲的這三個條件，在很短時期內同時成熟，所以網路遊戲很快地在中國青少年中受到歡迎。尤其是在中國城市打工的年輕農民工們，平時文化生活很少，遠離故鄉所受到的生理和心理壓力都很大，網咖成為他們消磨業餘時間、解除精神壓力為數不多的去處。[3]從2000年代初開始，中國各地網咖數量的激增，與農民工對文化生活的需求有直接關係。

---

[2] 江藍生、謝繩武編，文化藍皮書：2001~2002年中國文化產業發展報告（北京：中國社會科學文獻出版社，2002）。

[3] 韓洪錫，「中國文化產業的制度特徵和發展」，現代中國研究（首爾），6卷2號（韓文）（2004年12月），頁191~229。

　　因此，現在看來上海盛大網絡等企業，準確預見網路遊戲產業的巨大發展潛力，及早同Actoz Soft等韓國企業攜手，果斷地進入網路遊戲營運業，並在短期內獲得巨大成功，是必然的結果。從Actoz Soft等韓國企業的立場上看，儘管意識到中國市場的巨大潛力，並及時進入中國市場，但要從快速成長的中國市場中最大限度地取得自身利益，應採取什麼樣的方式同中國企業合作，是值得考慮的重大課題。

　　從網路遊戲產業的特徵來看，由於韓國在遊戲軟體的開發和遊戲營運技術上，皆領先中國好幾年，一開始中國企業必須從韓國企業那裡引進技術，但這種技術與半導體或汽車製造技術有一個重要的區別。首先，開發網路遊戲技術不需要像半導體或汽車那樣巨大的硬體投資，以及長達幾十年的技術累積過程，而且它要及時順應本地消費者的文化，及消費習慣的需要，不斷開發出新的遊戲軟體。更重要的是，網路遊戲的開發不需要太多的硬體設施，主要依靠有一定學歷和技能的人力去開發。

　　如果考慮到上述特點，就可以看出韓國的網路遊戲開發企業，不容易在中國市場長期保持初期的優勢。再說，網路遊戲產業是新興產業，中韓兩國開始發展的時間差距並不大。因此，同其它高技術產業相比，中國趕上韓國的可能性更大一些，這是因為中國具有韓國所沒有的有利條件。首先，網路遊戲的營運是典型規模經濟規律起作用的產業，中國人口眾多，參加遊戲人數將會遠超過韓國。其次，本土企業更能理解中國消費者的需求，用更加低廉的成本向消費者提供服務。最後，中國可利用的高學歷人才在絕對數量上，遠多於韓國，可以用更低廉的費用開發遊戲軟體，利用中國文化的多樣性和豐富的歷史題材，更好地滿足熟悉自己文化傳統的中國消費者需求。[4]

　　如果韓國企業進入中國市場時充分瞭解這些因素的話，要同中國後發

---

[4]　丁滿，「網路遊戲呼喚產業化」，軟件報，2004年10月25日。

企業聯手開闢中國市場時，對戰略和合作方式會有更多的考慮，以利於合作利益的最大化。因為任何合作都是為了雙贏而進行，把「蛋糕」做大，比起計較瓜分「蛋糕」的比例，更符合雙方的利益。因此，選擇雙方合作方式時，應首先考慮在既定政策環境等內外局限條件下，如何把「蛋糕」做大。

參、韓國網路遊戲企業的中國市場戰略和中國企業的成長

到九○年代末為止，中國能使用網路遊戲的高速互聯網和電腦等硬體設施很少，故本土企業不可能開發出具有商業性質的網路遊戲。因此2000年代初，利用中國高速互聯網和網咖迅速發展的絕好機會，Actoz Soft等韓國網路遊戲開發企業及時進入中國市場，是非常正確的決定，說它對中國網路遊戲產業的發展起到決定性的作用並不為過。

上海盛大網絡就是靠Actoz Soft開發的網路遊戲「傳奇2」發展的，當時中國很多報紙都稱讚它是「借船出海」的成功例子。為理解中國網路遊戲產業的發展過程和變化，不妨考察具有代表性的盛大網絡之成長過程。[5]

盛大網絡是上海復旦大學經濟系93屆畢業生陳天橋，於1999年11月同4個朋友一起籌集50萬元資金成立的企業。當時國內高速互聯網還沒有普及，起初他們成立名為state.com的網站，先利用區域網路提供一些簡單遊戲的服務。其後，在香港註冊的中文綜合網路營運企業「China.com（中華網）」看中遊戲產業的發展潛力，向盛大網絡投資300萬美元。但後來因經營戰略等問題上發生分歧，不久就退出合作，而當時給盛大網絡發展機會的，正是韓國Actoz Soft。[6]

---

[5] 陽光，「盛大2004年發展戰略回顧與展望」，網易遊戲，2005年1月21日。

[6] 杜辰，「盛大突圍從渠道開始」，IT經理世界，2005年10月26日。

　　2001年6月Actoz Soft為物色合作夥伴，到上海找到盛大網絡時，28歲的盛大總裁陳天橋從Actoz Soft提供的遊戲「傳奇2」中，看到網路遊戲產業發展的巨大商機，當機立斷用30萬美元的訂金，外加營運收入的27%作為專利費支付的代價，取得「傳奇2」在中國的兩年壟斷代理權。合同規定由Actoz Soft負責在中國市場的技術支援，其他的一切營運活動都由盛大網絡負責操作，盛大網絡每月給Actoz Soft支付約定的專利費。

　　當時盛大網絡缺乏資金和經驗，規模也不大，進入這個領域本身是非常冒險的決定，如果Actoz Soft提供的「傳奇2」沒有及時獲得消費者的空前追捧，恐怕盛大網絡早已破產。[7] 但是陳天橋的冒險決策獲得成功，創造盛大網絡的成功「神話」。當然，成功的原因除了「傳奇2」獲得中國消費者的認可外，還有盛大網絡制定符合中國特徵的銷售戰略，企業的全體員工為企業的發展做出忘我的努力等。無論如何，盛大網絡靠Actoz Soft提供的「傳奇2」「發跡」是不爭的事實。

　　Actoz Soft也許沒有料到「傳奇2」在中國會獲得巨大成功，給盛大網絡帶來如此豐厚的收益，以至於不到三年就能在美國納斯達克上市，隨後還利用雄厚的上市籌集資金，反過來收購自己。如果雙方開始合作時，不採取相對穩妥的專利費方式，而採取雙方共擔風險的合資方式，那麼通過盛大網絡的成功和壯大，Actoz Soft獲得的企業價值增值等收益，可能遠高於專利費的收入。

　　如果考慮到當時韓中兩國網路遊戲企業之間收入分成的專利費比率，一般都在營運收入的20%左右，而Actoz Soft獲得27%，這個條件相當優惠，而且不用承擔中國市場經營的任何風險。當盛大網絡正在靠「傳奇2」的名氣，大力擴展全國性服務網時，雙方之間的合作關係出現裂痕。

---

[7] 當時盛大網絡向Actoz Soft支付30萬美元的訂金後資金幾乎枯竭，遊戲營運所需的大容量電腦等硬件也只能賒帳購買，所需的高速互聯網專線也是靠無償借用2個月的方式。參見杜辰（2005）。

　　原來在2002年9月從「傳奇2」的英文版上，發生技術代碼洩漏的事故，中國國內出現非法營運「傳奇2」的遊戲服務器，給擁有壟斷代理權的盛大網絡造成巨大損失。盛大網絡認為這是負責技術支援的Actoz Soft的責任，因此要求及時解決技術問題、杜絕非法營運，按合同保障盛大的壟斷代理權。但是因為後者沒有及時努力解決問題、拖延時間，盛大網絡就採取強硬措施，停止向Actoz Soft支付專利費。對此，Actoz Soft同樣也採取硬對硬的態度，宣布提前8個月中止雙方的代理合同。也許，Actoz Soft認為只要擁有受到中國消費者歡迎的「傳奇2」遊戲版權，不愁另找合作夥伴獲得成功，卻沒有認識到盛大網絡的出色營運能力，同樣是「傳奇2」成功的重要原因。[8]

　　當時雙方彼此都不妥協，結果都受到巨大損失。Actoz Soft過半年仍未收到總共1,400萬美元的專利費收入，而對盛大網絡來說，如果不及時取締非法營運商，整個公司的經營就會陷入危機。但是盛大網絡並沒有退縮，在加快取締非法遊戲服務器的同時，投資1,000萬美元，獨自開發叫「傳奇世界」的遊戲軟體。正在這個時候，日本的風險投資企業「軟體銀行」（Soft Bank）決定向盛大網絡投資4,000萬美元，而它對盛大網絡克服危機起到重要的作用。盛大網絡靠自己開發的「傳奇世界」，迅速克服危機，恢復正常營運。

　　雙方合作破裂後過了將近一年，2003年8月盛大網絡和Actoz Soft各自退一步決定和解，撤銷訴訟。前者同意立即支付拖欠的專利費，後者則同意再次延長前者的壟斷營運權。針對此次妥協，兩國相關專家都稱讚是明

8　實際上Actoz Soft的韓國夥伴Wemade背著Actoz Soft，另找中國叫「光通」的營運公司簽訂單獨提供新版「傳奇3」的合同，也是想重現盛大網絡那樣的成功奇蹟，而這種做法使兩個韓國公司之間發生法律糾紛。後來Actoz Soft決定與盛大網絡和解，據說上述內部糾紛起到很大作用。陳天橋應記者探訪時曾一針見血地指出：「問題的起因是因為韓方看到盛大網絡賺錢太多而覺得不舒服。」

智的決定，強調兩國企業合作的必要性。

　　盛大網絡終於用自身力量解決非法營運服務器的難題，又解決同 Actoz Soft之間的法律糾紛，於2004年5月在美國納斯達克上市，成立不到 五年，一下子成為當時中國遊戲產業的龍頭企業，為今後的發展建立堅 實的基礎。盛大網絡的銷售額從455萬元人民幣（2001年），迅速增加到 3.3億元（2002年）、6.0億元（2003年）、13.0億元（2004年）、19.0億元 （2005年）人民幣，在短短四年內增長400多倍，近年來仍然保持著旺盛 的發展勢頭（參見表二）。

　　1999年創立時，資金只有50萬元人民幣的盛大網絡，到美國納斯達 克上市後市價高達17億美元，超過當時世界上最大的網路遊戲公司韓國 NCsoft的市價，31歲的總裁陳天橋擁有11億美元，一夜間成為中國首富。 盛大網絡利用上市籌集的資金，不僅收購國內相關企業，也收購美國和日 本的知名遊戲軟體開發公司，從單純的網路遊戲營運企業發展成綜合性 文化服務企業。到了2004年12月，連曾經提供自己發家之本的韓國Actoz Soft也收購過來，顯示其快速的發展勢頭。

表二：盛大網絡主要財務指標（2006~2010年）

單位：億元（人民幣）

	2006年	2007年	2008年	2009年	2010年
淨營業收入	16.5	24.8	35.7	52.4	56
毛利	9.6	16.6	25.5	37.6	34.5
營業利潤	3.8	10.1	14.4	20.4	8.7
淨利潤	5.3	14	12.3	15.9	6.3

資料來源：盛大網絡公司各年財務報表。

　　從韓國Actoz Soft的角度看，雖然主人易手，但靠盛大網絡解決資金 不足的困難，自己得以發揮原來的優勢，專心致力於開發網路遊戲軟體，

又有母公司負責開闢中國市場,更有利於推廣自己開發的遊戲,真正起到雙贏的結果。Actoz Soft被盛大網絡收購後迄今的發展過程證明,韓國具有民族主義情緒的人們之擔心是多餘的,這也許就是盛大網絡於2009年,又收購一家韓國網路遊戲軟體開發企業時,再沒有聽到反對聲音的原因之一。

最初全靠韓國的網路遊戲,而在短短幾年內迅速成長為世界性企業的盛大網絡,就是近幾年湧現的中國很多民營風險企業的縮影,陳天橋則成為全國無數年輕人的偶像。在很多產業領域,中國至今仍然在技術、資金和經驗上,與先進國相比有很大差距,但盛大網絡的經驗告訴人們,只要有夢想、肯努力,中國企業可以發揮「後發優勢」,起先從國外引進外國技術,經過消化並加快自主創新能力,有可能超過先進國的同行。尤其是像網路遊戲產業,與先進國起步的時間差距並不大,又不需要長期技術積累的產業領域,中國所擁有的龐大市場、勞動力(包括從事高級腦力勞動的白領勞動者)便宜的優勢,有可能彌補後發國家的短處。

肆、外資企業與中國本土企業的合作方式

從上面的例子顯示,中國的網路遊戲市場開始主要是靠韓國企業開發的遊戲軟體發展,直到2004年底,中國網路遊戲市場上韓國遊戲軟體仍然占60%以上,其中「傳奇2」的比重高達40%。那些年韓國主要的遊戲軟體公司,幾乎全部進入中國市場,2004年韓國出口到中國的遊戲軟體價值達1.3億美元,占韓國出口的一半以上,足以證明中國市場對韓國的重要性。

韓國缺少天然資源,國內市場不大,經濟發展只能仰賴與外國(尤其是中國)的經濟合作。據統計,從1992年建交以來,韓國同中國(含香港)的貿易額每年增長16.5%,遠高於韓國對外貿易10.1%的增長率。18

年間韓國從中國市場總共取得4,530億美元的貿易順差，而同期與美國的
貿易順差總共才860億美元，同期和日本的貿易逆差則達3,410億美元。可
見對韓國來說，來自中國市場的貿易順差何等重要。

　　像網路遊戲那樣的文化產業領域也是如此，確保巨大的中國市場是韓
國網路遊戲企業持續發展的重要條件。雖然韓國網路遊戲占中國市場的比
重，已從2000年代初期的80%下降到2010年的20%出頭，但考慮到中國市
場規模的擴大，絕對額仍有很大的增長。其實，由於兩國的技術差距必然
縮小，期待韓國企業永遠稱霸中國市場，本身也是不切實際的幻想；還不
如通過合作儘量把「蛋糕」做大，這樣儘管份額減少而總收益卻有可能增
加。

　　兩國產業及企業之間的合作，通常體現在能給雙方都帶來利益的貿
易、投資以及技術轉讓上，而具體的合作形式或措施顯得非常重要。雖然
雙方通過合作得到的利益不一定對稱，但關鍵是合作能給雙方都帶來利
益，合作期間愈長，利益就愈大這一基本事實。兩國企業之間也會存在激
烈的競爭關係，但任何產業領域都存在水平分工的機會，在網路遊戲領域
亦如此，兩國企業之間雙贏合作的機會永遠存在。

　　需要注意的是，由於雙方合作的利益不局限在短期的銷售額和利潤分
配上，所以合作雙方都要立足於長遠利益，並要充分預料到分配利益時產
生摩擦或糾紛的可能性，要有為長遠的大利益，同合作夥伴共存共榮的心
理準備。如果從狹隘民族主義的心態出發，只考慮自身的短期利益會阻礙
合作的成功，到頭來也不能獲得合作帶來的利益。在正確選擇有實力和能
力的合作夥伴前提下，兩國企業之間的合作方式多元，都各有長處和短
處，不能說哪一個就絕對優於另一個；但是在特定環境和條件下必有最優
方式。所以考慮合作方式時，如何把雙方的長遠利益最大化當作基準是可
行的，那就是：與其拘泥於短期利益的分配比率，不如做大「蛋糕」更為
重要。

　　至今為止，由於中國限制外國獨資企業進入營運遊戲服務領域，故韓國企業都找本地合作夥伴進入中國市場。基本的合作方式有兩種，一種是像Actoz Soft和盛大網絡的合作例子，由韓國企業提供遊戲軟體和技術支援，不參與營運商的經營，只從營業收入中收取固定比率的專利費。Wemade向中國「光通」提供「傳奇3」（2009年合同期滿後，Wemade轉同盛大網絡合作）、Smile Gate向中國「騰訊」提供「穿越火線」、Webzen向中國「第九計算機」提供「奇蹟」都是同樣的方式。這種方式類似於技術貿易，合作層次較低。

　　另外一種是雙方投資辦合資企業。韓國NCsoft於2003年1月同中國新浪網合資，以49比51的比率成立合資企業「上海新浪樂谷」，共同進行NCsoft 開發的網路遊戲「天堂2」的營運服務。而韓國NHN看中中國遊戲企業「聯眾世界」開發棋牌遊戲的潛力，於2004年4月投資1億美元收購「聯眾世界」的37.8% 股份，後來增資到55%。這種合作方式需要雙方的密切配合，合作層次較高。遺憾的是，上述兩項合資項目都沒有成功，合作歸於失敗。

　　前一個合資企業「上海新浪樂谷」最早由中韓雙方共同經營，以中方為主，但因業績不佳，控股的中方新浪網於2006年3月宣布退出合作，韓方NCsoft接管新浪網保有的51%股份，「上海新浪樂谷」成為韓國NCsoft獨資公司。但由於外國獨資公司還不允許在中國營運網路遊戲，故「上海新浪樂谷」只能搞網路遊戲的開發，營運業務要重找中國夥伴。後一個合資企業「聯眾世界」也是由雙方共同經營，以韓方為主，但一直沒有擺脫經營赤字，最後控股的韓方NHN於2010年把股份低價賣給中國企業，決定退出合作。

　　當然，這兩個合資失敗的例子，並不能證明合資方式必然不如按合同收取專利費的方式。與上述兩個合資失敗的例子相反，盛大網絡收購Actoz Soft的例子，盛大網絡雖然是控股方，但把韓國業務全部交給韓國

專業經營團隊決定，結果經營業績不錯，達到雙贏的目的。[9]

　　本來企業經營的風險很大，而同別人合作就多一個重要的風險因素，即互相之間能否坦誠以待、齊心協力的問題。中國有句話叫「共患難易，同富貴難」，韓國俗語中也有句話叫「不要合夥，搞不好又賠錢又失朋友」，可見在企業經營上同別人合作並非易事，更何況同文化背景不一樣的外國人合作。

　　根據鄭永祿的實證研究，在中國投資的韓國企業與歐美等先進國的企業相比，合資企業中自身股份的比重較高，更傾向於控股乃至獨資方式。它說明韓國企業對中國夥伴（尤其是國有企業夥伴）不太信任，原因主要是擔心中方的經營能力或信用。另外，中韓兩國都屬於儒教文明國家，和歐美國家相比，有時人治高於法治、經營透明度不夠等，這些都使雙方容易猜疑對方，難以形成信賴關係。[10]

　　由於中國政府在某些領域限制外國獨資企業，所以外資企業在那些領域進入中國市場時，不管願意不願意，都要找中國夥伴。因此，有的外資企業先成立合資企業，等到中國政府的限制解除後再轉為獨資企業。但實際上合資也有它的長處，而獨資方式也並非是成功的保證。[11]

　　由於各行業的情況不一樣，不能一概而論。但從網路遊戲產業的情況來看，本土企業熟悉市場和消費者的偏好，目前中國最大的網路遊戲營運企業騰訊（Tencent）和盛大網絡（Shanda）都是本土企業，已經發展成為香港和美國納斯達克上市的大公司，韓國獨資企業即便取得中國市場上的遊戲營運權，也已不是它們的對手。

　　由此看來，向中國遊戲營運企業提供遊戲軟體，取得專利費的合作方式雖然最穩妥，因而至今也用得最廣泛；但中國本土企業的急速成長，反

---

[9] 韓國每日經濟新聞2010年1月7日Actoz Soft 金強社長探訪錄。

[10] 鄭永祿，「關於韓國對中國投資企業所有權結構的研究」，貿易月刊，2001年第9期。

[11] 高德軍，「網路遊戲產業政策分析」，博客中國，2005年3月8日。

過來可能會壓縮韓國企業的發展空間。因為隨著中國企業技術開發能力的增強，中國和韓國之間的技術差距迅速縮小，兩國企業之間的競爭愈來愈激烈，韓國企業提供遊戲軟體的合同期限一到，合作關係就會結束，除非韓國企業持續不斷開發出符合中國消費者要求的新產品。

從另一個角度看，儘管有兩次韓國企業同中國企業合資失敗的例子，但合資方式有它的明顯長處。由於合資使雙方成為緊密的利益共同體，有更多開拓市場做大「蛋糕」的誘因。如果合作成功，雙方不但可以取得來自企業利潤的分紅，而且還能期待企業價值增加帶來的好處。試想一下，假如一開始韓國的Actoz Soft與盛大網絡，採取合資共同開拓中國巨大市場，而不採取支付專利費的方式，那麼如今Actoz Soft所處的地位可能明顯不同。

在此，不得不佩服日本「軟體銀行」（Soft Bank）投資盛大網絡的高超戰略。在盛大網絡處於最困難的時候，軟銀深信中國網路遊戲市場的巨大潛力，以及盛大網絡發展的可能性，果斷地將4,000萬美元的風險資金投資（而不是借款）給盛大網絡。日本軟銀與盛大網絡的合作方式（或者說投資戰略）是幫助企業壯大後，通過企業價值的增值得到投資回報的方式。日本軟銀向盛大網絡投資不到兩年，盛大便在納斯達克上市，軟銀的4,000萬美元在不到兩年變成5億美元的資產價值，它超過Actoz Soft從盛大網絡收取的專利費的幾十倍。

合資方式若要成功，首先要選好合資夥伴，瞭解對方的成長潛力和經營者的能力。其次，要有與合作夥伴同心協力，把合資企業做大做強的長遠戰略，防止只顧短期利益而因小失大。前面提到的韓國企業兩次合資失敗的原因很多，外部專家指出，雙方互不信任、爭奪經營權是重要原因之一。[12]

---

[12] 黃婕，「網路遊戲合資企業問題多」，21世紀經濟報導，2006年5月31日。

其實為取得長遠利益，合資經營有時自己掌握經營權，不如輔助更有能力的一方大膽經營，日本軟銀就是例子。它只是參股，提供金融支援，並未干預盛大網絡的經營，由於軟銀信任盛大網絡的經營能力，放手讓他們大膽經營，反而達到更好的結果。在這意義上，我們從Actoz Soft與盛大網絡合作的曲折過程中，吸取令人深思的教訓，對合資失敗的例子也要正本清源，探索在合資方式下雙方合作成功的正確途徑。

伍、結語

10年前的2001年6月，韓國的Actoz Soft拿它的熱門網路遊戲「傳奇2」敲開中國市場的大門，同盛大網絡簽訂合作協議。而這些年來中國的網路遊戲產業從無到有，隨著中國經濟的高速增長迅速發展，成就盛大網絡這樣的民營企業，和陳天橋那樣的年輕企業家。

透過這些年看起來眼花撩亂的現象和變化，其實可以發現這些現象背後存在的必然性。在第二節裡已經指出，從網路遊戲產業的特點來看，這些年來中國網路遊戲產業（以及作為產業發展載體的企業和經營者）的高速發展，其實是很自然的過程。如果當時Actoz Soft等韓國企業，能夠預見當年看不起眼的盛大網絡會發展到現在這個樣子，那麼當初它們選擇同中國夥伴的合作方式時，會有更多的考慮和反省。

類似的例子並不限於網路遊戲產業，也不限於已經發生過的事例。韓國在經濟發展程度上領先中國，改革開放後中國借鑑的國外經驗中最多、最切合中國實際的恐怕就是韓國的經驗。在經濟發展過程中，中國的「後發優勢」往往落實在趕超韓國的實際行動上，為此韓國很多人擔心中國的追趕，有可能導致韓國產業的「空洞化」，因此「中國威脅論」並非空穴來風。

韓國資源貧乏，只能走「貿易立國」的道路，從1992年中韓兩國建交

後，巨大的中國市場給韓國經濟注入新的活力。這些年來兩國貿易和投資的激增，展示兩國企業合作的巨大成果。但在另一方面，正因為中國市場對韓國經濟特別重要，就更需要加強合作。為了雙贏的目的才合作，合作又是雙贏的必要條件。這就需要不僅把兩國企業之間的合作範圍更加擴大，而且還要使合作方式更加豐富多樣化，以達到共同做大兩國經濟「蛋糕」之目的。怎樣才能更好地借鑑韓國發展的成功經驗，吸取失敗的教訓，是中國應該認真考慮的問題。同樣，怎樣搭乘高速發展的中國經濟列車，將中國經濟發展的成果，最大限度利用於韓國經濟和企業的發展，亦是韓國應該認真考慮的問題。

參考書目

丁滿，「網路遊戲呼喚產業化」，**軟件報**，2004年10月25日。

江藍生，謝繩武編，文化藍皮書：**2001~2002年中國文化產業發展報告**（北京：中國社會科學文獻
　　出版社，2002）。

杜辰，「盛大突圍從渠道開始」，**IT經理世界**，2005年10月26日。

高德軍，「網路遊戲產業政策分析」，**博客中國**，2005年3月8日。

郭紋廷，「解析中國網路遊戲產業的組織變革」，中國西北大學經濟管理學院，**高科技和產業
　　化**（2004年10月）。

陽光，「盛大2004年發展戰略回顧與展望」，**網易遊戲**，2005年1月21日。

黃婕，「網路遊戲合資企業問題多」，**21世紀經濟報導**，2006年5月31日。

鄭永祿，「關於韓國對中國投資企業所有權結構的研究」，**貿易月刊**（韓），2001年第9期。

鄭相哲，「遊戲產業經營分析及經濟效果研究──以網路遊戲產業為例」，**韓國文化產業振興
　　院報告書**（韓），第40號（2010年8月）。

韓洪錫，「從『韓流』現象看中國對韓國大眾文化的包容」，**國際地域研究**（韓），第9卷第1
　　號（2005年3月）。

菁英觀點與訪談／

東亞區域整合與產業合作：趨勢與挑戰

林祖嘉
（政治大學經濟系特聘教授）

內文重點

- ●強化以投資帶動產業合作
- ●產業結構調整與東亞區域合作列為重點
- ●台灣出口結構顯示勞力與資本密集產業變遷
- ●兩岸投資比重與差距仍明顯
- ●兩岸應強化策略性分工，各自發揮所長

　　兩岸經濟整合與東亞區域經濟整合有很密切的關係。至2010年底，台灣對中國大陸出口占出口總額的42%，然而對東亞國家大約是25%，由此來看，大陸市場約占有台灣在東亞地區三分之二的市場。

　　去（2010）年簽署ECFA之後，兩岸有更深層的合作機會。兩岸在ECFA之下的「兩岸經濟合作委員會產業合作工作小組」已經於今年設立，上星期首次在昆山召開第一屆兩岸產業合作論壇，我本人有親身參與，當時與會人士在會場上的發言非常踴躍，由此可知，兩岸的合作機會其實擴大很多。不過，對台灣來說，大陸市場固然重要，但東亞其他地區亦占有25%的台灣出口市場，因此兩個市場我們都很在意。從去（2010）年開始，台灣已經與新加坡展開ASTEP（Agreement between Singapore and Taiwan Economic Partnership）的協商，今年10月和紐西蘭政府正式展開FTA的可行性研究，目前名稱暫訂為「台紐經濟合作協議」（ECA）。其實台灣和東亞國家接觸機會增加很多，加上在今年9月時和日本簽署「台日投資保障協議」（Bilateral Investment Agreement, BIA）。整體看來，台灣與其他國家簽署自由經濟協議的機會很大，但最關鍵的還是在於是否能先處理好兩岸關係。

強化以投資帶動產業合作

　　首先，我們先大略說明一下兩岸產業發展與結構調整的現況，因為產業合作需要投資來帶動，故未來兩岸投資是非常關鍵的因素，最後再談兩岸合作有哪些機會。去年ECFA簽署以後，馬總統說：「ECFA讓台灣開啟黃金十年」。未來十年，台灣應該會有蠻大的產業結構調整，連帶會有經濟方面的開放政策，包含：(1)開放布局：自由開放，接軌國際。台灣要與大陸簽ECFA，與其他國家簽FTA，這都算是開放布局；(2)科技創新：推廣科技應用，我們目前正在推廣六大新興產業、四大智慧型產業，

還有十大重點服務業等，希望全面提升創新力；(3)樂活農業：建構年輕化、有活力、高競爭力且所得穩定之農業；(4)經濟結構調整：調整經濟及產業結構，以促進區域平衡發展；(5)促進就業：增加就業機會的質與量，提高勞工所得。對台灣來講現在非常關鍵，我們的失業率從2009年的6.0%，現在降到4.5%左右；不過相對來講，仍然有點高。(6)穩定物價：長久以來台灣的物價穩定，表現不錯，過去十年來通貨膨脹率平均不到1%。

台灣的黃金十年在於大力推動產業結構調整，想要與其他國家簽署FTA，最重要的是自己本身市場的開放。而大陸邁向「十二五」規劃，強調「穩增長、調結構、促消費」。調結構包含兩個面向，其一為服務業占GDP從42%提高到46%，這其實是需要很高的成長率，因為GDP還會有7~8%的成長率；顯然，服務業的成長率一定要超過GDP的成長速度。我們估計未來四年服務業的成長率應該到10~12%，才有辦法在GDP的份額上大幅提升。其二為產業升級，大陸也有七大新興產業。其次是促消費，中國大陸也希望能有包容性成長，台灣的說法是讓經濟成長的果實讓全民共享。是故，兩岸都有大幅度調整結構和鬆綁的壓力，又要發展新的產業，所以兩岸具有很多的合作機會。

產業結構調整與東亞區域合作列為重點

另外，就國際經濟情勢現況來看，歐美國家持續的國債問題持續無法解決，未來兩、三年之內，或者說三至五年之內，歐美國家成長一定是相當疲弱。反觀，未來中國大陸和東亞十國的經濟成長速度很快，因此東亞經濟的重要性絕對會不斷提升。所以，台灣如何與東亞國家有更緊密的經濟接觸和產業合作，便具有重要意義。

兩岸產業合作的機會在ECFA簽訂之後，未來商品貿易協議、服務業

貿易協議、投資協議、經濟合作協議都應快速展開,現在的確也正在洽談中。其中很重要的是,產業轉型與結構調整的問題。此外,關於ECFA與兩岸相互投資的機會,我認為兩岸未來的投資應該要擴大,透過投資的擴大來帶動產業合作,可以進一步深化兩岸產業的整合。在兩岸產業結構變化上,台灣大約自1988年開始至今,工業從48%下降至31%,製造業約從40%下降至26%,服務業從48%提升到70%左右。調整時間從1988年起至2000年的12年間,結構大致調整完畢,之後又變得穩定。台灣有非常明顯的10年產業調整時期,我認為這其中有兩個主要因素:其一為1986~1988年間,新台幣兌美元從38:1變成26:1,三年之內新台幣升值三分之一,迫使很多中小產業出走;另外,1987年11月開放台灣人民赴大陸探親,很多人利用這機會到大陸投資。因為產業出走,造成台灣產業結構非常明顯的變動(參見圖一)。

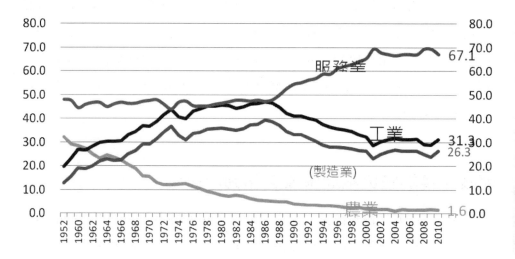

資料來源:行政院主計處。

圖一:兩岸產業發展與結構調整現況

台灣出口結構顯示勞力與資本密集產業變遷

　　從出口結構變化來看，台灣產業結構確有變化，高勞力密集度的出口比例在1988年大概維持在48%左右，很快地在2000年就掉到32%，反映出高勞力密集產業在快速萎縮。高技術密集產業自1988年約18%開始，很快地在2000年跳升到50%（參見圖二及圖三）。

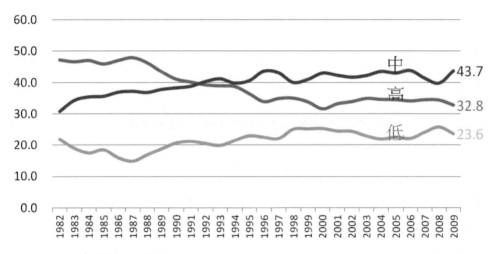

資料來源：行政院主計處。

圖二：台灣出口結構變化趨勢（勞力密集）

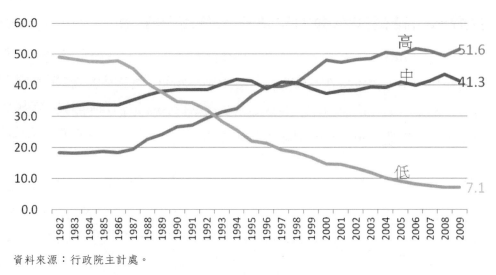

資料來源：行政院主計處。

圖三：台灣出口結構變化趨勢（資本密集）

　　承上所述，在此十年內台灣製造業的總量在萎縮，但是留下來的製造業確實往資本密集和技術密集方向發展。大概在1988~2000年之間，可以看到非常清楚的結構變化。相反地，大陸從1979年開始，服務業從1983年的30%發展到43%，農業自然是下降，2000年後則呈現穩定，服務業比例維持在43%，與先進國家相比，還是偏低（參見圖四）。台灣的服務業約從1950年代便一直維持在48%，直到1988年其占GDP的比重才開始大幅增加。以現在來看，台灣、美國、日本的服務業大概都在70%左右，而顯然，中國大陸服務業比重是明顯偏低的。另一方面，中國大陸工業占GDP的比重是46%，與美日國家相比高很多；而台灣工業所占比重其實和美國、日本比較接近。因此，台灣現在看起來是一個相當成熟的經濟體，大陸經濟發展則顯得年輕很多；由此觀之，大陸未來服務業的發展空間相當大。

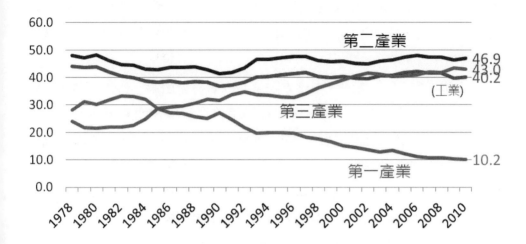

資料來源：2010中國統計年鑑。

圖四：大陸產業結構變化趨勢

兩岸投資比重與差距仍明顯

　　從國際上許多先進國家經濟發展的角度來看，國民所得大概在4,000至5,000美元時，消費會快速成長。目前大陸人均所得大約就在此一區間，而大陸近幾年汽車消費量大幅成長，應該與此有密切關係。大陸近幾年發展會朝向服務業，剩下的製造業就需要往高科技產業，或者技術密集產業發展。

　　另一方面，兩岸未來如果要進一步進行產業合作，兩岸的相互投資就很關鍵。去年台商對大陸投資從前年的70億美元增加到140億美元，成長達到100%；另外，大陸來台投資也很重要。目前雖然台灣開放247項產業讓陸資來台投資，但目前大陸來台投資比重仍然偏低，金額少很多。大陸赴台投資總額，現在加起來才1.5億美元左右。但是大陸目前到海外投

資金額，大約在500多億美元左右，所以陸資赴台投資件數和金額都是偏低，我們覺得未來如果兩岸產業要擴大合作，那麼兩岸相互投資也應該要大幅增加。

在兩岸產業合作方面，中國大陸有七大智慧型產業，台灣有六大新興產業、四大智慧型產業，還有十大重點服務業，這裡面有很多對接的機會。比方說，大陸的節能環保、新一代信息、新能源汽車，台灣叫做綠色能源、雲端、智慧電動車等，其實大陸的七大策略產業和台灣有五個是重複的。換言之，兩岸在類似產業的合作上，其實有很多合作的機會。

另外，在服務業方面，由於大陸的內需市場即將打開，台灣的服務業具有豐富經驗，故服務業應該有很多發展的機會。服務業最重要的是語言，語言扮演關鍵角色；服務業需要很多高級人力，台灣本身不僅服務業多，亦可培訓很多人才。因此，我們覺得未來兩岸在服務業發展的機會很大。

最後，目前兩岸在產業合作也有一些問題。上星期在昆山召開的兩岸產業合作論壇中，與會學者便提出一個重要的問題。因為每次講到兩岸產業合作時，大陸都說台灣可到大陸投資，因有很多機會可以去投資。沒錯，的確很多台商去大陸投資，但這屬於招商引資。然而，兩岸產業合作應該不只招商引資而已，還應該包括哪些產業要進行兩岸分工？台商有很多製造業的生產移過去大陸，但其企業本身的研發與品牌，應該要留在台灣，做更多的合作。是以，兩岸合作不僅是招商引資，應該要有產業及產業鏈的分工，兩岸彼此需要有策略性分工，這才是重要的關鍵。

兩岸應強化策略性分工，各自發揮所長

另外，台商到大陸投資內需市場時，因大陸有很多條條塊塊的規定，還有一些「潛規則」的限制，因此大陸應該要努力去除這些障礙，然後設

法開放其國內市場。比方說，現在在大陸投資的外資企業連鎖超商，例如7-11等，雖然目前發展不錯，但他們抱怨最多的是，外資企業的連鎖超商在大陸不得銷售菸酒。這對外資的連鎖超商造成極大的殺傷力，所以台灣連鎖超商一直要求大陸應開放外資連鎖超商也可銷售菸酒。因為存在「潛規則」，會讓競爭力削弱很多。我們認為這些應該儘快提出來，在兩岸產業合作委員會中去洽談，把問題解決，才可能讓大陸內需市場真正的打開。

　　最後，兩岸產業合作有很多積極的意義。可以共同因應全球經濟整合與環境變遷，並且共同協助產業升級、結構轉型與調整，更可提高就業機會和生活品質。而如果要深化兩岸產業合作，兩岸應該要敞開心胸、擴大共識、開放市場、積極推動，然後才能夠真正的落實執行。

後ECFA兩岸關係發展對韓國經濟的影響

宋昌儀
（韓國貿易協會國際貿易研究院地域研究室室長）

內文重點

●台韓貿易互惠與差異性並存

●ECFA簽署影響台韓大陸市場競爭策略

●台韓資共同拓展中國內需市場

●韓中FTA仍面臨挑戰

●韓中FTA敏感產品問題棘手

2010年開始，韓國新興經濟國的成長牽引了ICT製品市場的擴張，特別是原材料和中間產品的需求呈現增加趨勢，同時帶動進口需求。尤其，韓國對台灣的主要出口項目快速增加，例如：半導體、基礎油粉、鋼板、石油化學製品、半導體製造設備等。關於產品的進出口動向方面，半導體是最大進出口項目。韓國出口至台灣的總量，雖然在2009年急降到30億美金，但在2010年開始大幅增加。另一方面，2010年從台灣進口的半導體等產品，則是突破60億美元。整體來看，半導體、鋼板、電腦、精密化學原料是兩國間進出口互惠品項，而半導體製造設備則是最能反映台灣民間投資狀況的品項。到了2010年隨著市場的復甦，民間投資也呈現擴大趨勢。

台韓貿易互惠與差異性並存

有關進出口企業方面，韓國對台灣出口企業數有5,868家（包括100萬美元以下企業），與去年相比增加1,000家。而韓國對台灣進口企業分布，100萬美元以上進口企業數則是明顯少於出口企業數。另一方面100萬美元以下小規模進口企業的進口企業總數多於出口企業數。

台灣對韓國的投資情況，因受到2008年元大（prime view）公司收購hydis公司（1.3億美元）的影響而遽增。同時間景氣復甦，加上新增長的產業也發揮影響。如：企業併購（M&A）及技術合作，包括CSC公司收購DONGBU METAL的股份（2010年11月末，約4,200萬美元），和ARDENTEC公司也計劃在韓國的京畿道設立WAFER TESTING公司（2010年12月，申請投資4,000萬美金）；GP Taipei 2010 （也就是台北KBC的調查）顯示，對韓投資及技術合作需求日益增加。如果依據韓國進出口銀行的數據觀察韓國對台灣投資情況，韓國企業對台灣投資申報數累計為509件，金額約4.9億美元（2010年），其金額是台灣到韓國投資的一半；同時，製造業領域對台灣投資的主要目的，是為向台灣客戶提供產

品。

　　中國的貿易夥伴有美國、日本、香港、韓國、台灣；而另一方面進口夥伴則是日本、韓國、台灣、美國、德國。仔細來看進出口比重，韓國和台灣的數字是下降比較慢的。接下來說明以中國為中心的東亞分工結構。先看台灣與中國的關係，中國對台灣出口內，中間財約占62%，最終財占出口產品比重約34%。台灣企業到中國設廠，生產過程中投資大量中間財，其中中間財比例約占74%，最終財則占24%。台灣、韓國、日本三國的結構相差不遠。投資增加並不表示產品增加，而是帶去的一些資源、人力增多。但是中國對美國的出口，還是產品較多，中間財比較少。由此可見，台灣、韓國、日本競爭比較激烈。因此，在中國市場的重要性上面，韓國對中國出口比重維持增長趨勢，2010年達到25.1%；對中國出口額從2000年184億美元增長到2010年1,168億美元，年均增長20.3%。此外，主要產業對中國出口的比重，總體上呈現上升趨勢，尤其是顯示器。然而相反地，隨著台灣成品企業的成長，家電出口比重有所減少。

ECFA簽署影響台韓大陸市場競爭策略

　　如果仔細檢視韓國產業與台灣企業在中國市場的競爭態勢，可發現：

●韓國和台灣的主要對大陸出口產品在結構性上相似。特別是HS編碼2710、2902、2917、3902的石油化學產業，預測因為受到直接列入539種早期收穫清單的關係，會使得兩國競爭加劇。

●韓國和台灣的中國市場占有率大體維持相近水準，最近出現若干背離。關於韓國在中國市場上位居劣勢原因，最近分析指出，部分可歸因於台灣積極參與ECFA。

　　整體來看，ECFA簽署之後帶來的影響包括：

●中國和台灣簽署ECFA，對石油化學產業影響最大。

●鋼鐵和普通機械的影響力約落在中間程度。

●與台灣最高競爭關係的IT領域，已實現韓、中、台之間的無關稅化，因此ECFA的簽署帶來的直接影響較少。

●早期收穫清單中包含的汽車配件，與目前韓、台間的主力出口產品不重複，同時台灣部分配件公司沒有競爭力，所以影響較低。

然而，除了個別產業別的影響外，還需要注意日本產業的動作。日本企業通過活用ECFA擴大進軍中國市場。目前已知日本佳能、日華化學株式會社、日本角川書店等為今後進入大陸市場已預做投資準備。日本企業之所以在台灣發揮比較優勢來開拓大陸市場，一來是因為ECFA及投資保障協定，可望創造日企在台灣投資的新商機。其次是因為各種優惠政策的受益，對中國經貿合作也有利。第三是因為日本企業名稱及商品名稱可用中文標記，如：統一集團、無印良品、山本運輸、阪急百貨。最後，可再觀察日本政府及金融機構，在開拓中國市場時台灣企業發揮橋樑作用，包括解決台灣企業溝通、手續問題、經營方式等。例如：最近中國人對中日之間釣魚台群島等問題的反感達到高潮；同時在2010年8月，日本瑞穗集團舉辦討論會，介紹中國內需市場，及說明通過日本和台灣企業合作開拓中國市場的方案（與會日本企業為400家）。

台韓資共同拓展中國內需市場

(一) 通過加強「非價格競爭力」，彌補價格競爭力劣勢

一方面加強品牌知名度、產品獨特性和核心技術等，確保非價格競爭力；另一方面對大陸投資持續擴大、確保技術優勢。同時與台灣中小企業

合作，較有利於確保非價格競爭力。在原材料費用所占比重較高的鋼鐵等產業，則著重原材料多元化、減少原料價格。

(二) 生產基地的本土化、開拓當地消費市場

通過打入中國市場的台灣企業，可以確保擴大中國市場的迂迴通道。然後推動對當地企業的M&A ，還有產品供應鏈系統化，讓生產基地與當地結合在一起，開拓當地的消費市場。

(三) 中國產業分工關係高度化

台韓商兩邊可以建立中國成品生產和韓國企業的材料、設備供應體系，並通過與中國成品製造商的合作關係，達到分工關係的高度化。

舉例來說：在韓國和台灣的共生模式方面，ＬＧ飛利浦收購HANNSTAR股份與prime view 公司收購hydis股份；在2011年，三星SMD和台灣SINTEK企業簽署，新一代面板AMOLED相關的技術合作，即可當作很好的代表案例。

韓中FTA仍面臨挑戰

之前有人討論到促成韓國與台灣之間簽訂FTA的可能性，台北駐韓國官員表示，韓國與台灣簽署FTA時應加強IT競爭力。然而這其中存在幾個面向，可供後續討論。兩邊FTA的討論強調「合作共生」。韓國和台灣的經濟結構屬於貿易依存型，發展空間多。即便雙方在世界出口市場上競爭激烈，但事實上仍具有互補關係。如果能通過產業分工，將能提高技術能力，進一步降低生產成本，又能提高商品競爭力。例如：韓國儲存用半導體和台灣IC芯片設計合作，又好比說TFT-LCD，是由韓國大型面板和台灣小型面板的合作而成。

　　因為ECFA協議用同一種文字制訂，而台灣是世界上最瞭解中國的國家，加上台灣和韓國在多種情況下契合。而且台灣在全球供應鏈中處於決定性地位，如《商業週刊》便曾說，1999年台灣九二一大地震導致世界通訊產業受到衝擊。同時通過台灣與美國、EU的合作，進軍中國市場的案例日增。不過，韓國和中國會不會因顧及ECFA，而進一步推動韓－中FTA呢？

韓中FTA敏感產品問題棘手

　　韓國與中國討論處理韓－中FTA最主要的爭論點在於：敏感品處理、非關稅壁壘、投資及服務業開放問題上，有可能出現很大的分歧。韓國方面憂慮農水產品、纖維、普通機械等方面可能受損，中國則是在投資及服務行業開放等問題上態度消極。中國方面擔心汽車、IT、電子、鋼鐵、石油化學領域的受損可能性，而韓國則是要求對投資及服務行業的擴大開放。不過綜合來看，或是簡單地做一個展望的話，我認為對韓中FTA的共識已形成，今年年末有可能決定是否啟動協商。同時也有可能進一步推動台灣－印度FTA、台灣－新加坡FTA可行性聯合研究。同時我也認為無論韓國再怎麼厲害，還是需要與台灣合作，透過與台灣的合作將能創造更大的貢獻。

後ECFA時期台韓產業合作機會與挑戰

吳家興

（行政院經建會經研處國際經濟組組長）

内文重點

●台韓商一向競爭大於合作

●台韓相互投資空間大

●ECFA影響與功能多元

●ECFA後台商仍有新契機與風險

●未來台韓產業合作具機會與挑戰

　　台灣和韓國在全球經貿舞台上，一向競爭大於合作，只是隨著兩岸簽署的經濟合作架構協議（ECFA）自今（2011）年1月1日生效，以及中國大陸今年3月發表「十二五規劃」，其中規定「深化兩岸經濟合作，落實ECFA，促進雙向投資、加強新興產業、金融等現代服務業合作」。這些對台商而言，可謂如虎添翼，更讓台商在中國大陸開闢了另一片天空，並看好中國大陸內需市場，其可掌握的優勢及商機將優於韓商。

台韓商一向競爭大於合作

　　未來台韓企業若能攜手合作拓展中國大陸內需市場，將是創造雙贏絕佳的機會。不過，在這龐大的商機下，也存在著風險與挑戰，亟需兩方合作共同因應及排除，以追求企業的最大利益。

　　關於台灣與韓國的雙邊貿易，2000年以來台灣對韓國貿易收支一直呈現入超，且除2007~2009年三年略見縮小外，經過我們20多年的觀察下來發現，其餘各年都是逐年擴大的。由此反映一些現象，我們一一來看。

　　韓國經濟轉型成功，競爭力全面提升。在整體經濟轉型下，台灣與韓國電子資訊產業已由競爭者轉為垂直分工，不過其中顯示兩邊對外發展策略的差異，台灣是採防禦型對外投資，而韓國則採擴張型對外投資。加上，台灣中小企業不敵韓國大企業的低價競爭。那從台韓之間的進出口產品來看，先從2008~2010年台灣對韓國主要出口產品分析，大多集中於機械及電機設備、基本金屬及其製品、化學品等三大類。其中又以電子產品、鋼鐵及其製品、機械等占大宗。從韓國進口也是呈現相同的情況，我們可以觀察這個產品出現互補的現象，產業分工非常明顯。

台韓相互投資空間大

　　若是從1952年開始到2010年的台韓雙邊投資來看，可以發現歷年來台灣對韓國投資金額，及韓國對台灣投資金額，分別占我國對外投資核准金額比率，及僑外投資核准金額比率都不到1%，這顯示說雙邊投資的努力空間仍然很大。其中，台灣對韓國投資金額主要集中於電子零組件製造業（50.6%）、金融及保險業（25.4%）及電腦、電子產品及光學製品製造業（11.3%）等三大行業。而韓國對台灣投資金額也集中在電子零組件製造業（31.3%）、電腦、電子產品及光學製造業（17.7%）、批發及零售業（14.6%）、金融及保險業（13.0%）及營造業（11.2%）等五大行業，這顯示出韓國對台灣投資較為分散、多元。

　　如果以CEIC資料庫的資料來講，2005年以前，中國大陸自台灣進口比重是高於自韓國進口的比重。但是，從2005年以來自韓國進口年增率大於自台灣進口年增率下，使自韓國進口比重高於自台灣進口比重，韓國逐漸取代台灣成為中國大陸第4大進口市場。以投資總金額觀察，台灣對中國大陸投資累計524.7億美元，相較韓國的477.1億美元，排名雖仍穩居第三；但隨著2003年以來韓國對中國大陸投資超過台灣，顯示韓國整體投資趨強，帶動韓貨銷往中國大陸的快速成長。台灣金額的部分，根據台灣官方統計，應該達1,000億美元以上。

　　評估ECFA對台灣總體經濟之影響，根據中華經濟研究院的數據，對產業的影響主要是正向的幫助，但對個別產業的影響則有正、有負。在就業影響方面，台灣總就業人數可望增加25.7~26.3萬人，同時透過ECFA將使台灣GDP增長加倍，投資增加29.13億美元，成長率達5.79%，資本流入增加6.71億美元，成長19.25%。接下來針對金融服務業的影響方面，ECFA使台灣的金融服務業進軍大陸市場相對地有優勢，包含銀行業、證券業、保險業、投信及投顧服務業。

ECFA影響與功能多元

　　大致上，ECFA後兩岸產業合作將更加密切。舉例來說，ECFA與兩岸間正在推動的「搭橋專案」與產業標準合作，可望產生密切的連結。目前主要目標是「一年交流，二年洽商，三年合作」，也就是說第一年進行兩岸產業交流，第二年進行洽談，第三年進入實質合作。因此，與台灣的交流情況，還有在金融交流合作上，可預期地會愈來愈熱絡。

　　ECFA之後台灣的經濟地位會產生什麼樣的變化？

●取得進入中國大陸市場之優勢。兩岸關稅優惠後，台灣相較日本、韓國等競爭對手國，將更早取得進入中國大陸市場之優勢，希望進而取代日韓的地位。

●將能成為外商進入中國大陸市場的優先合作夥伴及門戶。由於關稅優惠、智財權保護周全、開放直航，以及在台設立研發中心的優惠措施，有助於歐洲、美國、日本企業優先與台商合作研發和生產，成為合作夥伴。

●有助於產業供應鏈根留台灣。兩岸關稅優惠後有助整體供應鏈根留台灣，並藉由直航採國際貿易方式供應客戶，除了能維持在台經濟生產規模及高品質外，更能創造就業機會。

●有助於大陸台商增加對台採購及產業競爭力。兩岸關稅優惠後，自台灣進口相對成本降低，台商自可增加從台灣採購之數量，同時因品質較佳及成本降低，將有助於台商在大陸競爭力之提升。

●加速台灣發展成為產業運籌中心及強化自貿港區功能：兩岸關稅優惠，配合兩岸直航，可再塑造台灣成為兼具轉口、物流配銷、終端產品加工等全功能運籌中心之機會，並提升及強化台灣自貿港區功能。

ECFA後台商仍有新契機與風險

根據陸委會委託台北經營管理研究所做成的《2011年台商白皮書》之研究結果，大部分台商對ECFA持正面的看法，約有71%，肯定原因如下：認為可加速兩岸經濟整合（約73%）、有利兩岸布局（40%）、提升台灣產業競爭力（35%）和促進兩岸和平往來（33%）；有利台商效益保障（28%）、對外簽經貿協定（20%）、有利回台投資（25%）、有利陸資（24%）與外資（23%）來台投資、增加台灣出口和改善台灣就業（各21%），以及有利拓展國際空間（20%）。至於負面看法約有7%，正面與負面看法都有的台商約22%。

關於ECFA後台商的新契機為何？依照我的觀察，台商主要可分成外銷型與內需型。對外銷型台商而言，可提高「轉型升級」的動能，加上2008年全球金融海嘯影響，重挫外銷型台商，目前還是處於「復元」階段，但因ECFA對其帶來「台灣助力」，使其恢復經營活力的速度得以加快。對內需型台商而言，ECFA有助改善大陸行銷氛圍，也有益擴大使用台灣的生產資材，並且可分流行銷台灣市場。

今年三月公布的「十二五規劃」所創造的內需商機。根據調查顯示，服務業商機最大，約占41%。另外，台商在大陸未來也可能遭遇到一些風險，例如：人才短缺（42%）與競爭增加（38%）、環保要求（18%）、勞資爭議（14%）、地方保護主義（14%）、山寨仿冒（12%）、政策風險變化（11%）、競爭力喪失（11%）、資金負荷（11%）等等。

未來台韓產業合作具機會與挑戰

未來台韓產業發展與合作的可能性，我總覺得是一種雙邊關係。縱使台灣與韓國在產業結構上的競爭關係相當明顯，但其實互補性也高，未來

仍有合作的可能性。如能推動洽簽台韓自由貿易協定（FTA），加強台韓雙邊經貿關係，我相信可以一起合作共同開拓大陸內需市場。近年來台韓兩國政府為調整、改善產業結構，皆積極發展包括服務業在內之新興產業。如台灣發展「十項重點服務業」、「六大新興產業」與「新興智慧型產業」；韓國也在2008年推出「17項新成長動力產業」。據我觀察，這些產業具有相當程度的共通性與重疊性，且都有可觀的商機，只是其發展投資金額也相當龐大。台韓兩國業者如能對同質的產業，進行共同合作投資，雙方將可省下相當巨額的經費，帶來互利互惠，創造雙贏局面。

然後從台灣、韓國、中國大陸之間互動關係來看，中國大陸作為第三市場，台灣在大陸市場優勢多，兩岸經貿關係正常化將帶來利多。台商在大陸市場的優勢，例如：同文同種的溝通優勢、成熟區隔市場的行銷經驗、成熟的市場行銷人才、民族情感認同。在機會面向上，由於大陸的發展不平衡造就許多機會，服務業將是成長最快速的行業，透過兩岸經貿關係正常化，帶來金融、物流、投資等商機。韓商在大陸就可以利用台商的優勢與機會，一方面進入大陸市場可減少政治風險，又可借重台灣人的在地化經驗；同時，台灣企業十分靈活，可與韓國企業形成互補。掌握中國龐大的內需市場，並且利用台灣地緣之便，減少溝通及運輸成本。換句話說，台韓合作拓展大陸市場，將能各展長才、創造雙贏。

然而不只機會，台韓企業也在中國大陸面臨一些挑戰。在外來衝擊上，全球金融海嘯後全球發展失衡與歐債危機餘波盪漾，東北日本震災引發的供應鏈斷裂之挑戰，與CAFTA（中國大陸─東協自由貿易區）效益日益顯著；加上能源與資源危機使生產成本大幅上升，及中國大陸外商政策的調整，以及缺工、缺電等現象的惡化。內在危機上，富士康事件後衝擊整體的勞資關係，致使大陸的生產成本優勢消退。另一方面又面對環保意識的興起，節能減碳的要求，而有轉型升級的挑戰與需求。此外，大陸內部運作仍有相當不透明的「潛規則」障礙尚待突破。另還有土地、仿

冒、融資等課題有待因應。

　　根據ECFA的規定，兩岸雙方已自2011年1月1日起，全面實施貨物貿易與服務貿易早期收穫計畫（早收清單），享受優惠關稅待遇，將使兩岸經貿交流更趨緊密，並帶來龐大的商機，台商也是受益者。「十二五規劃」將會讓政策目標由目前出口帶動的經濟結構，朝向擴大內需發展。同時，該規劃也規定「深化兩岸經濟合作，落實ECFA，促進雙向投資，加強新興產業，金融等現代服務業合作」，這是台灣產品憑藉ECFA強勢進入中國大陸消費市場的極好機遇。韓商如果能利用台商的優勢和機會，一起攜手合作拓展中國大陸市場，各展長才，這將能創造「雙贏」的局面。

韓中推動FTA的歷程和策略

池晚洙

（韓國東亞大學國際學部教授）

內文重點

●韓方目標：確保大陸內需市場進入優先權

●韓國是中國FTA夥伴中唯一製造業強國

●韓中FTA，韓方三大擔憂

●韓方三階段作法與策略

●韓方期待優質FTA並及早實現

　　現在不是決定何時開始韓中自由貿易協定談判，而是決定談判的具體方式。韓中FTA是從2004年起由民間啟動聯合研究，至今仍沒有具體的談判結果。中方期待「早日實現」，韓方則是「積極考慮」。當前韓國國內批准韓美FTA，可望促成韓中FTA談判的啟動。

韓方目標：確保大陸內需市場進入優先權

　　韓中FTA的目標是確保對於二十一世紀最大市場（大陸內需市場）的優先進入權，大陸市場具備豐富潛力，其中出口關稅的減讓是關鍵。此外，與中國已談好FTA的國家中，韓國可能是唯一的製造業強國，透過韓中FTA的簽訂讓韓國在中國市場大有可為。再者，韓中FTA也能長期保持兩國產業的互補性。

　　2008年全球金融危機以後，中國作為世界最大的消費市場，而隨著「內需為主的發展方式轉變」，韓國對中國的出口正在激增。大陸在汽車、移動電話用戶和互聯網用戶等方面，已經是世界最大市場；發達國家在大陸市場的滲透率如下：德國（68%）、美國（58%）、日本（41%）、韓國（31.4%），總體平均是50%。換言之，韓國仍然有進步發展的空間。

韓國是中國FTA夥伴中唯一製造業強國

　　與中國洽簽自由貿易協定的締約方中，韓國是唯一的製造業大國。通過FTA，韓國可能在中國國內市場競爭中取得有利地位。此外，FTA通過市場整合，保持現有以比較優勢為基礎的國際分工效果。這是韓國應對中國產業升級將「威脅」其長期佔主導地位所採取的手段。

　　韓中簽訂FTA的長期效果如下：

●中國產業升級：進口替代和國外市場競爭加劇。

●保持現有以比較優勢為基礎的國際分工，以維護韓國長遠利益。

●韓國企業參加中國的產業升級（重化工，服務業）：自由貿易協定
談判進程（投資領域）中，可擴展參與機會；韓國是中國產業升級
的最佳合作夥伴；可從參與出口工業化進一步推動產業升級。

●因考慮競爭格局的變化，形成簽訂兩國自由貿易協定「愈早愈好」
的局面。

韓中FTA，韓方三大擔憂

●韓方的擔憂一：總體而言，可預期積極的經濟效果（如CGE
等），但是國內各方面形成自由貿易區的共識仍有其局限性。韓中
FTA對於農業的衝擊將大於韓美、韓歐盟FTA的影響，形成國內巨
大的政治壓力，並預計重視民生、和諧社會、三農問題的大陸不太
可能會讓步。

●韓方的擔憂二：由於兩國之間的勞動分工密切，幾乎所有的製
造業都將受到影響。大企業將在韓中FTA中獲益（目前「等待利
益」），中小企業則將受損（目前「擔心損害」）。

●韓方的擔憂三：萬一FTA談判破裂或不斷延長，韓國的經濟／戰略
成本將大幅增加。

若韓中FTA談判受阻，韓國經濟／戰略成本將大幅增加。談判過程的
風險如下：

●FTA談判破裂或長期化：若韓日FTA受阻，同時間韓中FTA破裂，
則韓國將在東北亞失去發言權；談判的長期化將耽誤原有的合作機
制。

●民間的支持是關鍵因素：韓美FTA的批准經歷民間激烈的反對；韓國的農產品、中小企業中的敏感產品都是談判時攻防的重點。

●因為韓國長期貿易順差，韓方缺乏協商力：2010年韓國對中國的順差高達452億美金，造成服務、投資、智慧財產權、政府採購等領域，韓方議價能力有所限制。

　　為了實現利益的最大化，同時降低負面影響，雙方必須找到一個適當的談判形式。為了實現FTA的預期利益，必須重新審視FTA的談判方式。中國FTA談判的特色如下：

●靈活性／多樣性：中國的談判議題非常多樣，例如框架協議、早期收穫、補充清單等。

●中國的靈活性是某種戰略考慮的結果：中國戰略地選擇FTA夥伴以及重視談判的順利，也是日後韓國在談判過程中必須更加靈活的借鑑。

韓方三階段作法與策略

　　我主張韓中FTA可採三階段性的作法：

●階段一：全面使用早期收穫（Early Harvest Program）。通過全面性EHP，早日實現經濟利益、加強推動力。例如在雙邊貿易時指定進口額的一定比率（例如80%），進口方再按照此一標準提出早期收穫開放的項目清單，雙方不須進行任何談判而立刻接受。

●階段二：充分的談判過程。在全面早期收穫的前提下，使用充分的時間進行談判，取得國民和行業皆能接受的結果。此一談判過程的意義在於，在商品貿易方面利益已經實現的情況下進行談判，並充分考慮敏感產品的脆弱性，進而減輕談判本身的負擔（EHP＋補充

協定）。

●階段三：通過補充協商繼續擴大成果。考慮到中國市場的未來發展，應該通過FTA創建最好的市場進入條件。

韓中FTA可以參考CEPA，明確規定定期補充協議，並積極應對市場的不斷變化，建立擴大成果的機制。其意義在於服務市場是內需市場的核心，中國的服務市場有其開放的長期性，應好好把握此一巨大且具潛力的市場，韓中FTA亦可和東亞共同體相互結合，藉以促進東亞經濟整合的機制。

韓方期待優質FTA並及早實現

我不主張低質量的FTA，階段一的全面性EHP將可使企業立刻獲得經濟利益，FTA不應是競爭性的談判，而是合作式的FTA。並以雙方宣布談判開始之際，同時同意談判的方式，進而減輕不確定性與民間的擔憂。

具體作法上，韓中兩方可以先同意一個標準（第一階段），以大幅降低早收清單的難度。此外，損害發生後的補償應當成為對於農業部門常態性的原則，實際上韓國現在絕不願意輕易開放農業部門。再者，我們不能直接支持中小企業，韓國政府希望透過與歐、美、日、中等大國簽訂FTA，解決其中小企業國際化不足的問題（可和外國企業合作）。

全球化挑戰與台日韓商競合

金堅敏

（日本富士通總研經濟研究所主席研究員）

內文重點

●韓商全球化與競爭力具優勢

●韓日商合作升溫，具策略與品牌因素

●韓跨國企業派駐區域專家，落實在地化思考

●政企協作與整合關係佳，推動有監理的獎助制度

●企業應追求競爭力持續提升，不能以社會救濟解決問題

問：一般人不太了解韓商，你怎麼看？

答：十幾年前大家說韓國學日本企業，這是從製造業的角度，認為其經營
和管理模式學習日本。但亞洲金融危機後，韓國企業不管在資本結
構、企業治理結構，還是在員工關係方面，徹底進行大規模的改革。
改革之後，資本關係多元化，員工方面制度不再那麼僵化，與政府的
關係也並非政府主導，而是市場主體之下的企業運作，整體來說這次
改革對韓國企業的影響非常大。透過改革，特別是韓國企業在全球化
這方面，走的速度很快。無論是與發達國家，從低端區到高端區，特
別是與新興工業國之間的進展很大。尤其新興工業國的市場發展很
快，韓國企業在這方面做得比較好。原本日本是「老師」，結果作為
「學生」的韓國企業超過「老師」。不管是從成長性、企業效應，這
些經過數據一比，就一目瞭然（參見表一）。

表一：日台韓代表企業的經營業績（2010年）

	松下	鴻海	廣達	仁寶	宏碁	三星	豐田	現代	新日鐵	浦項	台塑
銷售額（億美元）	1,015	952	357	282	200	1,338	2,218	974	480	525	237
純利潤（億美元）	9	25	6	7	5	137	48	47	11	36	13
銷售利潤率（％）	1.0	3.0	2.0	3.0	2.0	10.0	2.0	5.0	2.0	7.0	6.0
總資產利潤率（％）	0.9	5.2	3.4	6.5	5.0	11.5	1.3	4.5	1.8	6.0	8.4

資料來源：作者歸納自「Fortune Global 500 2011」數據。

韓商全球化與競爭力具優勢

其實，也可以與台灣企業來比較。比如說鴻海和三星電子，將兩者對比成長性和經濟效益、銷售利潤率、資本利潤率，透過比較，就可以知道。因此，原來韓國企業是學日本的，後來經過制度結構改革，作為全球的企業，自己要去開拓市場，自主性很強，也逐漸摸索出一套制度。現在不管是從產品開發、設計還有銷售渠道，以及品牌，很多方面都在追趕日本。而且很多方面，已經接近日本，學生快和老師差不多了，已經出現全球性的大企業。不過，韓國的中小企業主要是跟隨大企業者比較多，小企業可能還不如台灣企業那麼積極開拓大陸市場。這樣來看，全球化做得很不錯，自己尋找出一種韓國企業的模式。因為已經趕上日本，現在正在設想再往前應該要怎麼走。

因為成長性不可能像以前那般持續地快速成長，以後的成長該怎麼辦？仰賴什麼來增長？現在已經遇到這個問題。實際上三星電子，最近連續三年銷售額都沒什麼增加，LG電子銷售額近兩三年也急遽下降。所以從電子和電器，追趕到現在出現很多問題。而且從低端到高端發展，它想往發達國家去；然而金融危機後，發達國家市場萎縮，原本已開發的高端技術，現在該怎麼辦？於是，韓國企業又回到中端的市場。但其他方面，比如說現代汽車、浦項鋼鐵，現在都很不錯，但即使這樣的企業還是面臨下一步增長該往那邊走的問題。現在每個企業的商務組合（Business Portfolio），是否還能繼續下去，好像也遇到問題。所以韓國企業最近十年發展很快，摸索出一條與日本不一樣的模式，它是完全按照市場驅動；而日本基本上是技術驅動的模式。但是，這也到了邁向新階段的煩惱期。

問：就您所了解韓資企業發展評價如何？韓資大企業與中小企業發展問題
　　與挑戰？

答：挑戰方面，韓國企業原來是以市場驅動為主，其很多技術並非自己開
　　發，而是憑藉「能買則買」，技術依存外部，仰賴外面引進技術，研
　　發很少。如此長期下來，就會遇到問題。因為基礎技術和日本企業差
　　很多，無論是三星電子、LG電子等，其很多產品技術，包含基礎、
　　設計都還有問題。所以現在很多韓國企業轉向雙向驅動——結合市場
　　驅動和技術驅動，也轉向摸索基礎技術的開發。

　　　　韓國中小企業則面臨一個問題，韓國企業全球化下，它們是否能
　　跟得上呢？韓國中小企業和日本中小企業相比，每個日本中小企業都
　　有自己的獨特技術，包含質量管理等，韓國的中小企業則多數是由大
　　企業指導，怎麼做？技術力量有沒有？所以會遇到當大企業全球化
　　後，中小企業該何去何從？包括技術、品質管理還有人才等問題，這
　　挑戰很大。大企業也會碰到技術的問題，以及商業模式下的「商業組
　　合」現在還行不行？例如，原來LG是以IT硬體和家電為主，但這個
　　市場很難持續快速發展，這該怎麼辦？因應國際市場日漸注重節能環
　　保，三星電子也在轉移方向，強調做電池等。比如說原先做LED，也
　　在往這邊發展。本來做平板，比如說三星SED，現在則要轉型成能源
　　企業。做平板，現在利潤沒以前高，因為後進企業如大陸、台灣等參
　　與競爭。

　　　　總結來看，大企業現在面臨幾個主要問題：(1)商務組合；(2)技
　　術基礎：基礎技術，即研發能力不如歐美和日本。小企業則會遇到包
　　含技術、管理、人才等各方面的問題。因為以前都是靠大企業，不像
　　台灣企業相對獨立，本來就是從小企業起來，自己可以獨立。故整體
　　來說，台灣的中小企業很不錯，但大企業則碰到較大的問題。

問：日商和韓商有何合作、變化與趨勢？有何優勢與挑戰？

答：韓國企業遇到基礎技術、商務組合不行時，該怎麼辦？這逼使它要開拓新的東西。原先韓國企業是垂直整合，所有都是我自己的，在企業體系內部完成；現在也逐漸開放，與日本企業合作。譬如三星電子，要開發新產品時，它拉了日本的材料企業等產業來搞合資，共同開發技術。這已經不是垂直整合模式，而是往垂直分工合作方式，是以它的商務模式也在轉變。

很多韓國企業最近一、兩年和日本企業合作。例如：三星的EL有機晶片，材料從何而來？材料生產是日本的，是日本的廠家與它合資。據我所知這一年半以來，三星已經與四家日本產業合作，很多基礎技術與材料便來自於此。現在不是面板的問題，而是生產面板所需的基礎原材料、原器件、原組件。在這方面，日商與韓商合作愈來愈多。台灣企業則主要是垂直分工合作，只是和跨國公司合作之下的一個製造工序。

韓日商合作升溫，具策略與品牌因素

為什麼它對日商有吸引力？因為其企業大，有自己的品牌通路，日本企業也希望與它合作。因為上游的原材料和下游的品牌通路結合，有銷售有收入，因為日本原來的品牌企業後端的下游企業現在都不行了，包括家電、電機企業效益都不好，而且國際競爭不行，所以材料企業等也需要找到強勢的企業來合作。因此，和韓國企業合作趨多，變成趨勢。

日韓商合作的優勢在於，有品牌和通路，還有開發新興發展中國家市場的能力，以及這方面的經驗。這是韓國企業的一大優勢，也是日本企業不行之處。日本企業則有技術優勢，這是它們之所以匹配的原因，就像台商希望和日方合作，也是因為台灣企業在大陸市場很有優勢。

挑戰的話，只有一個問題，就是技術該怎麼辦？韓國企業需要透過合作吸收技術，在合作之餘產生合法收益。從日本企業的角度，如果技術不與它合作，技術開發投入的資金永遠回收不了。也就是說日本企業希望提供技術，透過合作營利，回收資金然後再繼續開發新技術。而且透過合作，亦可吸收韓國在新興發展中國家市場品牌運作、開拓市場通路等經驗。所以現在許多有眼光的日本企業，不再像以前那般保守，要自己保有技術優勢，而是逐漸展開合作的可能。換言之，我認為雙方都有優勢和挑戰。

問：日商和韓商合作有無文化磨合的問題？

答：在亞洲金融危機前，韓國的勞動力市場非常僵化，且勞動力的問題非常多。但金融危機後，透過國際競爭和國際化之後，韓國本身的國際化程度提高，經濟問題和民族感情問題逐漸分離，變得就事論事。我們去韓國考察時，也很少看到日本企業內會遇到民族感情的問題。起碼表面上不會有。

關於韓國的勞動問題，以前是罷工很多，但現在基本上已經很少。因為透過金融危機的洗禮，逐漸意識到需要透過競爭，而且企業內企業管理、治理的結構都在變化。我舉個例子，三星電子員工平均工作年限大約在7.5~7.9年左右，不到8年。換言之，勞動市場的流動性非常強。日本企業的話，起碼20~30年，不知道台灣企業是否有這項數據？這說明韓國的勞動力市場流動很快，企業的柔軟性很強，很多問題都在逐漸解決。

至於，日本企業為何要與韓商合作？不僅是微觀層次，還有宏觀層次上韓元貶值的問題，造成到韓國去會有很大的優勢。這不是企業問題，而是整個國家政策的問題。我不知道台灣政府如何考慮，但韓國政府解決金融危機的方法，肯定是利用這方面的優勢。當然，貶過

頭也會有問題。宏觀上，連帶影響韓國的物價上漲，造成韓國低收入層次的不滿，國內兩極分化很厲害。不管怎樣，企業如果不發展，國家稅收就會有問題。因為稅收不可能完全仰賴中小企業和低收入階層，政府要去扶植那些低收入或是解決民生問題，也是需要有稅收和資金，所以這是一個循環的過程。

問：相對來說，文化融合在大陸問題好像比較嚴重？

答：在日資企業工作的人可能也不會有，在招商的時候可能會碰到。現在在裡面的人，不太會有這個問題。

　　我問過很多在大陸工作的日本企業負責人，他們都強調在企業內部沒有民族感情問題。但是，我想在就職選擇、消費選擇上還是會有影響的。

問：台日商合作抗「韓流」（韓國企業）有無可行性？

答：現在已有這方面的合作。例如說夏普（Sharp），以前是全球面板技術最好的，保密也做得很好。但是，近年因為韓國、台灣企業崛起，現在營運能力逐漸變差，保有好的生產能力也沒用。因此，現在和奇美電子合作，大面積、大尺寸面板和奇美電子合作，雙方相互提供；中小尺寸我從奇美那裡拿，大尺寸的由我提供給奇美。如此一來，市場的餅就做大了，產品線、產品競爭力也都隨之加強。這邊的合作成因就是為了對抗韓國企業，奇美加夏普的市場，加起來就接近三星電子的市場比例。全球面板市場的份額考量，影響合作意願。生產規模大了之後，成本就可以下降。

　　成本控制後，議價談判能力便提高很多。原來比較小的情況，自然就不行。因為三星的量非常大，其議價能力很強，可以做得很便宜。但是對抗「韓流」，我覺得這也存在問題的。因為企業合作絕非

只限一個方面，還包含企業管理、對市場的理解，以及開發市場的經驗，否則光是結盟後規模變大，也是不行的。換言之，雙方合作不能只看合作規模，彼此還需要有很強的市場意識。即使是合作起來一起對抗，但畢竟是不同的企業，企業之間還是有利益關係在內。不可能永遠犧牲利益，以對抗韓國。在可能的情況下，雙方擴大規模、產品線，來提高競爭力。但是，對國際市場的理解，此後提供的產品設計，按照消費者需求生產之後的品牌通路，這些是每個企業，無論是台灣、日本，都還是要自己來做的。

現在日本企業和台灣企業的合作，主要還是在供給的角度。生產成本如何降低，但需求方面也應顧及。需求的能力怎麼提高？日本企業這方面的能力不行，台灣企業原來是提供OEM和ODM，對市場理解也不行的話，優勢互補便不可行。只能在供給、製造、供給之間有優勢，但是市場需求沒有優勢，也是不行的，還是需要自己去做。韓國企業最強的就是「市場通路」，以及對消費者理解，還有品牌。說實在的，韓國企業和日本企業合作其實比較合理。日本企業供給強，有技術，品質管理也強，韓國有市場所需的品牌通路，兩方合作互補比較合理；而台灣在品牌和通路方面比較弱。台灣比較強的在大陸，但也只是在大陸的幾個產業很強，因為沒有品牌通路，故有所局限，如BENQ的品牌規模就不能和三星等世界級企業來比。我覺得台灣企業在技術和質量方面，可以和日商合作，可降低技術開發成本，加快技術水平。但是開拓市場，還是需要自己的努力，要靠品牌通路、對市場的理解，因為日本企業這方面不如韓國企業。由於市場重要，所以對市場的理解分析便很重要，有些台灣企業在大陸就做得不錯。

問：旺旺集團就做得不錯？

答：旺旺好，不代表所有企業都好。而且，台商嘗試做內銷家具就不行了。家具OEM是提供給歐美，但現在歐美市場衰退，自然就做不動了。目前台灣企業在大陸的市場，還是要加強品牌通路。雖然晚了，但還是要弄，也還來得及。市場還很大，新興發展國家還多著，例如南美、印度、東南亞等。因此，全球市場分析相當重要，當務之急是要把大陸市場弄好。現在，台灣企業集中在和日本合作，但這層合作關係還是專注在供給角度，這方面不是說不需要，韓國企業也是需要日本這方面的優勢互補（因為它原來是靠通路）。與日本企業合作有這方面的可能性，但機會也有限，應該要加大在市場開拓方面的合作。

問：近期您帶日商赴韓考察有何感想與評價？

答：過去日本企業覺得韓國的競爭力來自政府資助，還有韓元貶值的優勢，或者說它是家族企業，所以經營和決策的速度很快。這方面的優勢的確可能有。最近則說因為韓國有和EU、美國簽FTA的因素，讓韓國企業競爭力又變強。以上這些皆屬於外部環境因素，但這次考察時，我在想其內部競爭力在哪裡？外部因素只有在內在因素運作時才能發揮出來。例如ECFA是很好的，但是如果台灣企業本身不努力，這個果實也是吃不到的。換言之，這是有條件的。這次考察後，我覺得有幾點內在因素：

（一）全球經營：韓商的全球化意識很強

比如說，日本企業會去苦惱日本市場的縮水，因為高齡化、少子化，市場變得愈來愈小。韓國、台灣不也一樣嗎？也同樣面臨高齡化、少子化。韓商並不會講這種灰心喪氣的話，而是以全球為市場。2050年，全球

人口接近90多億，還是大幅成長，在這之下有的是市場。關鍵在於你要不要去做，讓他們變成你的客戶？去瞭解全球市場的需求是什麼？韓國企業確實在全球思維方面，做得比較好。

　　台灣企業當然也在做。然而，大陸去了，但是大陸以外的，就變得比較小心。不像大陸那樣，擁有對市場的理解，比如印度、南亞、中東、非洲、南美等，台灣企業都很少去，因為現在還是大陸市場比較大，語言相通。然而韓國不同，例如三星有區域專家制度。每個地區專門派駐年輕人到各地，有一年時間調查並掌握當地生活需求和市場狀況，蒐集所有情報，瞭解當地生活，成為該區域的專家。日本企業這方面就沒有，做得不夠，我不知道台灣大企業這方面如何？但台灣很多大企業搞OEM，並不是品牌，就不會特別去注意。

韓跨國企業派駐區域專家，落實在地化思考

　　在地化不是用在地的人就是在地化，經營要在地化，韓國人也可以的。經營決策要適合本地市場，首先需要去瞭解市場，才能層層指導。

（二）家族企業性質──上意下達和下意上傳很快

　　不是依賴組織、制度建立起來的，而是個人所有，我自己就是老闆，企業規模很大。台灣企業很多也是家族企業。日本企業認為因為很多韓商係屬家族企業，故其從上往下（top-down）決策很快。然而，其實現在股權相當分散，企業治理結構已經市場化。此外，家族要判斷，憑藉的是底下搞戰略、搞市場的staff。部長、總部長的能力非常強。可以提供決斷所需的好story，與決策輔助的風險、市場評估，讓經營者可以快速決策。選擇要多個，選擇想定、備案都很多，韓國企業這方面很強。

　　日本企業的戰略經營、戰略部，已經變成如同事務局般，它自己不

做，而是委外做，再送至經營者那邊。這個團隊其實需要快速的信息傳遞，企業愈來愈大後，上意下達和下意上傳，這個要很快，決策才會快。韓國企業這點做得還不錯，信息流通很快，這是屬於組織層次的問題。

日本企業如何決策？是由下往上的，但是傳遞到上面很慢；韓國企業是由上至下與由下而上的結合，訊息流通、傳遞很快，短時間就吸收了。雖然韓國還是有些家族企業，但是一般來說由於企業組織訊息反饋能力強，故其決策速度很快。

(三)技術經營（Management of Technology, MOT）

這不完全是技術開發或技術管理，技術經營的意思為何呢？企業增長有兩個驅動，其一為市場驅動（MBA思維），按需求做成產品，技術擺在第二位；另一個是技術驅動（技術很強，可以培養需求，亦即工程師思維）。MBA思維是從需求開始，再把產品完成；技術驅動則不然。日本企業就是技術驅動型的經營，但是技術強調自己開發、自己所有。不過韓國並非如此，先問有無市場，即問有無需求？即使沒有技術，但市場需求很強，但也可以透過購買、授權和參與開發（Joint Venture），或者收購，以及自行開發。比較這幾種方式的成本後，哪個速度快、機會成本低、增長競爭力快，並非所有技術都要自己開發。我覺得韓國企業的MOT比日本企業做得好，因為日本企業是不管市場，就先行開發技術，然後鎖在抽屜裡。每個企業都有幾千、幾萬個技術，但市場化太低。

韓國企業則是一步步演變，首先是搞設計產品開發質量，然後往基礎技術方向發展。日本企業去考察，覺得自己技術強得多，但技術沒有結合在競爭力和效益上，也沒有開發出市場。韓國的MOT我覺得做得不錯。因為技術不一定需要自行開發，全球去找，不一定透過購買，可以參與開發、合資、採購等，因為這樣可以提高市場增長和附加價值，現在台灣企業也有類似作法。

如果全部技術靠購買也不行，所以現在開始有自己開發的情況。雖然時間長、代價高，但技術積累是需要的，否則如此大規模的企業無法延續下去。綜上所述，在看待韓國企業時，不完全是政府支持的因素，還有其內在的因素，影響其競爭力的強度。

政企協作與整合關係佳，推動有監理的獎助制度

但是台商過分強調技術市場化，並沒有把品牌、通路結合起來，還是停留在供給方的技術供給上。台商應該要集中在市場和通路還有品牌上，這都很重要。

(四)與政府之間的協調佳

Combination或co-ordination，並非像以前政府管死，而是提出需求，政府可以幫忙資助；但政府有需要時，產業必須要拿得出來，有這項義務。企業獲政府補助後，要做好，並能夠表現出來。例如：日本政府也有在研發方面資助企業，但政府資助完後沒有追查結構、效益。韓國就不一樣，韓國政府有資助後管理／監理的機制，讓使用效益得以維持。此外，在新興市場上，很多大的投資項目，韓國政府也願意作為企業的信用擔保，這方面也有co-ordination和combination。政府政策和企業力量集中，台灣方面的政府政策和企業則有些脫節，台灣政府有些滯後。

在技術開發方面，韓國企業也是滯後的。從基礎技術研究和企業積累，這個是要企業中長期地驅動，此時政府就扮演重大角色，例如韓國的文創產業能夠成功，便是由政府強力整合而成。韓國FTA也是由政府成立特別部門，親自督導，一下子搞起來的。韓國國家治理、企業體制的治理，相互協調起來，很有魄力。在日本，企業和政府都有問題，這些都還需要努力。

其他方面,例如員工的承諾(commitment)管理制度。三星電子就很厲害,它要員工承諾效能,要員工有所表現,才願意給予承諾。所以,韓國員工壓力很大,自殺問題也很多。但是,這就是全球競爭!因此,韓國的年輕人都很努力,全球化要求高的企業就要求本地人才的英語能力,以此換得高工資。雙方相輔相成,因為要到三星拿到好工資,所以需要認真學習。不過,韓國三星內真正長期的合同員工,一半都不到,大部分是合同工。所以韓國企業面臨一個企業社會責任(CSR)的問題,以及大企業如何去善待員工的問題。

問:您認為台商與日韓應如何合作?是否應建立合作平台?目前缺點何在?如何落實工作?

答:端視優勢在哪。有競爭也有合作,不同行業亦有不同。台商有OEM和ODM、與歐美品牌的合作、零部件的籌措,即供給的供應鏈很強。另外,成本控制和生產效率等都是優勢。但是和日商合作,不能停留在既有的優勢,一定要有自己的通路、品牌,要有這方面的能力,往這邊走。同時,還要有研發的能力,有這些能力才有資本,然後才有魅力。和日方合作,如果不清楚合作目標,通路又被掌握的話,還是停留在技術層次,永遠只是個打工的。所以既要有垂直分工,也要有水平合作。

　　現在打工的不只是你自己,還有大陸及其他國家也在打工,競爭愈來愈厲害。這應該是一種垂直關係,要有過程,是雙方的優勢互補。優勢互補不是一成不變,到了一定程度,不一定完全會找你,它可能會培養自己的勢力。換言之,一定要有不可替代的優勢,但這很難,如鴻海到現在才有些不可替代的優勢。即使這樣,台灣企業之間也還有相互競爭的態勢。

　　相互優勢要互補,同時自己一定要做出品牌,否則就沒有優勢。

以前台日策略聯盟多，現在變少了，為什麼？因為在大陸各地都有供應商，供應商愈來愈多的情況下，現在不一定會找台商。我訪問的很多日商，他們透過和台商的策略聯盟，熟悉大陸環境後，就想要獨資，不想要和台商合資了。作為企業來說，能夠獨立的時候，當然會獨立。台灣企業如何在優勢互補中吸收、成長、壯大，產生新的優勢，要不斷地推陳出新，否則魅力變少，合作方就會離你而去。

問：是否應建立合作平台？目前缺點何在？如何落實工作？

答：平台、機制，每個政府都在做。民間包含智庫、諮詢公司，包含支撐企業發展的周邊生態環境等，以及諮詢的行業、會計行業、公關行業、產業工會，整個結合起來，各方面人才的要求要很強。結合過程中，成本還要可以壓低，這是企業自然會去考慮的。

　　政府提供服務時，不能無償的，這也不行。要有結果出來，達到我要的目標，需要有管理的獎勵、補償和懲罰機制。如果做不到，便要賠錢。不是說一定要還，但企業承諾的就要達到，否則就要賠錢。雙方之間需要有個承諾，然後隨時要跟進。

　　PDCA（plan計畫承諾、do經營實施、check報告監督、assessment評價賞罰），形成螺旋式的成長。這是很重要的治理機制。政府不能完全扶貧、救濟，而是互相提高相互價值，一種有管理效益的鼓勵救助。

問：目前的缺點為何？為何合作得不好？

答：這個也是利益分配，雙方之間彼此要求沒有平衡。魅力為何，人家為何要與你合作？相互之間的要求沒有匹配，目標不一致。雙方應該要有自己的魅力，要能為對方提供多少附加價值。同時要拿到對方的好處，又能提供給對方什麼。我能提供，同時讓對方認可這樣的價值。

這個要求很高，是很難的談判技術。不僅要讓自己拿到，還要說服對方給你，這是很重要的。

企業應追求競爭力持續提升，不能以社會救濟解決問題

我覺得，很多做得不行，是因為碰到其他附加價值更好或更適合的。現在政府很多做的都是虛工的。表面上都是政治因素，實際上有什麼能契合？比如說，韓國政府拿了一個十大元件材料研發計畫（「World Premier Materials 10, WPM10」）十年間1~2兆韓元的企業技術研發計畫，選定幾個企業合作。選定便有責任，給了補助，就必須要有回饋，對韓國產業做出貢獻。如果現在不加強基礎材料產業，永遠對日本都是赤字，永遠跟著日本走。

政府應該檢視問題在何處，然後適時給予補助解決，不應該是救濟般的社會政策，我覺得台灣政府用社會政策來救企業，但這是另外一回事。這是產業競爭力的問題，不能拿社會救濟的方法來解決產業競爭力的問題。

台韓商大陸市場競合：產業界效應

黃鋆鋇
（台北市電腦商業同業公會副總幹事）

內文重點

● ICT產業台韓商的競爭情結

● 三星集團競爭、挑戰與矛盾

● ECFA台韓商競合與拓展大陸市場機會

● 韓商中小企業與台商有合作空間

● Chiwan對韓商仍具威脅性

ICT產業台韓商的競爭情結

其實台灣和韓國在文化思想上有很多相近之處。韓國也看得懂中文，在教育上也和台灣一樣保留著儒家傳統。台灣和韓國在ICT產業合作上有哪些狀況？韓國每年從台灣進口約106億美金，其中三星一家公司將近70億，三星公司在台灣的ICT採購位居第四大廠商，僅次於HP、Dell、Sony等公司。三星公司掌握全球ICT關鍵零組件，如面板、記憶體、快閃記憶體、電池……等相當比率的重要供應量。三星也是友達和奇美重要的的採購商，採購比率最高時曾高達這兩家公司的四成出貨量，彼此的供應關鍵度相當緊密。

在線上遊戲的部分，台灣有14家線上遊戲公司，每年從韓國引進15款遊戲。約占台灣每年推出60個新款遊戲的1/4，營業收入約占台灣200億新台幣線上遊戲規模的30%。所以韓國的遊戲在台灣，就像韓劇與韓國歌星一樣，也形成所謂的「韓流」及「哈韓族」的現象。到底台灣的ICT和韓國有那些合作的機會？

台灣ICT產業界對韓國企業有某種恩怨情仇的糾葛情境，彼此又競爭又合作的情勢相當明顯。台積電董事長張忠謀在2009年12月8日接受媒體訪問時曾說：「三星電子是所有人的對手，三星幾乎什麼電子產品都要做」。樣樣要自己掌握，很難與人合作。與台灣ICT廠商如面板、記憶體、NB、手機、Logic IC……等領域重疊且存在嚴重的競爭。一位宏達電的主管表示，2010年6月宏達電推出Legend手機，就是採用三星AMOLED面板，上市時頗受好評，但才賣了不到三個月就面臨斷貨問題，幕後的操控者就是三星，「三星對我們總量管制！」2010年6月，友達董事長李焜耀也表示：「眼中的韓國企業是以不公平手段取勝的對手。」

三星集團競爭、挑戰與矛盾

在台灣ICT產業的認知，韓國企業具備有三種特性：企業經營有堅持，非常積極主動，對商機掌握非常厲害。2011年1月5日宏碁集團創辦人、台灣科技界領袖施振榮接受媒體專訪，重批韓國三星接連以自首、告密方式，讓台灣面板廠陸續遭到美國、歐盟重罰，連鴻海郭台銘都深受其害，台灣ICT產業與韓國企業未來的競爭更激烈。

台灣未來如果要發展智慧型手持裝置，最重要的是面板，手持裝置的面板有OLED和AMOLED兩種，目前AMOLED的面板供應幾乎由三星掌控，但三星會用鎖貨方式來抵制競爭對手。宏碁董事長王振堂已與經濟部在談，怎麼發展台灣智慧型手持裝置產業鏈的面板供應，解決長期三星壟斷的情況。除了面板之外，半導體的記憶體供應及軟體人才的培養也相當重要。

台灣顯示器產業也認為：三星電子像糖果，又像毒藥。韓商策略：「養、套、殺」。大量下LED晶粒單學習、掌握台商關鍵技術及成本，同時大量買機器設備準備自行量產。以台商作為調節的代工廠，一面保持危機意識，一面掌握台商訊息情報。但這樣的競爭狀態也不完全代表台灣與韓國企業完全沒有辦法合作，最重要在於台灣ICT廠商對自己在產業競爭環境中的自我定位。

ECFA台韓商競合與拓展大陸市場機會

兩岸簽署ECFA後，台商要迎合大陸「十二五規劃」擴大內需市場商機，勢必要做好在大陸的銷售策略及布局。以大陸的ICT產業發展為例，大陸的ICT產值中，有70%是台商在大陸所創造的，但台灣ICT廠商在大陸ICT的內需市場上，並未呈現出台灣的優勢。因此，台灣ICT廠商要怎

麼與中國當地品牌廠商結合尋求合作,共同開發中國大陸的內需市場,便非常重要。而台商與陸商的合作,遠比韓商和陸商的合作機會高出很多,所以韓商怎麼和台商共同合作是值得探討的議題。

韓商可能自認為可以自己來,但我要提醒,以面板產業為例,其實中國大陸的廠商在和韓商合作時,心理上也有顧忌。三星是面板的供應商,但三星本身也在從事生產電視、筆電、手機等產品。過去有台商被韓商鎖貨的不好經驗,陸商看在眼裡,也會擔心和韓商合作會面臨同樣的狀況。由於台灣產業規模較小、廠商分工較明確,所以陸商普遍認為與台商的合作,可以形成產業上下游的供應鏈,這也是台商在中國大陸內需市場會比較有機會的原因。

例如:友達已與中國彩電廠長虹、海爾、TCL合組模組廠,也與全球最大液晶電視組裝廠台商冠捷策略聯盟。從大陸OEM電腦大廠的DRAM模組訂單,已開始轉單給台灣DRAM顆粒及模組廠的發展態勢來看,未來將會是台灣DRAM產業西進大陸市場的最佳機會。

Chiwan對韓商仍具威脅性

台灣已經陸續與中國大陸舉行八次的標準論壇,針對TD2、三網融合、泛在網/物聯網、LED 半導體照明、平板顯示技術、鋰離子電池、太陽光伏、汽車電子、AVS-DRA、雲計算/雲存儲等10項領域,進行兩岸共同標準的制定探討。透過標準探討,希望形成新型的產業標準。短期而言,它的效益不會明顯顯現,但長期可能因為密切的交流討論,會建立起互信互利的合作機制,此機制一旦形成,將對產業的發展帶來重大的影響。因此,韓國所擔心的「Chiwan」會逐步成形,韓商若未能適時與兩岸合作,將來勢必會被影響。

另外,台灣政府積極推動的兩岸搭橋活動,經過一年多的交流研討,

將會逐步往合作的方向前進。韓商若沒有深切的體會，可能也會被影響。以ICT產業的數位內容為例，在數位內容產業（遊戲／動漫／學習）方面，韓商和台商的合作只有純代理，無法深入合作如何共同開發產品或開拓台灣之外的海外市場。因此，當台商和陸商從代理到合作開發，及拓銷海外市場的合作日漸深入之後，韓國的線上遊戲產業也將會受到衝擊。

台灣在政府及各相關公協會積極與中國大陸展開交流合作之際，正逐步與中國大陸數位內容產業的四個主管部會：新聞出版總署、文化部、國家廣電總局、信息部等單位的負責窗口及對接的單位，針對兩岸數位內容及華語文教學品質認證、合作等議題進行討論。中國大陸對所謂的文化教育相當敏感，深恐被外國的文化所影響，積極要發展中華文化，而台灣一直是中華文化保存最好、最完整的地區，因此最有機會在這個領域上與中國大陸合作。韓國廠商若是在製作技術或創意應用上與台商合作，就有機會掌握兩岸數位內容產業的商機。

韓商中小企業與台商有合作空間

以ICT產業發展而言，例如智慧型手持裝置產業，或是台灣未來可能發展的產業領域，台灣和韓國有無合作的空間？我認為，大企業只可能短期合作，長期則會成為競爭對手，所以困難度在於找出適當的時機點。中小企業則比較有機會，韓國的中小企業產業分工應該比較明確，有機會與台灣企業形成產業互補的產業鏈。

不過，目前韓國在中小企業部分，並沒有對應的窗口與台灣的中小企業對接，彼此想找對象合作，卻苦無窗口，透過什麼管道讓台韓中小企業有機會合作？這是未來台韓可以深入討論合作的議題。例如韓國ICT產業所需要的電源供應器，幾乎是由台灣供應，還有元太供應HydiS，換句話說，雙方在供應和生產上面還是有機會合作的。此外，在電子零組件的通

路產業上，三星及LG的半導體零組件幾乎由台灣廠商所代理，以進入中國大陸市場，這也是很明顯的產業價值鏈。

雲端產業未來的商機可期，台商與韓商要如何共同掌握全球「雲」端商機？影響全世界的三朵雲：Facebook、Google、Yahoo，到了中國大陸則是QQ、百度、阿里巴巴等廠商所主導。台韓是提供大部分「端」的接收及應用硬體，在國際市場上台韓是競爭多於合作。但在經營中國「端」的裝置市場時，與中國大陸的本土廠商，比亞迪、華為、天宇朗通等公司互補合作時，台灣廠商相較韓商更具有語言、文化及人脈優勢。最後我認為，台灣和韓國應可朝向台韓合作、共生雙贏的局面來努力。

訪談錄

問：台韓商比較，雙方開展大陸內需市場，各有何優勢和挑戰？

答：韓商在大陸投資地區，主要以環渤海灣地區為主，而台商在珠三角、長三角及海西地區較多。若要開展大陸內需市場，台韓可以發揮在投資當地的優勢互補合作。

　　其次，台商在中國大陸具有同文同種，及對台灣政治特殊考量的優勢（如海西），而韓商三星及LG在ICT產業，則具有較台灣略微領先的優勢。

　　最後，無論台韓廠商，開拓中國大陸內需市場的最大挑戰，是如何找到對的合作廠商、順暢的金流及物品安全運送的物流。

問：韓國與美歐簽訂FTA後，對台商消費電子產業之衝擊為何？

答：從ICT產業來看，由於ICT產品、電子通訊產品等許多項目輸往美歐都是零關稅，因此對消費電子產業而言衝擊不大。對於沒有零關稅的傳產項目，可能衝擊較大。

問：一般台商對韓商經營合作與印象多不佳？成因為何？未來若要合作應做何努力？

答：台商與韓商在之前的合作過程中，有諸多不愉快的合作經驗，例如關鍵零組件的鎖貨、聯誼活動變成聯合壟斷的舉發、先合作再自我發展的「養、套、殺」策略等，讓台灣ICT企業對與韓商的合作退避三舍。

　　由於台韓ICT產業競爭的白熱化，要促成台韓較大企業間的合作難度，遠高於以中小企業作為雙方展開產業鏈的互補合作。

　　要找出韓國與台灣能形成互補產業鏈的產業項目進行合作，共同搶進國際市場，是最佳的合作模式。

從企業文化探討韓國何以超越台灣

謝目堂
（景文科技大學國際貿易系副教授）

內文重點

● 韓國以大企業為主體，資源整合、根留韓國

● 韓商投資配合當地國發展主軸

● 韓商與韓國政府政商合體

● 韓商視大陸為龐大市場

● 台韓商仍有合作空間

2006年之前，台灣在中國大陸市場占有率高於韓國，2003年台灣的占有率一度高達13%，此一記錄至今無人能破，何以之後逐年衰退，終至2006年為韓國所超越，且差距愈拉愈大？台灣與大陸同文同種，知大陸者莫若台灣，何以台灣在大陸市場之優勢如此快速流失？究其原因，可歸納如下：

韓國以大企業為主體，資源整合、根留韓國

早期台韓商將外銷導向加工廠轉移到中國大陸，主要是著眼於豐富的低廉勞動力，投資初期其運作方式和大陸當地原本的產業體系，並沒有太大的關聯。在原材料、零組件和設備的供應方面，台韓商從母國採購的比例很高，生產所需技術也相當依賴母國提供。換言之，在這個階段，台韓商只將末端的加工裝配流程轉到中國大陸。在投資初期階段當地化程度並不高，這是台韓商初期在中國大陸投資的共同點，不過在中國大陸的台韓商卻因企業結構上的差異，而有不同的發展型態。台商生長在以中小企業為主的產業結構環境，廠商之間自然形成產業網路，前往中國大陸投資時，上下游呼朋引伴，連根拔起，在大陸設廠就地供應原材料零組件。而韓商則不然，韓商習慣在以大企業為主的產業結構環境裡經營企業，尤其是韓國中小企業大都與大企業形成垂直關係，在中國大陸的韓國中小企業，仍然與韓國大企業形成垂直關係，大企業提供訂單給中小企業；同時將原料零組件供應給中小企業，在中國大陸的中小企業只能扮演加工廠的角色。

韓商投資配合當地國發展主軸

台商與韓商在中國大陸與當地政府間的互動形式不同。在中國大陸中

央與地方間，對吸引外資政策雖同，步調卻異。地方政府傾向於回收快、風險小、創造就業機會多、投資短的投資模式，這與中央政府的外資步調相背離。台商在中國大陸因為同文同種，沒有語言障礙，所以不太需要透過投資仲介機構之安排，就能輕易地與當地地方政府形成直接關係，配合地方政府之需求，投入回收快、風險小、創造就業機會多之短期投資。這種短線操作在投資專案安排上，與中國大陸中央經濟發展步調不一致，投資項目背離大陸中央發展主軸。相反地，韓商在中國大陸除了有語言障礙之外，又無關係網絡，所以投資之進行需要依賴仲介機構之安排。中國大陸仲介機構雖然愈來愈具有自主性，但基本上還是遵守政府的指導方針，因此在投資地區、規模、專案的安排上，比較與中央政策符合。長期而言，韓商投資步調與大陸整體發展趨勢相一致。

韓商與韓國政府政商合體

在台灣，公務人員圖利商人視為違法亂紀須坐牢；在韓國，公務人員卻以圖利商人為己任，並且還依法有據。李明博2009年到阿拉伯聯合大公國為韓國電力公司拿到400億美元的核電廠訂單，2010年又向大陸政府為三星電子與LG電子說項，取得兩張面板廠許可執照。政府如此，政府所屬公營機構亦復如此。韓國輸出入銀行與大韓貿易振興公社為出口商打開國外市場的故事，為外界所熟知，其內容如下：

在亞洲金融風暴後，韓國政府將振興出口訂為優先施政目標，而韓國輸出入銀行即被賦予提供出口所需資金融通的任務。韓國輸出入銀行為配合企業出口資金融通需求所推出的金融商品，計有：出口票據貼現、履約保證、債務保證、搬出支援融資、遠期信用狀買斷、中小企業應收帳款承購、中小企業特別信用融資、出口應收帳款承購等。其中以「搬出支援融資」最為大家津津樂道。所謂「搬出支援」，是指將商品搬出國境，

但尚未完成接單交貨，產品先放在國外倉庫等候出貨。這是利用先進的國際物流手段爭取商機，取得競爭優勢的一種策略。但是利用這種策略要克服兩個問題，其一是國外設立發貨倉庫，其二是產品送到國外倉庫等候出貨的資金積壓。為了解決此一問題，韓國輸出入銀行與韓國貿易振興公社（KOTRA）進行策略合作，由KOTRA在重要出口市場成立共同物流中心，設立發貨倉庫，而韓國輸出入銀行則對於事先將商品運往KOTRA發貨倉庫的出口商給予融資。在進入IT產業的時代，進口商為求零庫存，往往採取少量多筆的進貨策略，且要求訂貨後可以立即交貨。韓國輸出入銀行與KOTRA的策略合作，讓韓國出口商在國際競爭上取得優勢。

韓商視大陸為龐大市場

大陸台商以代工為主軸，重視生產。全世界85%以上的手提電腦由台商製造，製造基地在大陸，現在最為風行的蘋果iPhone、iPad一樣是台商製造，其生產基地同樣是大陸。台商在大陸以製造業為主軸，為大陸創造大量就業機會。鴻海雖是一家公司，但在大陸各地所雇用員工便超過100萬人；但由於是代工，獲利不高，勞工成本成為公司獲利與否的關鍵因素。因此台商不得不採取低工資、延長工時的經營策略，而壓低工資、延長工時的結果，往往造成勞資糾紛等社會問題。諷刺的是鴻海代工的iPhone手機，最主要且占iPhone手機零組件成本45%的核心零組件Memory與CPU，均來自韓國三星。

大陸韓商以品牌為主軸，重視行銷。韓商在中國大陸由大企業領軍進行市場攻略，且以高價、高品質為其攻略手段，為提高企業知名度進而創造品牌形象。韓商在大陸進行一系列產品行銷競爭，運動贊助為其行銷手段之一。以三星電子為例，三星電子贊助北京奧運與廣州亞運為其帶來龐大商機，北京奧運之前，三星手機2007年在中國大陸的市場占有率為

11.5%；而2008年9月北京奧運結束時，三星手機在中國大陸的市場占有率倍增至21.2%。韓商在中國大陸的行銷布局，將會拉大台韓商在中國大陸市場的競爭差距。

台韓商仍有合作空間

台韓商在中國大陸兩軍相遇，雖然難免相互競爭，但互有優勢。在兩岸簽署ECFA之後，台商在兩岸關係中占有相對優勢，在中國大陸之市場布局較韓商有利，韓商則在品牌與資源整合上較台商為優。台韓商應有合作互補之可能性，未來兩國廠商宜探尋相互合作機會，創造雙贏。

三星電子筆記型電腦中國市場成長模式分析

陳景松

（資策會MIC產業分析師）

內文重點

●三星電子筆記型電腦之定位與經營

●三星電子已成全球跨國企業

●重視多元行銷策略運用

●徹底的在地化品牌經營

●三星經營中國市場策略多元

今天跟各位分享的是，三星電子筆記型電腦在中國市場的成長模式分析。首先提到筆記型電腦在三星電子具有什麼樣的定位，以及三星電子怎麼樣去支援這個產品，接下來三星筆電在中國是如何地成長和它的發展，最後再做一個簡單的結論。

三星電子筆記型電腦之定位與經營

三星電腦對三星電子而言有什麼樣的重要性？在1999年三星電子對外發表的一個未來發展願景中提到，三星電子在未來要成為一個「數位融合革命的領導企業」。在這願景內提到未來將繼續優先發展電視、手機、筆電、印表機與家電這五項產品，而筆記型電腦是在其未來發展的重點產品裡面。三星電子本身就有生產IC面板和記憶體，另外在三星集團資源裡也包含電池和背光模組，基於三星集團的資源整合策略，我們知道這些零組件都是筆記型電腦的重要零組件，筆記型電腦對於三星電子，甚至三星集團而言，就變成一定要發展的產品。

接著來看三星筆電的每個發展歷程。根據我們的研究，從1995年到現在，三星筆電基本上可以分成四個階段：第一個是母國培育階段，亦即在韓國累積經驗、培育技術扎根。第二個階段是代工培植品牌階段，代工主要是接Dell的代工訂單，因為它在母國培育階段每年的出貨量達五萬台，為要擴大它的產能、經濟規模，所以需要代工訂單來擴大它的產能。除此之外，同時它也將其自有品牌外銷到全球市場。2005年的時候，三星電子決定要放棄它的代工業務。而2006年的時候就全力發展自有品牌，然後同時間重新整合全球市場的經營策略。到了2008年，它增加產品線、銷售通路，透過這兩個方式擴張其市場銷售規模。

三星電子已成全球跨國企業

　　根據三星電子的描述，2011年的經營目標是一千萬台以上。我們知道全世界品牌數一數二的是Hp跟Dell，它的出貨量也才四、五千萬台而已，所以三星筆電在2011年的出貨量已經不容小覷。接下來看它的主要產品線，三星筆電它的產品線主要有四大產品線，這一個X、Q、R系列是消費系列，那P系列是商務系列，每一個系列有其不同的特色、定位，所以在它的尺寸別跟它的價位也都不同。此外，三星筆電整個的營運基調，可以看到它分成下述策略：第一個經營策略，就是在母國市場累積它的經驗，然後強化自我設計、自我生產、自我製造以提升其整合綜效，以確保其價格競爭力。接下來在形象策略上，就是一個位居數位產品領導地位的品牌，因而在產品的形象上建立時尚、酷炫、高級的產品。而其產品策略的重點是要輕、要薄，然後除有四大系列之外還包含其他的子系列，其中最重要的就是這NC系列，小筆電系列帶動三星電子在2009年之後整個成長，完全都在依賴小筆電的成長。

重視多元行銷策略運用

　　行銷策略方面，整個三星筆電所針對的是中高所得階層，接下來是年輕的商務階層，它會運用運動、文化、社會公益的活動推動它的行銷，那它也會跟其他的體育產品作一個行銷，來提高它整個資源的綜效。

　　三星筆電在中國又是如何的成長。在提到這個主題之前我們必須要先提到三星集團在中國是如何的經營？根據我們研究，三星集團在中國市場經歷過四個主要改變：第一個是定位改變，三星集團原本是將中國定位成可以降低成本的生產基地，但是在2002年之後，三星集團就將中國市場定位成維繫三星集團未來是否能夠生存的重要基地。接下來是組織的改變，

在2004年之前，原則上在中國三星的各種公司或是事業部門，都是透過自主管理與行銷，但是在2004年之後完全統一，中國三星各種公司進行統籌集中管理和行銷，這個好處就是說，它的資源最大化、成本最小化。接下來另一個改變就是產品發展改變，在2000年之前三星有很多種品牌、產品，每一種產品有不同的品牌，但是在2000年之後，三星重新改變它的企業識別系統，一直推動它的單一品牌。接下來另外一個改變就是對於中國市場而言，三星原本是一個國外的品牌，但是為了能夠在中國市場扎根，在2006年非常徹底推動本土化策略，然後為了要去推本土化策略，他們也努力讓三星成為一個中國的國民品牌，讓中國的消費者心中覺得三星是一個國民品牌，而不是一個外國品牌。

徹底的在地化品牌經營

三星筆電在中國的發展過程，從2001年三星進入中國開始，一直到2007~2008年間，這中間發生很多事情。其中最重要的是2003年的通路大整頓，與2004年蘇州廠擴展，以及2005年整個走向本土化策略，不只是銷售、行銷到國外，更兼顧大陸國內市場。2007~2008年配合北京奧運的行銷，2008年它整個在中國市場銷售量達到70萬台。回顧過去，2005年是三星電子首度突破10萬台，2008年突破70 萬，但是2010年三星電子的銷售量超過200萬台。亦即，五年的時間，三星筆電在中國市場成長了20倍。那在2011年，根據三星電子自己的目標，它在中國市場要銷售300萬，這可以看到三星電子對中國市場其實有著相當大的期盼。

在它的產品分布上，三星筆電在中國市場主要是R系列跟Q系列，其尺寸介於13~14吋，聚焦在影音的娛樂跟輕巧、實用性和移動性。接下來它的價格分布是在中間、中高層的消費者身上。它的通路策略，我們分成四個階段：第一個階段是集中的階段，主要透過代理商；其次在分區的階

段，則把代理商取消掉，直接設立子公司。第三階段是深入階段，透過激勵計畫，讓代理商能夠深入三級或四級的城市。第四階段，它在2007年加入3C賣場，2008年加入B2B商務的通路。

三星經營中國市場策略多元

　　總結以上的過程，我們先看整個計畫，從整個經營的策略來看，在品牌上推動本土化，也推動社會貢獻，可以讓消費者認同，讓三星所有的產品接受度更高。在企業面它透過零組件的綜效，然後透過事業面的經驗移轉以減少三星筆電進入中國市場的障礙。在品牌方面則是將三星筆電定位在一個高品牌的象徵，所以會讓中國消費者更想要去擁有它。在市場面，我們知道三星電子本身就是相當多的消費性產品，中國市場的一個最大特性就是其擁有一個共同客戶跟共同地理特性，有利於經營一個共同品牌。

　　關於產品的銷售策略，在產品這一部分提到品牌、流行和現代，在行銷面則是獨立行銷，但是在3C通路等通路它會採取聯合行銷和搭配行銷，也會提供經費給經銷商去進行店面總體設計。在價格面向，它鎖定整個中間的族群，並分割成三個族群，針對三個族群提出三個價格定位。接下來看通路，透過中國三星進行集中統籌跟策略一致，透過對通路的強化、快速反應市場的庫存，它也不是只有透過單一通路，也透過3C通路與線上的通路來銷售。

中國內需市場與韓商投資：
台灣經濟合作機會分析

李承信

（韓國對外經濟政策研究院中國事務部主任）

內文重點

●中國大陸已成世界第二大進口國

●大陸內需市場中間財增加導致韓順差遞增

●台韓大陸投資產業別相似

●現階段ECFA對韓商實際影響不大

●台韓合作可考量台日模式

　　首先我要介紹中國進口市場及其內需市場的現況，同時比較韓國、台灣赴大陸投資的情況，其次是ECFA對韓國的影響，以及進入中國內需市場戰略和韓台合作的機會與建議。

中國大陸已成世界第二大進口國

　　關於中國進口市場，中國在2009年已經是世界上第二大的進口國家。以2010年而言，世界進口市場規模增加率最高的是38.8%，金額已經達到1兆3,940億美元。以進口市場內的市場占有率來講，進口的部分排除掉中國之後，還剩日本、韓國、台灣、美國、德國。依照中國進口的統計數據，觀察貿易統計的HS2單位，在95個進口項目中，我選出進口市場占有率2%以上前10名的產品，其中7個產品的主要來源國為：日本、韓國、台灣、美國等國。

　　第二個中國進口市場的特徵，大家都知道中國的加工貿易比較多一些，但是最近趨勢有些變化。亦即，中國從貿易結構來講，加工貿易的比重會逐步減少，一般貿易比重日漸增加。如果比較今年與去年的話，加工貿易比重從2007年的45.3%下降到2010年的38.9%，下滑6.4個百分點。一般貿易比重則從2007年的44.8% 增加到2010年的55.8%，上升11個百分點。這些因素顯示中國經濟發展戰略產生變化，加工貿易縮小，並執行加工貿易產業升級政策。其次是中國進口市場上的主要進口國家一直在增加，包含韓國、台灣、日本、德國等都是如此，它們的一般貿易比重持續擴大。

　　觀察2007~2011年，主要進口對象國家一般貿易比重擴大的情形，尤其是德國、台灣、日本皆呈現上升的趨勢。透過中國海關的統計，大部分區分為加工貿易和一般貿易兩種。因為加工貿易已經有關稅優惠，它們是進口到中國之後，在中國生產，然後再出口到第三個國家，不只是在中國

內部消耗掉的，所以我排除掉加工貿易的部分，只按一般貿易的統計來看中國內需市場。最近五年主要進口國家的中國內需市場占有率發生變化，一般貿易比重較低的韓國、台灣，內需市場占有率處於下落的趨勢；反觀一般貿易比重較高的日本、美國、德國的話，內需市場占有率稍微減少，或者是沒有太大的變化。

接著來看主要國家進入中國內需市場的狀況，比較進口市場占有率和內需市場占有率。進口市場占有率第1名的日本，還是沒有改變，內需市場占有率也是第1名。如果和美國、德國相比，進口市場占有率第2、3名的韓國、台灣，屬於一般貿易比重比較大的國家，其內需市場占有率相對較低。要分析中國內需市場的結構，通常是從產品的加工階段來觀察的。貿易統計的觀察基準分成兩種，第二種分成初級產品、中間產品，又可再分半成品或者是零部件、最終產品、資本財和消費品。假使擴大到結構來看，韓國、台灣、日本等國的中間產品比重較高一些，先進國家如德國、日本、美國的話最終產品比重較高一些。這就是差別所在。

大陸內需市場中間財增加導致韓順差遞增

金融危機之後內需市場是否產生變化呢？我想是有的。韓國對中國的貿易順差在2005年是頂點，然後慢慢減少。可是2008年金融危機之後，貿易順差自2009~2010年突然擴大，我們想找出這些因素，探討哪些地方在擴大？研究發現內需市場的中間財部分有增加，不僅是韓國，包含台灣、日本也都是一樣。亦即，金融危機之後，中國政府有擴大內需的政策，然後infrastructure（基本建設）內的擴大建設有中國內部的需求，致使這三個國家的零部件、配件和資本財出口，因而增加很多。反過來，不是生產這些產品的國家，如美國、德國等，市場占有率是有下降的。另外，德國是金融危機以後唯一消費品內需市場占有率上升的國家，從2008年的

18.3%上升到2010年的24.2%，反映出5.9個百分點的上升。

接下來是中間產品在市場的競爭狀況。在排名順序上，原本中間財大概有26個產品，我從中排出1~10名的順序，按照韓國對中國出口金額的高低來排名。韓國雖然出口很多，但主要出口對象國中還是以日本最穩定。十個產品有七個產品是第一名，韓國只有兩個產品第一名，美國則有兩個產品是第一名。不過看起來在化學原料、塑膠上，韓國、台灣、日本的產品互相競爭，占有率差不多是一樣的。

然後是最終產品的排名情況，同樣以韓國作為基準，前十名產品當中，看起來還是日本表現最好，有五個產品是第一名；美國和德國都有兩個產品第一名，韓國則有一個產品第一名。在特殊目的機器方面，排名第四的台灣之產品比韓國更有競爭力，享有競爭優勢。那麼，若有台韓一起合作的可能性，是否可利用ECFA跟日本、德國競爭呢？

台韓大陸投資產業別相似

對韓國、台灣而言，中國都是最大的投資對象國。以投資金額來講，韓國約有19.2%前往大陸投資，台灣則是61.7%是到大陸投資。按照雙方的資料，台灣從2001年開始，韓國則從1990年開始，若以2001年開始比較彼此赴陸投資的情況，雖然韓國在2007年可能略高一些，但趨勢大致上都是一樣的。其次，若從韓、台在大陸投資的主要行業排名來看，一樣排到第十名，以投資金額為準的10大投資行業中，有6個行業重疊，顯示台韓兩國赴大陸投資的行業相當類似。每個行業別投資規模也有約2~3倍之差，反映出台灣赴大陸投資總體規模比韓國大3倍。

韓國企業投資大陸的環境，對於赴中國投資的韓國企業而言，韓國的優勢在於有很強的生產能力，也就是有生產力的製造業力量；弱點則是打入內需市場時，停留的動作不是很活潑，非製造業的投資較為匱乏。而機

會是擴大當中的中國內需市場，以及在內地（中西部）地區的投資機會，靠著工業區的招商引資，鼓勵韓商到那邊投資。至於威脅，每一個外商在大陸碰到的問題都是一樣的，包含生產要素成本上升，遴選引進外資政策，還有勞務管理困難。

現階段ECFA對韓商實際影響不大

2010年韓國到中國投資的前100名出口項目中，有81個項目跟台灣重疊，相當於韓國出口至中國的70%，台灣來講也是71%。以這個數字來講，ECFA對韓國的影響非常地大。實際上，早期收穫清單（EHP清單）內539個項目中，據2010年的統計，有486個項目重疊，這相當於韓國到中國出口的17.1%。但若考慮到加工貿易的因素，只對一般貿易的部分受到EHP減免稅的影響，所以韓國受到影響的部分只是韓國出口至中國的6.7%而已。

去年針對8個受影響的產業進行調查，包含石化、鋼鐵、機械、汽車零件、顯示器、電子、石油產業等，按照產商因ECFA的表現，預測韓國的虧損約101.34百萬美金，相當於韓國對中國貿易順差之0.21%。廠商都說影響不是很大，因為產品差異化、生產能力，及生產公司顧客網絡（產品銷售網絡）都不一樣，韓國廠商不會因此轉向到台灣。另外則是服務業方面，韓國也會受到影響，因為ECFA後台灣會先進入中國服務業市場。

台韓合作可考量台日模式

針對韓國與台灣經濟合作的建議，首先應該要一起合作進入中國大陸市場。對台、韓互補產業如IT和建設業，考慮兩國間的合作。其次是創造兩國之間成功的合作模式，參考台灣和日本之間的合作經驗，策略聯盟從

以前到現在有三種模式。第一個是日本技術和台灣在中國當地經營的經驗結合；再者為日本技術和台灣大量生產設施的結合；第三點是日本的品牌與台灣當地生產線的結合。我們韓國是否能建立如上述形式的合作模式呢？台灣與韓國之間是否要一起努力促進東亞經濟整合？要考慮到擴大橫向的國際分工、降低生產成本，以及合作調整產業結構。

劉大年（中華經濟研究院研究員）　對話：

　　這篇文章是談中國的內需市場和台韓的合作機會。首先是中國內需和進口市場的變化，投影片的第二頁，中國進口市場的規模應該是1兆3900億美元。第二點，我們看表二的表格內容，就中國進口市場而言，前面幾個大的國家都在下降，那這邊會有個疑問是，那是誰在上升呢？如果看2009、2010年的數字，上升的國家應該都是些天然資源出口的國家，包括澳洲、巴西等。換言之，中國大陸的進口市場，也許是把HS26、27的礦產品扣除，因為中國大陸是一個能源淨進口的國家，看起來會更清楚。所以說以內需市場來看，台灣的大陸市場占有率在下降，韓國應該是持平或是小幅下降。為什麼會這樣，或者台灣為何會下降呢？這可能帶有幾個原因。

　　首先是過去台商的加工貿易思維。因為很多台商在中國大陸是做來料加工，中國是叫兩頭在外，進口原料加工之後再出口。其次現在中國大陸講求內需市場，加工貿易如果不發達的話，會影響台灣在中國大陸的市占率。再者，則是中國大陸的進口替代政策。台灣許多在中國大陸的主要出口產品，包括電子、機械等，都是中國大陸積極推動的進口替代政策。此外，台灣沒有辦法掌握中國大陸對一些新興產品的需求，這使得台灣在中國大陸市場占有率在下降。韓國的情況比台灣好一些，因為韓國有一些品牌產品，把中國當作世界市場，當然也有在做生產的事情；但台灣目前僅有發展型的邏輯，把中國大陸當作工廠的成分大於市場。當然，這些未來

都會改變。

　　另外，就台灣的情況而言，過去大家都認為台灣對中國的出口依賴度太高。最高的時候加上香港，來到41%，也就是說出口100%中便有41%是到中國大陸去。如果觀察最近半年或一年的情況，可發現到現在這個比重已經在下降，約39~40%。我個人覺得應該不會再上升了，原因如上述，因為加工貿易下降，加上進口替代的政策，還有新興產業的掌握度方面，值得我們注意。最後，合作的模式我覺得可以再考慮納入幾點，首先是中小企業的合作，因為韓國的中小企業競爭地位遠不如大型企業；其次是現在有ECFA，韓國和大陸還沒有FTA，可以考慮率韓國在台灣用投資的方式，再來拓展中國大陸市場。其他方面，如李主任所談，可能需要一些具體案例。

趙東方（中國政法大學訪問學者）　對話：

　　我想結合我在大陸處理法律案件，以及做不同類型企業的法律顧問所遇到的問題，來談我的一點體會。首先針對大陸內需市場的特點和其存在的問題，大陸的東方和西方，南部與北部的市場，存在著許多不同的特點。尤其是在交易習慣方面，存在較大的差異。第二方面，大陸現階段市場信用體系不完善，造成不同部門企業誠信度存在缺失。第三是大陸的司法存在較多難以執行的問題。這些方面都對外資企業，或是台商的交易安全，形成眾多的挑戰。

　　基於上述內需市場的特點，這些問題雖然正在緩慢解決，並且政府努力進行改良，但是這種現狀我個人認為是長期存續下去的。這些問題讓外資的投資人產生顧慮也是很正常的，同時這種背景也造成發展的制約。其次在這種背景下，我想談談新一代台商的中小企業經驗。

　　現在台商在產品營銷領域採取靈活的手段進入市場，擴大市場占有率，同時又有效防範呆壞帳的發生。基於上述的背景，加上台商的些許優

勢，如同李主任提到互補行業加強韓國和台灣的合作，我在想是否不限於韓國與台灣的互補行業，而存在全面合作的可能性，來打破韓國在大陸內需市場投資不活潑的現狀。

大陸內需市場開拓：機會與挑戰

羅澤生

（拓墣產業研究所前總監）

內文重點

● 大陸內需市場與潛力可觀

● 以技術換市場，產業發展具前瞻性

● 內需市場與節能環保產業具潛力

● 台商應追求全球競爭力提升

● 台灣故宮精華與文創潛力值得開發

如果說學界研究多半比較聚焦在電子訊息、通訊這樣的領域，我希望從產業實務看到的一些特色來做報告，並且多談一下實際上在大陸看到的狀況。

現在的改革開放，是看到大陸的內需目前受「十二五」之重點影響，有哪些是重點？ICT（Information and Communications Technology）產業著重台商的機會，如果我們把ECFA當作時間軸，主要來看「十二五」在這段時間內，包括整個環太平洋、韓國、日本，甚至台商這一部分，我們在中間有哪些機會，我希望從以下幾個角度來切入。

首先談改革開放，其實最早應該是八〇年代，第一個model是安徽的鳳陽。鳳陽那時候講一個笑話，他們說以前是共產主義，後來走向資本主義的自由經濟，就是在安徽鳳陽這個地方開了第一槍。後來他們說，「其實人民在鄉村，把農田的稻聚集在一起之後，除了上繳給政府之外，我們有很多的存糧是可以放在自己的口袋裡。」可是那個時候沒有什麼人敢聲張，所以農村後來就說，這個上繳不可少，我們要給國家納稅一粒米都不要少，可是大家不要講，多的米就放在自己口袋。那村長就跟他們村民講，有事我來扛，但我這個兒子，就大家幫忙養。

大陸內需市場與潛力可觀

後來這個東西，神秘的面紗突然被鄧小平看到了，他說這個東西就是我要的。後來就欽點深圳作為一個經濟特區，所以到了八〇年代至九〇年代的時候，大陸那群談姓資的與那群姓社的，就是資本主義和社會主義兩個在打，一個叫做「十一五」，一個叫「十二五」。我們看到一件事情，其實大陸突然崛起，不需要看全球的市場，大陸本身就是眾多產品全球最大的單一市場。我們在講的「競爭」，就像全世界的外商都要看大陸市場，面板牽涉到平板電腦、電視機、手機，而平板是全世界最大的市場，

汽車、電視這些也全部都是。大陸說如果促進自己的消費起來的話，這就不得了，不再需要展望全世界的外銷市場。外銷市場只做到一件事情，就是壓榨自己的老百姓，建成了第二個富士康、第三個富士康，我們事實上是血汗工廠、血汗工人。所以在「十二五」裡面，內需消費便相當重要。

　我們看到美國，2011年大概是低於4%的成長；可是在大陸大約有9~10%的成長，是全世界頂呱呱的第一名。其次，大陸看到的是什麼，是「十二五」之後有一些新的利基。根據聯合國教科文組織的統計，將來全世界最多的都市化，也就是人口100萬以上的都市，最多的會集中在大陸。也就是說，很多的人才會集中在大陸，好比說服務業的人才。由此可見，大陸現在不單單是代工，接下來看的是服務業。高端的專業之外是服務業，服務業的方針是走勞力密集，賺的是服務業的財，其實這中間才可以把經濟拉起來。那其他的一些改革還要加快腳步，所以我們可以看到八〇年代改成共同富裕、改成市場經濟，讓一部分人先富裕起來，經過了這二十多年邁向「十二五」。其實從「十一五」一步步的推進歷程，我們看到一些非常好的新意。

　從我們拓墣的角度，其實今天在我們研究所，這幾個方面全部都是研究的data base，包含節能環保、新一代的信息技術、生物、高端裝備製造，接下來最熱門的新能源、新材料，還有電動汽車。我舉一個例子，像揚州的電動車，當台灣還在爭論不休的時候，他們現在的公交車、電動車都能運作，而且現在已經有充電站，不需要等民間的私家車來充電，公車即可行駛，加上公車已被當作是一個定期的試營運。第二個要談新材料，中國的稀土成為一個全世界最重要，且值得大家斟酌的戰略價值型稀有資源。很多的東西你可以進口，但中國現在的輸出要管制，原因在於其發現其中最大的一個利基。現在最大的稀有金屬材料在大陸，稀土牽涉到新一代信息技術內非常多的通信設備，甚至交換機，這些都會用到稀土的材料。所以在台灣，其實八〇年代我在念書的時候，大家都喜歡走應用科

學，以前第一名、第一志願考台大物理。後來在我們這個時候，大家希望考台大電機，厲害的去考物理，不然就是台大資工。可是現在倒過來，基本的基礎科學如物理與化學，我就跟我兒子講，你有本事你去念化工，因為下一個時代要競爭的，全部都在化學材料這裡，稀土就是一個很好的例子。新一代信息技術中，基礎的熱門科學成為顯學，這也圍繞在鄉鎮的城市工程。

以技術換市場，產業發展具前瞻性

我舉一個例子：互聯網，在大陸講城市的互聯網，其實包括數字監控、數字交通，這中間甚至吸引了像IBM這樣的公司，大家都在看。大陸有一個很好的優勢，我拿市場開放，外商就拿技術來布局，我進而拿市場來換技術，所以這中間有非常多的互動。現在喊的七大新興戰略產業，在2015年的時候是起步，起步的話就要進到大概8、9%的比率，那到2020年就要進步到大概占15%。這個七大新興產業，主要就是鋪陳未來20~30年主要的發展，所以有非常多台商觀望這中間的機會在哪裡？我覺得這絕對是非常強勢的，當所有台商好的技術就像美商一樣，全部湧到大陸市場的時候，我們流失的不單單是人才、競爭力。亦即，大家都在打造一個「十二五」，這中間對於國內的競爭力來講十分誘人。

我們接下來看到，城市和區域型的經濟發展。講到城市，城市帶動城市群和區域經濟。首先，大家過去都是從沿海，然後一步一步向大內地來開發。所以過去從浦東，然後到天津的濱海，一直到重慶的兩江。像最近四川的筆電代工廠入川，顯示出大陸做全世界最大的筆電代工廠，這個東西不得了。我們可以看到只要它願意提供優惠，便有非常多的吸引力，就會吸引不單是台商，包括美商也會進駐。所以沿海到內地，這會幫助他構築城市型的經濟。那我們在北方的時候看到一件事，我的主管說：「在美

國時，可能家鄉一輩子都沒有聽說美國會建十座機場；可是來到大陸，聽說未來十年大陸要建一百座機場。」大家都知道經濟建設第一個要做的就是交通建設，當一百個機場都啟用的時候，全世界的目光都會集中到那裡，這是一個不得了的發展情形。

所以六個核心是包括黃河的中原，再來是從首都（關中），然後到山東半島，接著是我們比較熟的長三角。那接下來是成渝，過去珠三角也有非常多台商進去；另外一個是大西部的崛起，所以像重慶、四川、武漢，他們要依託的都是歐亞大陸橋，從這一邊的鐵路可以直接連結到歐洲的核心，所以這中間必須要走海運。如果時間不是那麼急的貨運物品，它走鐵路有相當大的成本優勢。那這六大核心經濟，其實拓墣產業諮詢進武漢，我們有幫它包一個合作的項目，就是做它的group，一開始是它自己做前腳，我們後續幫它處理。它後來才和我們講一件事：我現在裡面有非常多世界500強的陣容，包含國際品牌的公司。我們要幫它做的並不是只有製造，我們吸引它們來並不是來這裡擴廠，不是只要它來這裡創造就業機會。事實上是要把我們的聚寶盆做到國際品牌，把武漢內地所有的相關企業，我們幫它推上世界，賺世界的錢，這才算得上是全世界五強。

內需市場與節能環保產業具潛力

第四個很重要的一件事情是，在內地它們談的是內需效果。中國的經濟發展，本身就是一個最大的引力。當大陸覺醒到這件事情的時候，他們將來不要只做代工，不要只做世界的工廠，而真正要做的是走向新能源、走向節能減碳。所有的產業基地、所有的都市，在這裡面我們看到中國的內需，其實有非常多誘人的商機。所以擴大內需，其實大陸現在在講一件事情，廣州在走向下一代競爭技術時，它不會希望台商繼續做服裝、成衣、污染的產業。廣東在做騰籠換鳥，其意思是在我這個轄區內，我們希

望走得是沒有污染，總之是輕能源的，那這也是一個警訊。因此，節能環保絕對是一個顯學。從數據上來看，「十一五」到「十二五」的時候，其實倍增的速度非常快，大概追到3~5年的熱度。

　　另外一個是智慧電網，它在談什麼？第一年到第五年它就要搞8000座，後續五年它要搞7000座，而台灣的智慧電網廠商，大概是每一個在內地的經濟開發區要來結盟、邀請的對象。關於產業生產鏈，它們都是來挖我們的東西。但是要來對台商招商，其實對這個的經驗它們比我們更成熟、感同身受。所以最後要講的是，每一個國家包括台灣、環太平洋，甚至歐洲，大家都在迷「十二五」。「十二五」一喊七大新興產業，其實有非常多不單是台商在經營的，都會積極投入。其實我們要適度的調整，掌握競合的優勢與契機，我們要拿捏的好。我想我們仍然有我們的優勢，這大概是我目前所看到的情況

訪談錄

問：請教羅總監，「十二五」內有七大新興產業，台灣有六大產業，其內有很大的重疊性。未來五年，在這幾大產業，兩岸有無可能合作或競爭之處？那依您的評估，這些產業裡台灣若不努力的話可能沒有機會；反過來說我們應該在哪些方面努力？因為我們不可能在所有的產業都有優勢，是不是有哪些節點（knot），是我們可以來掌握的？或是我們也有優勢可以來發揮的部分？不知道是不是可以從產業面的角度，給我們一些思考。

答：這個問題非常好，一個產業的現實是，你的廠商會被市場所牽引。長年以來我們知道，從台北到新竹，是全世界最高度密集的產業聚集處；可是我們過去OEM、ODM，做的是研發，但台灣本土沒有足夠的市場，來支撐這些廠商，所以被迫裁廠過去，必須去海外的分公

司，甚至跑到拉丁美洲、東歐，徹底擁抱這些市場。如果說我們台商回來支撐，比如說有更多的RMB，來投注新興產業；當大陸市場崛起的時候，大家同文同種，而且在這一段時間兩岸的氛圍又特別友好的狀況下，自然這個吸力非同日而語。

　　台商過去也知道，這幾年大陸一直向我們招商引資，我們過去擁有不錯的壓箱寶，考量我們的銷售成本，與其要到東歐、拉丁美洲，又要轉機，又要走中間小道，才能對著當地的人。我們何不就透過海西登陸大陸，所以這個是受到市場的牽引，是很自然的一件事。我剛剛談到一件事情，有一些關鍵核心的新優勢，我們必須要思考，可是也必須同時考慮到我們沒辦法鎖國。因為台廠其實有不同的繞道方式，在大陸不斷的跟我們招商之下，它可以透過其他的方式，我們可以有一些技術入門。

台商應追求全球競爭力提升

　　我舉一個例子，路燈與太陽能結合，我帶著我的開發新品給我們的台廠看，你一看，我們這中間大概一百平方里的土地，都還沒有LED的路燈，大家眼睛都睜大了。那可以看到，這東西可以怎麼樣做調控呢，還是該用什麼樣的策略呢？這就是我們的主管要有一個高度的智慧。那第二件事情，就是說不是我們鎖國就可以。舉一個例子，大陸的面板開發，我們其實裹足不前，韓國的LG、三星一直與台廠競爭，搶大陸這5~6%的面板。這些人無所不用其極，走合資的方式，跟這邊要房子，甚至和新東家一起來投資；所以相對來講，競爭是變高的。我們一直不動，周邊的國家反而躍躍欲試。最重要的事，是被牽引。其實我們要有一個好的機制，不要只看大陸的市場，我們要幫助台廠接軌全世界，幫助大家可以豁然開朗地推展，幫它推展到全世界的市場。這是一個機會，我覺得這個威脅、隱

憂，不會對我造成壓力。

問：其實外貿協會在開拓大陸市場、在大陸推廣**MIT**產品時，造成很大轟動。但我有一個質疑是，這些服務感覺只做半套，而非全套服務？做服務應該要全套服務，半套服務效果就有其局限性。譬如說，我今天賣新竹的貢丸，一天可以賣三萬顆貢丸，我進他們市場是供不應求。因為現在很多進大陸的產業，如**85**度**C**，它是收現金的，因為有非常好的狀況，所以可以收現金。由於收現金一天五萬塊，一個店面一個月賺**150**萬的話，這是非常可觀的收入。我的意思是說，作為內需市場的拓展後，打響個別招牌，那之後的安營紮寨，落地生根之後涉及當地發展與持續銷售，是否會遇到很多牛鬼蛇神的壓力和障礙？可能有公安、消防等，還有該怎麼樣跟房東訂契約，因我會賣貢丸，但不一定會懂這些事情，那我這後半套沒有人來幫我解決，這可能是非常可惜的。後半套是否沒人幫他解決？外貿協會其職能沒有這一塊，和**KOTRA**和**JETRO**是有差異的。

　　後半段這一套是否應該有專業的公司幫它解決？這樣子對我們台灣的產業進軍市場，對台日商和台韓商合作，會有更積極、更快的發展。大陸內需市場不是只仰賴品牌和好產品，還需要持續的後勤補給，故我們不能只從一個點的成功，應進而擴展成一條線、一個面的成功，才是真的成功。羅總監在產業上來講，不知道有什麼樣的思考，或是有什麼樣的觀察？

答：台灣品牌除了85度C外，成功的還有永和豆漿，其他的面向發展不多。我覺得永和豆漿的發展比較貼近當地人生活。經營大陸不能只放一個煙火就算了，過去外貿協會做了一些推薦的工作，但是我要說經營大陸，有些地方不能只跑一遍。有時候在那個地方我們看到，好比說愛台會、愛台週。經過一個禮拜滂沱大雨，一個禮拜過後人去樓

空，這個狀況就好像在放煙火，放完了煙火，那個芽都沒有長出來。對台灣來講，過去的二十年是一個學習起步。若要拓展大陸市場，在地化便是免不了的課題，其中就會遭遇「潛規則」，很多的台商在此其實是鎩羽而歸。例如廣東的騰籠換鳥，就是要淘汰落後產能的產業。淘汰過去這些高污染、低單價、沒有附加價值的、沒有辦法與環保結合在一起的產業。所以這前景實在很尷尬，不是堪憂，是尷尬，因為當初都是台商自發去那裡闖蕩。那我要講的事情，可能不是一家公司就可以幫助外貿協會做到這些事，我知道生產力中心有做過，但還不夠。

而海基會有做一件事，其處理的是一些商務糾紛的排解，還有一些類似法律顧問等糾紛的排解。我覺得好幾個產業，每一個產業都有其know-how，有不同專業的know-how，這中間要存有一種思維，過去說台灣長久以來，在經濟部下面有一個中小企業處，今天造就台灣99%的從業人口都在中小企業裡，成為台灣經濟奇蹟很重要的一大推手。台灣今天的產業有兩岸大小公司，台灣中小企業現在有搭橋專案辦公室，這個面向要打開。我們不要有因為四年或者八年後的大選，而讓政府的體系干預經濟發展的思維。反之，要有一個比較長遠的大陸市場發展模式，在此狀況下，我們需要戰戰兢兢，好好地經營大陸市場，所以這是一個體系的作戰方式。這中間我覺得還有我們很多還未看到的東西，就是你要發展不同的產業時，有不同的專業和know-how。

台灣故宮精華與文創潛力值得開發

外貿協會做了第一步，但之後的步驟則要透過當地的幫忙，形成一條龍。與當地企業融資、合資，建立銷售流通體系，一起享受大中華的市

場。例如：我們對故宮感到驕傲，因為國寶都在我們這邊，可是我們能不能在這上面做一個文化創意的東西，那個價值絕對是有。然後我們把這個東西拿去協助大陸，因為他們過去在文化大革命時，有一段時間遭遇文革的空窗和空白。我們把這些文創的東西，和大中華市場的文化脈絡一一聯繫、交流，我覺得這是一個可行的策略，值得後續探討、再思考。

我覺得大陸的新興產業，我們看到的只有ICT產業；可是光靠ICT這個產業，在大陸發展是不夠的！我覺得思維應是，政府部門應該來協助台灣廠商，把大陸市場當作練兵的舞台，怎麼樣進一步抓緊世界市場。若可以有一些更開放的策略來推進，我們這些廠商從台灣進入到大陸的時候，將有更大的優勢存在。這東西才是我在看「十二五」的時候，一個協助推動台廠必要的正確態度。進一步來看，我必須坦白，我的感受很深刻。大陸在很多方面推動上，比我們思考更為深刻，這有它的時空背景。因為大陸市場有其實力，我們可以看到全世界一流的頂尖技術公司，沒有一間公司敢忽略大陸，而是把人才、技術都送過去。台灣需要加快腳步在技術開發內需市場。所以不光是ICT，化妝品公司也是，大家都在拿技術來競爭大陸市場的時候，我覺得我們必須要在研發，甚至新的方案上面，包含國內內需市場的部分，要加快腳步。

以三網融合為例，這東西在台灣還沒有什麼人敢嘗試，在大陸旅館內，大概法國、德國、日本的channel都一次到位，可見這是全世界的技術都一起到大陸的時候，台灣必須加速國內的一些建設。台灣一直在緬懷經國先生的十大建設，那時候是台灣經濟起飛很重要的時期，那現在有沒有一個這樣的時期，我們希望有一個足夠的計畫方案推出來。雖然我們看到大陸的起飛，有一點酸葡萄心態，但我們也希望可以幫助台廠，進入到大陸，甚至推進到拉丁美洲作戰。

因應「韓」風的策略與挑戰

盧信昌

（台灣大學國際企業系副教授）

內文重點

● 出口結構變化反映競爭力與市場優勢的變遷

● 韓商具有品牌與全球市場優勢

● 商業競爭不是對抗思維，而是順勢運作

● 加入品牌產業鏈，台、韓商有機會合作

● 因應全球競爭必須減少保護，強化自信與創意轉型

　　由台、中、日、韓所組成的東亞產業鏈，之間既是唇齒相依的命運共同體，有交互投資和技術牽引的夥伴關係在，也共同對全球做出口貿易；卻又充滿著愛恨情仇的糾葛，既有產業興替的起落，又有在經貿活動上的競爭。

出口結構變化反映競爭力與市場優勢的變遷

　　過去的八年剛好是中國經濟發展的爆發階段，中間有2008年北京奧運、2009年廣州亞運，和2010年的上海世博會等擴大建設；又摻有2009年起世界金融危機的外來衝擊，和嗣後為了振興內需所帶出的經濟轉型和生產轉向，正可以充分檢視這四個經濟體的競爭強弱與互補可能。

　　如果從貿易往來關係看，台灣與大陸之間，和韓國與中國之間的外貿進展相當接近。在這八年之間，台、韓對大陸的出口分別為每年以16%和15%成長，同一時間日本則是12%；而若是比較大陸對這三地區的出口，則分別是對台灣年出口成長15%、對韓國成長14.8%，和對日本輸出成長8.8%。

　　在這看似些微差距的成長數字，其背後卻有著非常不同的意涵。首先，大陸對台灣出口增加較快，部份是反應兩岸關係的緩和；其次，2007年以前快速竄升的台灣對大陸出口，在2007年後卻相對趨於緩和，雖然順差金額持續擴大到四百億美金；最後，因為有2007年後相對的高成長表現，使日本對大陸的貿易逆差迅速縮減，由將近三百億美金的高峰滑落到只剩三十六億美金；而韓國的順差金額則順勢擴大了二倍半，達到四百五十六億美金。

韓商具有品牌與全球市場優勢

但為什麼2007年以後的台灣會有出口趨緩的現象呢？台灣對大陸出口成長趨緩，極可能是因為對歐美的出口轉弱下，使兩岸原有的產業分工減少活力，連帶降低大陸製造業對台灣的進口需求；而日本和韓國則既有在末端消費市場的品牌知名度，像是照相機和汽車等品項，又有提供基礎建設與生產器械的整廠輸出能力，自然能把握住大陸擴大內需的支出風潮。

別忘記這當中還有大陸對台擴大採購的優惠政策，否則可能會與韓、日的貿易出現更大的統計差距。總之，台灣產業必須從最近對大陸的貿易消長中尋找出癥結點，勇於面對現實並適度調整對全球各大消費市場的依賴權重；師法韓、日的企業表現，從中間財與零組件的出口導向，改以策略結盟的方式，爭取對下游消費市場做延伸整合，找出問題的成因，以便在「韓」風包夾中扶搖直上。

商業競爭不是對抗思維，而是順勢運作

韓國長期結合日本技術來幫助其產業發展，不過韓商在汽車、造船、電子產業都已經在全球市場上造成旋風。個人認為，面對這股韓國旋風應該要跟著旋風起飛，而不是拆台或是分庭抗禮，我們甚至還沒有找出對抗的能力與方法，目前韓國在品牌創造與消費認同上具有優勢。

近年在國際市場與競爭表現，日本明顯有下降的趨勢，但韓國表現則仍在持續向上。因此，面對韓國勢頭正熱，我們應該乘風隨勢而上，而不要逆其鋒。所謂「抗韓流」的說法是不對的。因為韓國產品的品牌形象，有抓到主流消費趨勢，也具有較高的能見度；另外，其產品價格有競爭力，像Samsung的平板電腦價格可以到僅有蘋果售價的2/3。

加入品牌產業鏈，台、韓商有機會合作

就產業面觀察，韓商在營造業、汽車業具有相當優勢，但台商則相對較弱，因此在大陸市場並不易分到營造與重機的商機，合作機會不大；但是台商如果積極加入韓商品牌產業鏈，不論是原組件的供應或是成品設計，則有很多機會。

而就地理區來看，韓商以在華北、東北投資為主，華南相對較弱；反之台商較強。因此就跨區域而言，考量是否有互補性，可否彼此提供後勤支援，例如營銷體系、分享通路等，台商在華東和華南較有優勢做協助，銷貨代理或許有空間。

大陸當局在2008年以前似乎較為偏重韓商，一些重大建設都為韓商承包，甚至警車、出租車也都採用現代公司生產的汽車，台商在這方面不論是規模與競爭力都不及韓商。面對韓商競爭與全球化的挑戰，應以競爭力的提升為主要目標，勿過度保護，才是正確心態。

台灣大型產業集團與整廠、整產能力都明顯不及韓商。因此，卡住產業發展的關鍵「節點」，較有發展性與獲利機會。例如，台灣工具機業的「滾珠螺盤」製造，或是晶圓廠搬遷與組裝都很強。生產流程中有不少小細節是看不到的，我們如何將它們串整起來，做到效率精緻的口碑就很重要。

在下一個階段的全球產業競爭，台灣的契機何在？處於產業競爭的戰國時代，應該思考如何將產品進一步與生活結合，做到細緻體貼，並且找到新的運用功能，就有商機。目前台灣可以思考，在既有的設備和技術結合之下，還有何具有應用價值的創意產品。進一步則是在追求品牌能見度、生產自信與創新的應用上，其中又以提升品牌價值為核心。假以時日，我們還是要有決心能夠搶分到Samsung的光采。

因應全球競爭必須減少保護，強化自信與創意轉型

因應韓國全面簽署FTA的策略上，電子零組件業不必太擔心，因為ICT產業多數沒有關稅；但是在末端消費產品就會涉及有無關稅的差異。在策略因應上應思考三個問題：其一是要先減少保護，才能全面提升競爭力；其二是要提振社會自信，勇於接受外來競爭，不是盲目跟進，或是閉關對抗；其三，應有消費意識的提升，與產業的創意轉型。轉型升級不應只是急著做新投資，以新投資轉型事實上成本太高；而是去找到創意結合與開發新用途，雖難度高，但仍應努力。

台、日、韓的企業經營在以下幾項特性上具有明顯差異（如下表一），台商可從中思索並尋求突破，與日、韓商進行可能的合作嘗試。就韓商與日商的政、企關係比較，韓商之政、企關係更為緊密；而就韓商與台商做比較，無論在民族自信和社會自信上，我們均不及韓國。

台灣的本土化意識並未帶動消費本國產品的付費意願；反觀，韓方之消費與本土產品則較具有民族風格與社會自信作為內涵。從台、韓商的發展軌跡比較來看，近十年來的台灣受制於鎖國政策，因此無論在國際化程度和面對外來競爭的表現，都須積極檢討，努力改善。

此外，日本的商業設計與服務能結合生活智慧，找到文化源流的加持，不斷精益求精。日商仰賴服務品質的提升、傳承社會價值與文化求精的內涵，因而得以開發特色商品。不過台、日企業都具有整合與快速應變的能力，尤其台灣中小企業的活力強，在這方面台、日商應有合作突破的可能方式。

表一：台、日、韓企業的經營特性比較

	政企關係緊密	本土意識強烈	創新整合能力	快速集結能力
台灣		V		V
日本	V		V	V
韓國	V	V	V	

從貿易觀點看台韓廠商競合

黃俊國

（台北市進出口商業同業公會秘書長）

內文重點

●台韓廠商存在競爭與合作關係

●韓國政府為企業後盾，助力大

●台韓廠商相互認知不足，透過努力可改善

●推動市場競爭，不應「嚴以律人，寬以待己」

●韓國文創與行銷值得學習

問：請就對韓商的印象、經驗，您對韓商有何了解？

答：韓商可說是台商在國際市場的主要競爭對手，但台商普遍對韓商印象不佳。站在台韓經貿聯誼會立場，當然是希望促進雙方進出口，增加貿易額度，尤其台灣對韓國的出口。雙方互為對方第五大貿易夥伴，今年我對韓貿易逆差大約是六十億美元。美韓簽訂FTA，台灣固然感受到威脅，但高科技產品，如電腦資訊產品，因為全世界協定，幾乎零關稅的關係，所以較無影響；反觀傳統產業，如紡織業，關稅約10%左右，馬上感受到壓力。面對如此困境，希望政府能儘速與他國商討簽訂貿易合作協議因應，比方如FTA、ECA或其他經濟貿易協定等。不過那肯定得花上一些時間，而國內產業更需進行內部體質調整或研發品質改進等。

台韓廠商存在競爭與合作關係

通常台商與韓商正面接觸引發的排斥感較大。但近期公會代表赴韓國與對方的公協會，特別是與專業公會，如化工協會、化妝品協會等進行座談。因立場較中立的緣故，此次雙方相談融洽。韓國化妝品外銷台灣金額一年大約五千萬美元，台灣銷給韓國則僅一百多萬美元，但對方仍很願意提供產業情況及公會運作模式，向我們簡報說明，彼此溝通十分順暢。韓國化工公會也採取類似模式，所以，透過公協會等工商團體，以中立或客觀立場溝通，之後再循各種方法協助國內化工業者或化妝品業者拓銷韓國。如此效果比起直接硬碰硬要來的好。

另外，公會方面也推出貿易韓語課程，由淺入深，有助於貿易廠商學習韓語，應對未來貿易交流所需。韓國人懂中文相對台灣人懂韓文者多很多，公會有此規畫，無非是期望將來能培養更多兼具韓語能力的國貿專業之語言人才，加強拓展對韓貿易。

　　此外，台韓經貿聯誼會運作近十年，目前會員包括三百多家廠商與十餘個公協會，共同合作對韓拓銷，每年舉辦固定活動促進交流。在其他方面，也和韓國輸入業協會（Korea Importers Association）結盟，希望韓國增加進口台灣產品。

　　韓國和歐盟洽簽FTA，最近也和大陸洽簽。台灣方面，雖然已有ECFA，但若中韓有進一步合作，對出口商將會有重大影響。因為韓國長期以來為台灣主要競爭對手，除了本身優勢外，若又加上與大陸簽自貿協定，ECFA的優勢將會削減許多。

問：若不談FTA及關稅減免，就您所了解，韓國的企業，無論從全球化和企業競爭，相對於台灣企業發展，其優勢為何，或者也面臨什麼挑戰？

答：台灣政府為避免有圖利廠商之嫌，所以大部分廠商得自力更生；反觀韓國，政府幾乎與企業劃上等號，對企業會全力支持，所以韓國政商關係十分緊密，政府可說對企業照顧得無微不至。或許，台灣有些廠商認為政府不要干涉太多較好，但若台灣企業有政府支持當靠山，無論研發設計或市場行銷，都會得到更多助益。且看韓國手機及汽車工業如此堅強，韓國人幾乎都開國產車，要台灣同樣比照，確有困難。

韓國政府為企業後盾，助力大

問：韓國政府給予幫助，並非全無條件，譬如對企業獎勵屬目標導向，若未達成，獎勵會被取消；我國政府方面，採取比較消極的救濟方法來解除企業危機。雙方有關企業的作為，本身思路不同。

　　品牌跟通路有關連，這點無庸置疑。一旦成就世界級品牌之後，許多技術自然願意藉著該品牌來創造業績。台灣在全球品牌通路上落

後韓國太多，所以品牌通路是否才是我們的議題？

答：做品牌非常不容易，除需龐大資金外，還得仰賴政府與銀行的奧援。而銀行畢竟是將本求利，若沒有政府靠山，恐怕也無法給企業太多的支援。

問：台韓廠商彼此間的認知不足，是否在語言障礙或文化磨合上，也可能衍生一些問題？

答：過去長期印象累積，包括一般人亦是，台商對韓國人印象並不好，但只要誠心以對，仍可覓得知己，畢竟人是互相的。譬如台韓經貿聯誼會多年運作下來，獲得不少韓國朋友對我們持有正面看法，當然在交往後，對台商觀感仍不佳的也有。總之，多交流接觸後，雙方都會比較客觀地對待。

台韓廠商相互認知不足，透過努力可改善

問：有位台商認為，與韓商交往的信任門檻比日商還高、磨合期更長，但藩籬一經跨越，後續進行事宜就非常方便。乍看之下，與韓商往來，似乎需要比較多耐心？

答：的確有此現象。剛開始交往，有些韓商確實有距離感，但經過多年來的互動，少數韓國人會邀請我們到家裡作客，那即為信任的一種表徵，以及長期磨合的成果。

問：韓國原本對Chiwan存有顧忌，但審視過後似乎威脅感不大？

答：韓國產業適應力相當強，即使Chiwan形成，是否能提升台灣的競爭力，且能威脅韓國不無疑問，更何況要真正達到兩岸互助合作，不是件容易的事。

問：大陸在處理台韓問題時，並沒有傾向站在台灣這一方。引進三星面板，逼得台灣非跟進不可。整體並無太多政策上的考量，反而市場考量較多？

答：這足以證明市場考量終究是最重要的因素。

問：未來我方簽**FTA**，開放市場後，是否對農產品衝擊最為劇烈？

答：ECFA雖表明不開放農產品，但未來若要和其他國家簽署如FTA、ECA等協定，甚或TPP，總不能「嚴以律人，寬以待己」，要求他人開放，而我們關閉。關於國內反彈，得再做進一步規畫或溝通。

　　站在公會立場，當然是以公平自由貿易為原則。目前仍有兩千多項大陸產品未開放進口，但每每徵詢國內相關產業公會開放，都免不了反對聲浪。現階段固然是以保護國內產業出發，但長遠來看，我們若要加入FTA或TPP，恐怕都需加以克服。

推動市場競爭，不應「嚴以律人，寬以待己」

問：台灣台東池上鄉農民說：「我們不怕**WTO**，因為我們的產品有競爭力。」在這過程中，關於轉型和競爭力的維持上，台灣政府是否必須做更多努力，且應在哪些方面？

答：當然得有一些救濟措施或輔導措施，畢竟開放初期的衝擊會比較大。但國內廠商也要有自我調整，如降低成本、提高品質。事實上，加入WTO後我們經濟沒有變差，反而使體質更茁壯。所以開放的效應是積極而正面的，只是短期難免有陣痛。

問：語言翻譯常不能準確達意，純外文系在專業知識的轉化似乎尚有不足，應該要使語言和專業互相結合，才能在實務上起作用。加上專業

翻譯索價不斐，這時像您這類公會產業平台就顯更為重要。以公會既有資源，先篩選富潛力、體質較好、願意合作的對象，一方面公會支撐，另一方面政府背後協助，這樣是否會提升合作機會？或是由公會創建平台，譬如洽談會，召集有興趣及有意願者。

　　儘管現在對外貿易發展協會四處創造機會，但後續商機連結並不完善，**MOU**簽署數量多，實際成交比例卻很低。

答：後段恐怕得花時間、花錢。包括找代理商、經銷商或自己鋪通路，都需要長遠規劃，其中還牽涉長期資源投入，恐怕非單獨廠商能夠負擔。

問：進出口商業同業公會目前有無這方面服務？

答：目前沒有。以東莞「大麥克」、北京「前門」為例，都想做台灣產品的長期銷售，但都有些難度。

問：北京那個不用多說；大麥克，副市長江陵看了一圈後也認為不太能成氣候，因為在東莞，比大麥克還要具規模的賣場比比皆是，做**B2C**前景不看好，**B2B**或許有機會。台灣若不能有效打進內需市場，難度便會很高。

答：大麥克算是試驗，但過程或許仍有些地方需要檢討。比方推行類似COSTCO須繳納會費的會員制，這對大陸民眾來說接受度甚低；況且，其他賣場價格可能更優惠，如家樂福、WALMART等。

韓國文創與行銷值得學習

問：韓國文創產業興盛，可謂「韓流」席捲。譬如裴勇俊冬季戀歌、大長今拍攝場景等，韓國觀光局都妥善運用，但反觀台灣，這方面行銷就

弱很多。

答：韓國現在以日本為目標，其影視、戲劇方面置入性行銷手法相當高明，加上各方面環節配合度相當好，確實有值得我們深究和學習之處。

問：請說明台灣經貿聯誼會的功能？

答：為配合經濟部國際貿易局「加強對韓經貿工作方案」，由中華民國對外貿易發展協會、台北市進出口商業同業公會、台灣區電機電子工業同業公會、台灣區機器工業同業公會及新北市電腦商業同業公會共同籌組「台韓經貿聯誼會」，邀集二十餘位國內重要產業重量級工商業界龍頭成立，希望藉由雙方企業界人士的互動，促進經貿交流、擴大雙邊貿易，進而為兩國產業建立合作平台。為真正開啟並落實兩國的合作關係，在經濟部國際貿易局的指導下成立本聯誼會，希望本聯誼會能扮演雙方產業進一步合作的推手，未來兩國企業應可由過去國際市場上的競爭關係，發展為策略聯盟的合作夥伴關係，透過共同開發、合作生產，甚至在產品行銷上取得一定程度的合作，必定能夠大幅發揮企業的生產及經營效益，為兩國未來的經濟發展注入新的動力，讓雙方的經貿關係持續穩定進展，創造更多商機。

Chiwan、FTA效應與台韓商競合

林完洙

（大宇溢樂台北分公司總經理）

成教尚

（奧齒泰有限公司台灣分公司總經理）

內文重點

● Chiwan對韓國經濟有一定衝擊

● 重視人才在地化，但溝通與作法仍待改善

● 美韓FTA內部衝擊不容低估

● 品牌與大企業為韓商優勢

● 台韓商仍有合作機會和空間

問：韓商對Chiwan的看法？是短期衝擊，還是長期威脅？

答：Chiwan，對韓商而言，不論長、短期確實存在威脅，理由是雙方出口品相似度高，對韓商難免造成排擠效果。但衝擊也僅止於大陸市場，其他市場的出口影響並不會太顯著。目前全球最大市場非中國莫屬，台灣的公司若規模愈大，其競爭力也愈大，有先天上較優勢的發展機會。

Chiwan對韓國經濟有一定衝擊

台韓商主要都是為了廉價勞力，進行加工出口而到中國拓展。事實上，台商早在二十幾年前便進入中國，並設立工廠，比起韓商有較具經驗的工作團隊，溝通方面尤其佔優勢。就個別政府支持的角度，韓商屬政府主導型，台商則否，因此在相對缺乏政府保護傘下，台商資金不若韓商雄厚。但整體說來軟體實力堅強，靈活性也高。過去台灣都走代工路線，對品牌不是很注重，但ECFA簽署後卻有轉型趨勢。由大宇溢樂供應產品的幾家公司，也正策畫在大陸做品牌經營。

現在推行的MIT標章政策，即所謂原產地證明，或許是一種變相的貿易保護和防禦。特別是近期台灣廣告，大舉宣傳MIT標章，似乎對台灣民眾有愛國主義的暗示。

兩個月前我曾到上海拜訪一家有20年歷史的台灣公司，以生產電子、電器用品及零組件為主；雇用當地員工約500人，待遇亦較一般同業中國公司高10%以上，福利不差，工作環境也好。該公司極注重中國員工對台灣的印象。當初到大陸設廠，工會曾充斥許多雜音，大陸員工普遍有「為什麼要在台灣工廠工作」的反應，但現有仍留在崗位服務的大陸員工，大多有十幾年經驗，對台灣觀感也慢慢好轉，甚至覺得這間公司不是台灣公司，反倒像是中國公司。

問：重不重視人才在地化？

答：人才在地化是相當重要的議題，台商在語言方面尤較韓商佔有優勢。韓國在中國設立工廠和公司的過程中，免不了人員派駐，但偏偏資深員工都有語言障礙，也因此多以朝鮮人擔任溝通、翻譯橋樑，只可惜其素質並不理想。

重視人才在地化，但溝通與作法仍待改善

朝鮮人是以前遷徙至中國的少數民族，現今多居住在東北三省的小鄉村，即便中韓語可順暢交談，不過由於文化、軟體有相當差異，加以對專業並不了解，「溝通」便成了主要問題。韓國高層與中國員工（佔總員工九成）間必須夾著朝鮮族翻譯，但往往指令翻譯不是百分之百，長久下來反而越俎代庖，騎到中國員工頭上，變成指揮官角色，間接造成漢族對韓國主管及公司的不滿與反彈。大部分進入中國的韓國公司，初期都會經歷這樣的問題。

當然韓國公司第一線偶爾也用中國人，只是比例相當低。譬如本公司設立於1994年，信任度及水準考量上，外派當地的總經理、各高層幹部大部分都是韓國人。公司的內部目標、政策對經營十分重要，特別是韓國成功的企業，企業文化普遍積累厚實；可惜一般當地人很難教育成符合公司文化。

問：金融海嘯時青島很多韓商出走，能否對當時的情況提供看法，又當地官員素質如何？

答：當時進入鄰近韓國的中國山東省，例如青島、威海等的韓國公司大部分規模較小，屬中小企業，且以加工為主。金融海嘯帶來的景氣低迷是一項因素，薪水、人力成本攀升也是另一個因素。依據中國法規，

設立公司、工廠容易，但撤資難，要全身而退還得經過兩三年，徒增公司困難，所以乾脆不告而別。

當地官員起初殷切招待，但遇上麻煩時總推說「找法律吧」，即便過去關係再好、稱兄道弟，給予的幫助仍少之又少；加上當時青島港口、機場都有公安駐守，所以當中有十幾個韓商連夜逃到北京、上海，再輾轉回韓國。上述較多是小公司的狀況。

問：青島成陽區是韓商最集中的地方，對地方政府服務滿意度及溝通如何？

答：青島有韓商會，幹部們和青島官員關係也密切，基本上是替公司向地方政府協商。大致說來，情況好的時候大家彼此關係良善，但碰上麻煩時得好自為之。

問：中文能力不錯的韓國人派到大陸的多嗎？待遇如何？

答：基本上韓國公司外派人員都是由公司內部嚴格的人事標準篩選而出，且在艱困的環境之下代表公司工作的關係，所以享有基本生活費補貼和優惠。任用上首先考慮的是專業能力及素養，比方生產管理經驗及員工是否適合中國大陸公司，其次才會考量能否說中文，或甚至英文。

美韓FTA內部衝擊不容低估

問：關於美韓FTA，請談一下利弊。

答：大概2006年就著手與美國洽談，但當時政府不是很審慎，這方面專家也闕如，因此面對各方質疑與聲浪，特別是針對某些產業，如農業的負面影響及補貼，韓國政府始終無法給予清楚回應。雖然商討已逾四

年半，但政府並未對協議內容仔細檢討，終究被美國牽著鼻子走。對韓國來說也許短期看起來不差，但長期恐怕會吃虧。

另一個層面是美國明年大選，歐巴馬政府也亟欲交出漂亮的成績單以示選民，間接造成簽約事宜倉促而有失慎重。就拿兩岸簽署ECFA來說，民眾受益似乎尚不明顯，只看到大陸客觀光人數驟升，而產業政策效應究竟為何，仍不清楚。

問：美韓FTA對哪些層面衝擊較多？

答：朝大陸發展是現在的趨勢，不論法治與制度如何。大陸市場對我們來說十分具有吸引力，家電市場是十三億人口。不過一般人的生活水準還不是很高，每人GDP僅三千多美金，所以在大陸銷售最好的通常是中低檔產品，日本、韓國公司通常不會進入此領域，反而主攻大陸金字塔頂端、購買力極高的消費群。

對我們大宇溢樂來說，高階產品要與三星、LG等大廠競爭有其困難，但中低下檔次又不符成本效益，因此只能遊走中高階，達到損益兩平。大陸消費者對價格的接受度，取決於該品牌知名度，比方韓國三星、LG，和日本松下、HITACHI、TOSHIBA，辨識度比較高，因此也較能接受他們的高價格。

品牌與大企業為韓商優勢

問：這是否意味品牌行銷有待改進？

答：欠缺宣傳或許是因素之一，但口耳相傳也很重要，尤其大陸行銷費用頗高。某家在大陸屬於中低價位的台灣白色家電廠商，也想往高價位發展，但知名度總不及國際大廠。又若價格提高，或許反將大陸民眾推向使用中國製造的低價家電。本公司產品算中價位，過去大宇集團

的名號仍保有一些影響力。

問：韓國大企業文化和小企業文化有何差別？

答：大企業組織力強，政府通常給予非常低的貸款利率，彼此政商關係非常密切；中小企業則是靠個人能力。一般中小企業雖然有自身技術與其他方面的競爭力，但融資不易在某些程度上仍阻礙發展，所以導致中小企業日漸式微。在韓國要成功，必須靠大企業，仰賴政府支持，比較方便執行。基於這項原因，大致說來，大企業和政府關係良好。

　　只不過近期和現在政府有些惡化，當初以為政黨輪替經濟會好轉，但目前看來似乎不顯著，失業也變多。韓國CPI愈來愈高，念一學期私立大學約合台幣15~20萬元，最貴是延世大學，高麗大學其次，再來是梨花女子大學。在韓國的富人都是大企業家族，社會上貧富差距懸殊，且愈來愈嚴重。

問：您認為消費者選購產品時注重原產地多，還是品牌多？

答：品牌效益早已超過原產地，像iPhone大部分零組件是台灣做的，但各國民眾還是認APPLE品牌。

問：誠如前述，若中高階品牌知名度夠大，即便兩岸簽署ECFA，是否也難改變民眾對品牌的忠誠度或其消費行為？

答：一般民眾不太輕易改變對品牌的價值認定，特別像LG，算是很好的品牌，消費者信賴度也高，理當不會立即改變消費模式。

問：所以Chiwan對某些大企業影響似乎不大？

答：可以這麼說。但像鴻海以前走代工路線，現在也開始做自己的品牌。HTC也是，不論最近的技術、廣告或是行銷手法都有改變，正一點一

滴創造所謂的HTC價值。所以「品牌」仍是做生意最重要的因素。

問：訪問過幾位和韓商做生意的台商，八成對韓商印象不佳，為何會有這種印象？

答：首先，台灣中小企業本身競爭太激烈；其次，台商腦筋也動很快，儘量找低價零件重組裝再賣出，可能基於成本考量，所以和韓國小公司往來過程裡，鬧的不是很愉快。第一，樣品和實際訂的貨不同；第二，瑕疵的問題。曾經有位台灣朋友告訴我，你們韓國公司做生意很不上道，鎖定這種規模小，然後品質尚可的東西，為什麼不買大企業的呢？因為他們要找二等、三等的東西來，再到台灣組裝，所以引發一些爭議。加上台灣和韓國很多產業和技術重疊，因此惡性競爭，然後都沒有資源，只能靠壓低勞力成本。

　　但這類對韓商有所不滿的公司，理應多屬小企業。基本上，韓國來台灣發展的都是上市公司，往來過的從未發生類似事件或有類似批評。

台韓商仍有合作機會和空間

問：韓商的商業道德一般說來如何？

答：遇到危急時潛逃的大多都是小公司，大集團不會落得如此窘境。地方政府通常會透過協會，或其他管道來徹底了解公司底細。來台灣做生意的公司都是規模較大，或中等以上的企業，我們大宇溢樂亦是如此。本公司產品約80%出口，20%內銷。早期我負責的地區包括歐洲、中東，還有中南美，因此在國際貿易也累積不少經驗。來台灣後，面對客戶有時用英文，有時用中文，某些不太好伺候。做生意不過就是買賣，但我覺得台灣公司對國際貿易的認知似乎與我們不同。

問：台韓雙方若要合作，哪些方面比較有合作可能？

答：針對大陸市場有合作機會。韓方的品牌、資金，台方廣泛的大陸資訊，若兩者可結合，合作的模式將會非常多元。依照產業不同，應仍有合作機會。

　　就家電來說，大陸市場是最重要、也最具規模的。在大陸消費者的印象中，台灣商品大部份是中低檔，日本和韓國三星、BOSCH屬高檔。有間台灣公司嘗試與我們合作，以自身品牌、大宇溢樂的產品進軍中國大陸市場。可惜該品牌比較偏中低檔，與大宇溢樂定位在中高階本有落差，加上我們也有售價、成本及銷售量的考量，要與其配合提供好價格，確有困難之處。

　　總而言之，大陸市場脫不了品牌操作。因此，台灣品牌如何提高一般消費者的認同，不論透過各式各樣的行銷或廣告文宣等，似乎才是最重要的課題。

論壇 12

INK PUBLISHING

東亞區域經濟整合與ECFA效應——台韓商大陸市場競合與挑戰

主　　　編	徐斯勤、陳德昇

發 行 人	張書銘
出　　　版	**INK** 印刻文學生活雜誌出版有限公司
	23586新北市中和區中正路800號13樓之3
	電話：(02) 2228-1626　　　　傳真：(02) 2228-1598
	e-mail：ink.book@msa.hinet.net
	網址：http://www.sudu.cc
法 律 顧 問	漢廷法律事務所 劉大正律師

總 經 銷	成陽出版股份有限公司
	電話：(03) 358-9000（代表號）　傳真：(03) 355-6521
郵 撥 帳 號	1900069-1 成陽出版股份有限公司
製 版 印 刷	海王印刷事業股份有限公司
	電話：(02) 8228-1290

港澳總經銷	泛華發行代理有限公司
地　　　址	香港筲箕灣東旺道3號星島新聞集團大廈3樓
	電話：(852) 2798-2220　　　　傳真：(852) 2796-5471
	網址：www.gccd.com.hk

出 版 日 期	2011年12月
定　　　價	320元

ISBN　978-986-6135-72-9

國家圖書館出版品預行編目（CIP）資料

東亞區域經濟整合與ECFA效應：台韓商大陸市場
競合與挑戰／徐斯勤, 陳德昇主編. --新北
市：INK印刻文學, 2011.12
　　328面；17×23公分. --（論壇；12）

　ISBN 978-986-6135-72-9（平裝）

　1.經濟發展　2.區域經濟　3.區域整合　4.文集　5.東亞

552.307　　　　　　　　　　　　100026144